Insel der Unseligen

Der »Märtyrer« des Regimes: Engelbert Dollfuß in der Pose des betenden »Heldenkanzlers«. Ansichtskarte, 1934.

Bertrand Michael Buchmann

Insel der Unseligen

Das autoritäre Österreich 1933–1938

MOLDEN

INHALT

3. TEIL

ANHANG

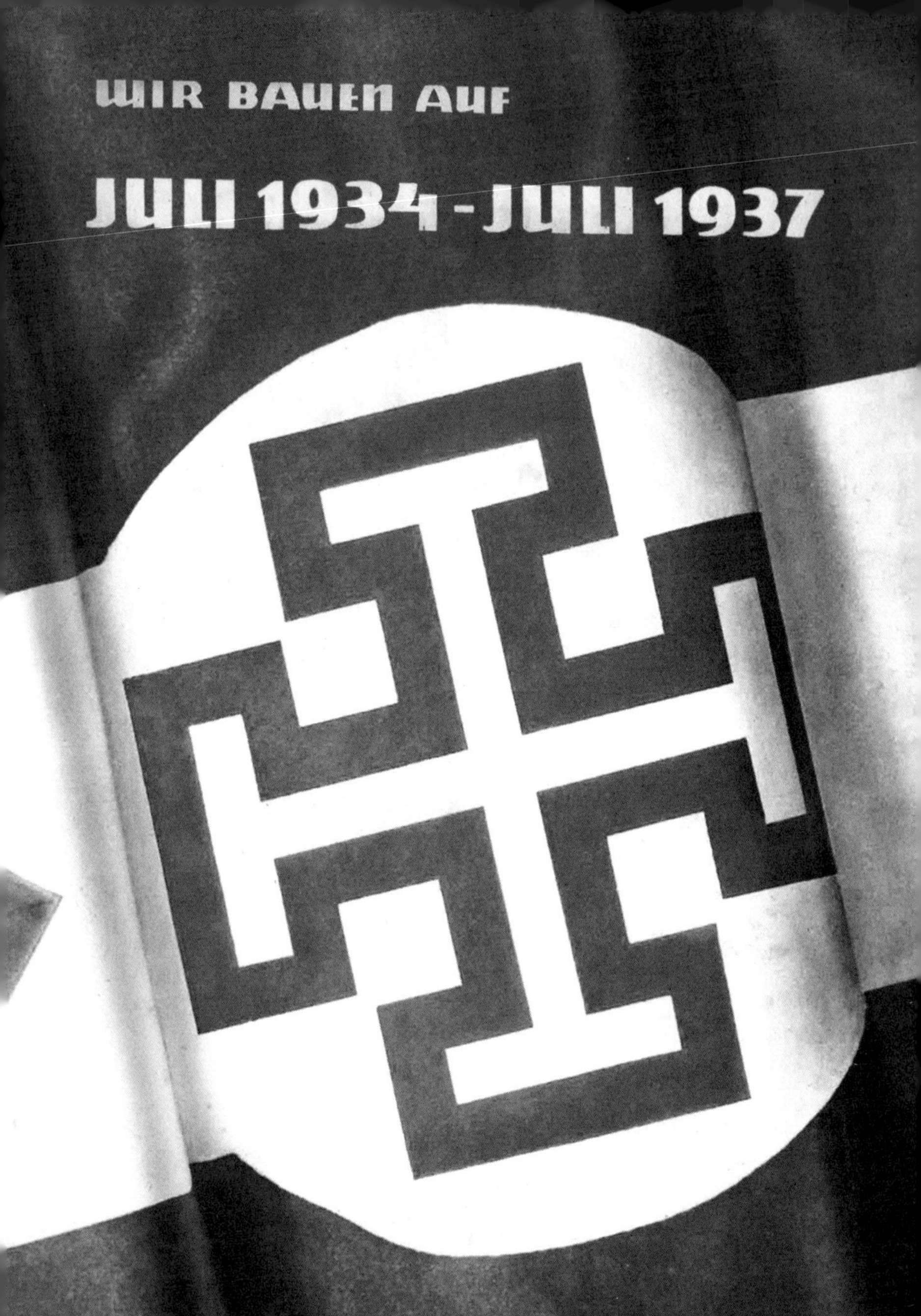

Allgegenwärtiges Symbol des autoritären Österreich: das Kruckenkreuz am Umschlag der Propagandazeitschrift *Wir bauen auf*, 1937.

VORBEMERKUNG

Österreich sei eine *Isola felice,* eine »glückliche Insel«, soll Papst Paul VI. 1971 anlässlich eines Vatikanbesuches von Bundespräsident Franz Jonas zum österreichischen Staatsoberhaupt gesagt haben. In den folgenden Jahren der Alleinregierung von Bruno Kreisky wurde daraus das gängige Schlagwort von der »Insel der Seligen« und man meinte damit den einigermaßen konfliktfreien österreichischen Sozialstaat, der sich zudem durch die Erklärung der Neutralität in Frieden zwischen den Blöcken in Ost und West entwickeln konnte.

Im Gegensatz zur Zweiten Republik war jedoch die Erste Republik keine »Insel der Seligen«, ganz im Gegenteil: Sie war eingeschränkt in ihrer wirtschaftlichen und politischen Handlungsfreiheit, umgeben von überwiegend feindseligen Nachbarstaaten und innerlich zerrissen durch einander buchstäblich bis aufs Blut bekämpfende politische Lager. Das von der Regierung ausgegebene Motto »Seid einig!« musste in den Ohren der Regimegegner wie blanker Hohn geklungen haben. Und auf all diese negativen Vorzeichen warfen Arbeitslosigkeit und Verarmung der Bevölkerung ihre düsteren Schatten. Denn hinter dem Schild patriotischer Phrasen bediente das Dollfuß-Schuschnigg-Regime vorwiegend ihre eigene Klientel und verstand es nicht, für das Gros der Bevölkerung die Lebenschancen zu verbessern und den Wohlstand zu heben.

Die Geschichte Österreichs in der Zwischenkriegszeit ist in zahlreichen wissenschaftlichen und populären Publikationen ziemlich ausführlich behandelt worden, gerade das große Gedenkjahr 2018 brachte eine Reihe einschlägiger Veröffentlichungen hervor. Dennoch ist, auch im Licht der neuesten Erkenntnisse, noch längst nicht alles gesagt. So ist es ja bemerkenswert, dass sich für das Dollfuß-Schuschnigg-Regime noch immer kein Konsens in der Terminologie gefunden hat. Wer dem »linken Lager« nahesteht, benannte/benennt diese Phase der österreichischen Geschichte mit dem Kampfbegriff »Austrofaschismus«, aus dem »rechten Lager« hörte/hört man oft nur mit beschönigendem Unterton »autoritärer Ständestaat«.

Das Dilemma rund um diese Begriffe zeigt deutlich, dass diese Ära – es sind nur fünf Jahre von den hundert, die inzwischen seit der Ausrufung der Republik vergangen sind – noch immer nicht »abgeschlossen« und endgültig »bewältigt« ist. Sie lebt und wirkt nach, ja, sie ist Herausforderung an uns Nachgeborene geblieben – und das ist gut so! Denn wenn es heute gilt, sich die Spielregeln der Demokratie wieder sehr bewusst vor Augen zu führen und Anzeichen von Erosion als solche zu erkennen, so ist der Blick auf diese fünf Jahre unverzichtbar: Exemplarisch führen sie vor Augen, wie relativ einfach eine gespaltene Gesellschaft politisch manipuliert und »ausgetrickst« werden kann. Vielen Österreicherinnen und Österreichern wurde wohl kaum so richtig bewusst, dass sie innerhalb kurzer Zeit die Demokratie gegen eine Diktatur getauscht hatten. Manche ließen sich blenden, andere sahen sich in die Illegalität gezwungen, viele agierten pragmatisch, sehnten sich weiter nach Veränderung durch einen »starken Mann« an der Spitze des Staates. Dazu kam die enorme Kraft der Vorbilder von außen: Österreich konnte sich dem Sog der faschistischen Tendenzen in Europa nicht entziehen.

Ich will hier versuchen, möglichst distanziert an die Sache heranzugehen und weder eine parteiliche Schlagseite an den Tag legen noch parteiliche Schuldzuweisungen anstellen. Der Beschreibung der Vergangenheit aber, so lehrt uns die Geschichtsphilosophie, ist die Gegenwart inhärent. Diese Tatsache, liebe Leserinnen und Leser, soll ganz bewusst nicht ausgeblendet werden. Ja, unser Urteil von heute ist geprägt von der Erfahrung der acht Jahrzehnte danach, eine Perspektive, die uns vielleicht »klüger« macht, manches wohl schärfer sehen lässt, aber auch dazu verleitet, manches nicht richtig zu gewichten. So können wir zwar sagen, dass in den 1930er-Jahren schwere Fehler von allen Seiten begangen worden sind, wir wollen aber keineswegs über die handelnden Personen richten. Ich will erklären, wie es im Rahmen der schweren ökonomischen Krise, welche die österreichische Gesellschaft in den 1930er-Jahren durchleiden musste, dazu kam, dass die meisten politischen Richtungen – nicht zuletzt unter dem massiven Druck von vermeintlich erfolgreichen »Vorbildern« jenseits der Grenzen – einer parlamentarischen Demokratie nichts mehr abgewinnen konnten. Während die Katholisch-Konservativen von einer autoritären und berufsständisch geprägten Staatsform träumten, ersehnten Sozialdemokraten und Kommunisten eine klassenlose Gesellschaft, und die Rechtsradikalen sahen in der rassisch homogenen Volksgemeinschaft ihr Heil. In diesen politischen Konzepten war für das Parlament kein Platz mehr vorgesehen.

Der Blick in die Vergangenheit mag uns faszinieren, aber vieles können wir heute nicht mehr auf Anhieb verstehen, weil sich die Mentalität und die äußeren Lebensumstände der Menschen vollkommen geändert haben. Die erbitterte Feindschaft, ja Todfeindschaft der politischen Lager im Österreich der Zwischenkriegszeit ist gegenwärtig kaum mehr nachvollziehbar. Erst nach den Schrecken der NS-Diktatur gelang es den führenden Männern von links und rechts, einander für den Wiederaufbau die Hände zu reichen, das gemeinsame Erlebnis der Katastrophe hatte zu einem Umdenken geführt. Das »Wirtschaftswunder« wurde möglich, weil es gelang, Ideen des »Ständestaates« in der Sozialpartnerschaft zu verwirklichen und damit der klassischen marxistischen Forderung nach »Klassenkampf« jeden Boden zu entziehen. Den Sozialdemokraten war es im Zuge der Nachkriegskonjunktur vergönnt, alle ursprünglichen Forderungen zu verwirklichen, zumal sich die Arbeiterschaft längst in die moderne Konsumgesellschaft integriert hatte und im Bürgertum angekommen war.

Wir sind heute zu Recht davon überzeugt, dass Werte wie Demokratie und die UN-Menschenrechtscharta nicht verhandelbar sind. Wir sprechen in diesem Zusammenhang auch oft von »europäischen Werten«. Doch leben wir den Geist dieser Werte tatsächlich? Denken wir etwa nur an den Artikel 1 der Grundrechte: »Alle Menschen sind frei und gleich an Würde und Rechten geboren. Sie sind mit Vernunft und Gewissen begabt und sollen einander im Geist der Brüderlichkeit begegnen.« – Ist Europa, so stellt sich die Frage, nicht dabei, genau diese Werte der Freiheit, Gleichheit und Brüderlichkeit schon wieder zu verraten?

Es lohnt sich deshalb, einen Blick auf die einstige »Insel der Unseligen« zu werfen, auf jene fünf »verlorenen Jahre«, in denen mancher Mitbürger aus politischen und/oder »rassischen« Gründen zum Feind wurde, zu einem Gegenüber, dessen Würde – denken wir an den weitverbreiteten Antisemitismus – zu missachten geradezu zum guten Ton gehörte. Auf fünf Jahre, in denen Presse- und Versammlungsfreiheit nicht mehr gegeben waren und man den politischen Gegner ins Gefängnis warf oder in ein »Anhaltelager« sperrte.

Diese Dramatik aufzuzeichnen, ihre Hintergründe zu erklären, die Motivationen der handelnden Personen zu hinterfragen und die Bezüge zur Gegenwart zu zeigen, ist die Aufgabe, die ich mir gestellt habe.

Wien, Jänner 2019
Bertrand Michael Buchmann

AUSTROFASCHISMUS, AUTORITÄRER STÄNDESTAAT ODER KANZLERDIKTATUR?

Zur Terminologie

Die Gleichsetzung von »Faschismus« mit »Nationalsozialismus«, wie sie von Stalin überliefert worden ist, ist historisch ebenso falsch wie die Gleichsetzung von »Austromarxismus« mit »Bolschewismus«. Faschismus, Nationalsozialismus und Kommunismus (Bolschewismus) sind drei Formen extremer Diktaturen, menschenverachtend nach innen und aggressiv nach außen. Trotz dieser Gemeinsamkeiten unterschieden sie sich in wesentlichen Bereichen, beispielsweise hinsichtlich ihrer Stellung zur Kirche (Förderung – Zurückdrängung – Unterdrückung), bezüglich des inneren Feindbildes (politischer Gegner – vorgeblicher Rassenfeind – vermeintlicher Klassenfeind) oder angesichts des Wirtschaftssystems (berufsständische Korporationen – staatlich gelenkte Marktwirtschaft – zentrale Planwirtschaft). Im Dollfuß-Schuschnigg-Regime, das von den Nazis nach 1938 verächtlich als »Systemzeit« bezeichnet wurde, gab es gewisse Parallelen zu den genannten Diktaturen, wie: Einheitspartei, Einheitsgewerkschaft, Einschränkung der persönlichen Freiheit, politische Verfolgung, Führerkult, Militarisierung der Gesellschaft, gleichgeschaltete öffentliche Medien, gesteuertes Rechtswesen und abhängige Gerichte. Ähnlich wie der italienische Faschismus entwickelte sich auch das autoritäre

Regime Österreichs mehr oder weniger evolutionär aus einer parlamentarischen Demokratie heraus, die zwar nach und nach beseitigt wurde, den Diktatoren jedoch noch eine übergeordnete Instanz beließ: hier den König, da den Bundespräsidenten. Anders hingegen entstanden Bolschewismus und Nationalsozialismus: Beide Bewegungen erwuchsen aus Revolutionen, die jeweils einen starken »Führer« mit unumschränkter Gewalt hervorbrachten.

Wie soll nun die Periode der österreichischen Geschichte für die Jahre 1933 bis 1938 bezeichnet werden? War Österreich ein »autoritärer Ständestaat«? Autoritär gewiss, aber die Stände spielten in dem grundsätzlich antidemokratischen System nur eine sehr geringe Rolle. Diese Bezeichnung diente dem damaligen Wunschdenken der Christlichsozialen und ist daher heute abzulehnen. Denn die propagierte Überwindung des Klassengegensatzes durch eine berufsständische Organisation konnte nicht funktionieren bzw. wurde auch gar nicht ernsthaft angestrebt. War Österreich ein faschistischer Staat, wie ihn die Heimwehren sehen wollten? Trotz der oben angeführten Gemeinsamkeiten mit anderen Diktaturen zeigt der Vergleich mit dem »System« eines Mussolini oder Franco deutliche Unterschiede. Die Regimegegner, insbesondere von kommunistischer und sozialdemokratischer Seite, prägten sehr bald den Begriff »Austrofaschismus«, der Eingang in die wissenschaftliche Literatur gefunden und bis heute Bedeutung hat. Die Frage ist, ob diese Bezeichnung für Österreichs »Semidiktatur« wirklich passt. Bei genauerer Untersuchung erkennt man nämlich die erwähnten Unterschiede zu den »echten« zeitgenössischen Faschismen: In Österreich konnte keine Identität von »Volk – Partei – Regierung« hergestellt werden, es gab keine Staatsdoktrin – denn letztlich hatten Dollfuß und Schuschnigg keine andere Vision für Österreich als die eines zweiten, »besseren« deutschen Staates, dessen Eigenständigkeit sie unter allen Umständen zu bewahren trachteten. Bundeskanzler Schuschnigg sollte es auch nie gelingen, die Vaterländische Front zu einer Massenbasis auszubauen. Mit ihr ließ sich daher kein »austrofaschistischer Mensch« (analog zum »nationalsozialistischen Menschen«) konstruieren, desgleichen hielt sich in Österreich die Verherrlichung der Gewalt, wie sie in Italien und Deutschland üblich war, in Grenzen, ganz zu schweigen von den imperialistischen Träumen, die Mussolini oder Hitler beseelten. Eine spezifische Note erhielt der österreichische Weg nicht zuletzt durch die Bedeutung, die der katholischen Kirche eingeräumt wurde.

Die Termini »autoritäres Österreich«, »Regierungsdiktatur« oder »Kanzlerdiktatur« greifen freilich ebenfalls etwas zu kurz, weil sie nicht die Gesamtheit des politischen Prozesses charakterisieren. Der Verfasser ist daher zu dem Schluss gekommen, dass die Bezeichnung »Dollfuß-Schuschnigg-Regime« der Realität des »autoritären Österreichs« am nächsten kommt, weil sie der Dynamik der Entwicklung eher gerecht wird und eine größere Bandbreite des Geschehens abdeckt.

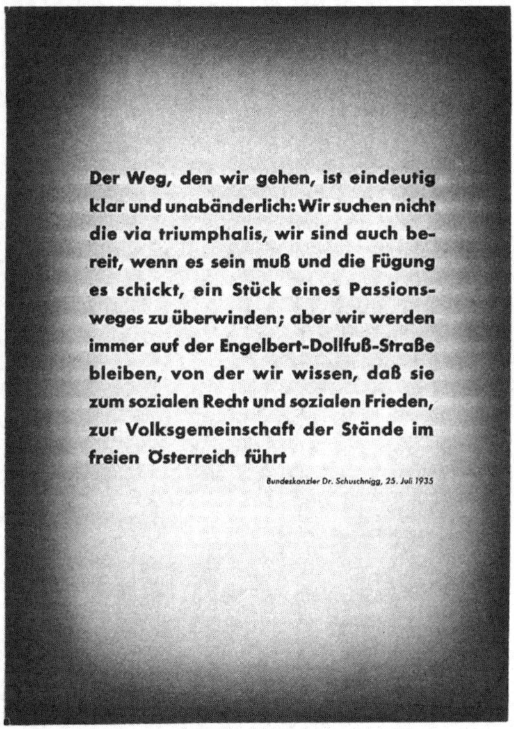

Klares Bekenntnis zur »Engelbert-Dollfuß-Straße«: Bundeskanzler Kurt Schuschnigg bei seiner Rede am Heldenplatz anlässlich der Gedenkfeier für den ermordeten Vorgänger, 25. Juli 1935.

1. TEIL

Gedenkplakette der Heimwehr in Erinnerung an den »Korneuburger Eid« am 18. Mai 1930.

EIN NEUBEGINN UNTER DÜSTEREN VORZEICHEN

Die Vorgeschichte

Nicht alle Chancen wurden genutzt

Die Zeit zwischen den beiden Weltkriegen gilt aus dem Blickwinkel der österreichischen Geschichte als unerfreuliche Periode. Viele Menschen konnten damals den Zerfall der k. u. k. Monarchie nicht verstehen, geschweige denn konnten sie verkraften, dass man von einem Großreich mit 53 Millionen Einwohnern und 676.000 km^2 auf einmal in einen Kleinstaat mit nur 6, 5 Millionen Einwohnern auf 84.000 km^2 gezwängt wurde. Den Bewohnern der Republik fehlte jedwedes Identifikationsobjekt: Kaiser, Armee und Beamtenschaft standen nicht mehr als gemeinsame Klammer zur Verfügung, um die unterschiedlichen gesellschaftlichen, politischen und ethnischen Kräfte zusammenzuhalten. Die Deutschösterreicher der k. u. k. Monarchie hatten sich als das staatstragende Volk gefühlt; nach dem Zusammenbruch blieb ihnen nur, wie sie meinten, die Zugehörigkeit zum »gesamtdeutschen« Volk, daher erstrebten sie den sofortigen Anschluss an Deutschland.

Analog zu den nationalen Spannungen des einstigen Vielvölkerreiches traten nun die Spannungen zwischen Zentrum und Peripherie, zwischen den »schwarzen« Bundesländern und dem »roten Wien« (inklusive einiger Industriestädte) zutage. Zugleich festigten sich die politischen Lager, die sich bald nicht mehr als Konkurrenten um die besseren Ideen für den Aufbau des jungen Staates, sondern als Feinde, ja bisweilen als Todfeinde betrachteten. Ihre Militarisierung trug dazu bei, dass der ideologische Meinungsunterschied zum bewaffneten Kampf auf der Straße wurde. Dabei ging es einerseits um religiös-weltanschauliche Familientraditionen, andererseits um den klassischen Verteilungskonflikt zwischen Arbeitnehmern und Arbeitgebern, also um das Entweder einer Stärkung der Arbeiterschaft und um das Oder einer Stärkung der Unternehmer- und Mittelschichten. Diese Auseinandersetzungen spielten sich vor dem globalen Übergang von der agrarischen zur industriellen Gesellschaft ab: In solchen Übergangsphasen wachsen bzw. schrumpfen die Wirtschaftssektoren in unterschiedlicher und ungewohnter Weise, manche Gruppen profitieren übermäßig, andere sind benachteiligt. Eine demokratische Reife innerhalb der Gesellschaft, in der Kompromisse möglich gewesen wären, durfte in jener Phase der politischen und sozialen Krise nicht erwartet werden, zumal sich Krisenzeiten von vornherein schlecht für den Aufbau einer Demokratie eignen, noch dazu in einem Staat, den eigentlich keiner wollte. Hätte es auch anders kommen können? Grundsätzlich nicht, denn weder Hunger und Inflation in der unmittelbaren Nachkriegszeit, noch die Weltwirtschaftskrise, welche ab 1930 den Staat mit voller Härte traf, und schon gar nicht das gewaltsame Ende der Ersten Republik am 13. März 1938 hätten verhindert werden können. Allerdings hätten sich in den zwei Jahrzehnten vor dem »Anschluss« bei einigermaßen gutem Willen der politischen Protagonisten die Lebensumstände der Bevölkerung angenehmer gestalten können. So aber erleben wir in der Rückbetrachtung eine Epoche, die stärker als andere von menschlichem Fehlverhalten geprägt ist. Denn wie in der Spätphase der Monarchie im Parlament alle wirtschaftlichen und kulturellen Fragen – zum Nachteil des Gesamtstaates – nationalisiert worden waren, so wurden in der jungen Republik alle Vorlagen nur aus dem Blickwinkel des jeweiligen Parteiinteresses betrachtet.

Gewiss gab es auch erfreuliche Aspekte in der Zwischenkriegszeit: Dazu zählt vor allem die Sozialpolitik unter dem sozialdemokratischen Staatssekretär Ferdinand Hanusch (1866–1923), dem es u. a. gelang, eine staatliche Arbeitslosenunterstützung, den achtstündigen Arbeitstag, das weltweit erste Arbeiter-Urlaubsgesetz, das Nachtarbeitsverbot für Frauen und Jugendliche und, als Krönung seines Schaffens, die Errichtung der Arbeiterkammern durchzusetzen. Positiv sind auch die vielen Sozialeinrichtungen, für die der (ebenfalls sozialdemokratische) Wiener Stadtrat Julius Tandler (1869–1936) verantwortlich zeichnete. Beeindruckend ist das kommunale Wohnbauprogramm in Wien, durch das in den Jahren 1923 bis 1933 nicht weniger als 61.000 Wohnungen für 220.000 Personen geschaffen worden waren. In den Bereichen Wissenschaft und Kultur erreichte das kleine Österreich – freilich großteils als Erbe der Monarchie – in besagten 20 Jahren einsame Weltspitze mit nicht weniger als acht Nobelpreisträgern sowie bahnbrechenden Leistungen der Wiener Medizinischen Schule, der Philosophie (»Wiener

Täglich 12 Seiten. Heute: „Der Radiohörer.“

Der Milliardenbetrüger Albert Nathan Schapiro wurde in Basel verhaftet.

Der Abend

„Wo es Stärkere gibt, immer auf Seite der Schwächeren.“

Wien 20 Groschen
Außerhalb 22 Groschen
Trafikbezug S. 5.–
Postversand Inland monatlich S. 5.50
Fernruf: A-23-5-25
Drahtanschrift: Wienerabend
Leitung und Verlag: Wien IX/., Universitätsstraße 6–8

Nr. 10 — Wien, Freitag, 13. Jänner 1933 — 19. Jahrgang

Mutter will mit drei Kindern aus Not in den Tod gehen.

Kinder gehen zugrunde!

80 v. H. aller Schulkinder einer Proletarierschule unterernährt und ungepflegt. — Deshalb so viel „schlechte“ Schüler. — Ein schrilles Notsignal.

Jeder Lehrer, der sich nicht damit benügt Aufgaben zu stellen und Noten zu schreiben, sondern sich auch ein wenig um die Schicksale der ihm anvertrauten Kinder kümmert, weiß heute viel Trauriges über die Verhältnisse zu erzählen, in denen diese armen Geschöpfe aufwachsen.

Mit solchen Lehrern haben sich ein paar Mitarbeiter des Psychologischen Instituts der Stadt Wien zusammengesetzt und gemeinsam Erhebungen über die Zusammenhänge zwischen Schulerfolg und wirtschaftlicher Lage gepflogen, die ein niederschmetterndes Ergebnis hatten.

Die Erhebungen erstrecken sich auf fünfzehn erste Volksschulklassen in den Bezirken 16, 17 und 20, im ganzen auf 108 Kinder, also nur auf einen Bruchteil sämtlicher Wiener Schulkinder. Aber es ist sehr zu befürchten, daß die Ergebnisse, mit ganz geringen Ausnahmen, in allen Bezirken gleich oder ähnlich lauten werden.

Diese Ergebnisse besagen nicht mehr und nicht weniger, als daß heute bereits 80 v. H. der Kinder in einem „sozial schlechten“ Milieu, ohne genügende Aufsicht aufwachsen.

Wie äußert sich nun dieser Mißstand in der Schule?

Die Kinder versagen im Unterricht, sie sind unfähig, sich zu konzentrieren, sie stören durch Unaufmerksamkeit und Unruhe und sind nicht imstande, den an sie gestellten Anforderungen zu entsprechen.

Unter den versagenden Kindern waren — wie einwandfrei festgestellt wurde — nur 10 v. H. körperlich normal entwickelt.

Was jeder einsichtige Lehrer und Erzieher schon längst wußte, daß Nichtentsprechen in der Schule vielfach auf äußere Umstände, vor allem auf die häuslichen Verhältnisse zurückzuführen ist, hier ist es haarscharf erwiesen!

Wenn 44 v. H. der beobachteten Kinder vollständig versagen und das Schulziel nicht erreichen, wenn bei 93 v. H. als Ursache ihrer Wissensrückstände mangelnde Konzentrationsfähigkeit und geringe Ausdauer angegeben wird, die die unmittelbare Folge von Unterernährung und schlechter Pflege sind, wenn 77 v. H. im Rechnen und Lesen versagen, 90 v. H. im Lesen allein, wenn in der zweiten Schuljahrshälfte nur drei von diesen Kindern das Zusammenlesen von Worten erfaßt haben, so ist das nicht etwa Schuld der Lehrer oder der Schulreform, wie die Geiferer und Zurückschrauber der Entwicklung immer behaupten, sondern es ist

ein schrilles Notsignal, daß unsere Kinder im Zugrundegehen sind.

Bei sämtlichen Fürsorge- und ärztlichen Untersuchungsstellen ist längst die Beobachtung gemacht worden, **daß die Gesundheitsverhältnisse bei Kindern und Jugendlichen wieder so arg geworden sind, wie sie in den schwersten Kriegs- und Nachkriegsjahren waren.**

Von blutarmen, knochenweichen, unterernährten Kindern kann und darf man unmöglich die gleichen Schulleistungen verlangen, die gut gehaltene Kinder ohne besondere Anstrengung, ja ohne besonderen Eifer bewältigen. Kommt noch hinzu, daß diese „versagenden“ Kinder zu Hause nicht die geringste Förderung ihrer Schularbeiten empfangen, daß nachgewiesenermaßen 39 v. H. ihrer Eltern sich überhaupt nicht um die Fortschritte in der Schule kümmern. Was wieder nicht ihnen zum Vorwurf gemacht werden soll, sondern als Schuld auf die Wirtschaftsordnung zurückfällt, in der wir zu leben verurteilt sind!

Der vorliegende Bericht über die Schulverhältnisse in Proletarierbezirken, der demnächst in Buchform erscheinen soll, betont, daß die Ergebnisse wahrscheinlich sehr verschieden sein werden, je nach dem Bezirk, wo sie angestellt werden. Aber ein wesentlich günstigeres Gesamtresultat wird sich wohl kaum ergeben, da in den drei Schulen, die vorläufig zu der Forschungsarbeit herangezogen wurden, nur 22 v. H. der Eltern als Arbeitslose, 34 v. H. als Hilfsarbeiter und Gelegenheitsarbeiter angeführt sind, was eine verschämte Umschreibung des Ausdruckes „ausgesteuert“ bedeutet, während es Schulen gibt, wo bereits 70 bis 80 v. H. aller Väter und Mütter dem furchtbaren Schicksal der Arbeitslosigkeit verfallen sind.

Jedenfalls ist zu wünschen, daß die angebahnten Erhebungen fortgesetzt werden, da sie die ganze Schulfrage von einer neuen Seite aufrollen und schließlich zu der Erkenntnis führen werden, daß die Schulreform nicht zu viel, sondern in gewissem Sinne noch zu wenig leistet. Man wird sich dazu entschließen müssen, die sozial benachteiligten Kinder bei der Einschätzung ihrer Kenntnisse und Leistungen ganz anders zu beurteilen als Kinder, die zu Hause jede Förderung genießen und wohlgenährt und rotbackig zur Schule kommen. Also kein Zurückschrauben, sondern Vorwärtsstürmen im Sinne der Schulreform!

Montag allgemeine Ladensperre!

Kaufleute, Gastwirte und Lebensmittelhändler wollen auch streiken.

Heute um 7 Uhr abends findet beim Stalehner die Massenversammlung der Wiener Lohnfuhrwerker statt. Bei allen Gruppen der Gewerbetreibenden, auch bei den Kaufleuten, zeigt sich für die Versammlung und insbesondere für die Steuerprotestbewegung der Lohnfuhrwerker fieberndes Interesse. In dieser Versammlung fällt, wie der Vorsteher der Lohnfuhrwerksgenossenschaften, Prims, erklärt, die Entscheidung, welche Schritte die Wiener Lohnfuhrwerker von Montag ab unternehmen, um ihre Forderungen durchzusetzen. Der Gehilfenausschuß hat heute alle Mitglieder aufgefordert, sich der Bewegung der Lohnfuhrwerker anzuschließen und sie zu unterstützen.

Der christlichsoziale Abg. Ellend gibt heute wieder auffallend scharfe Aeußerungen gegen die Steuerpolitik der Regierung ab. Er erklärt:

Es gärt bereits in allen Gruppen des Gewerbes und auch andere Organisationen als die der Lohnfuhrwerker haben in den letzten Tagen Protestkundgebungen verlangt. Ellend kündigt auch neuerlich die Gefahr an, daß die Autotaxi und Lastautos auf der Ringstraße auffahren, den Ring blockieren und vor dem Parlament und vor dem Rathaus angezündet werden sollen. So grenzenlos sei die Verzweiflung und die Verbitterung der Gewerbetreibenden.

Bezüglich der anderen Gruppen der Gewerbetreibenden und Kaufleute erklärt Ellend: „Das ganze Gewerbe ist in heller Verzweiflung und ruft nach Abhilfe!“

Wie wir erfahren, ist infolge der gestern abgehaltenen internen Beratungen verschiedener gewerbetreibenden Organisationen heute eine Bewegung eingeleitet worden, daß

Montag, während des Proteststreiks der Lohnfuhrwerker, auch die Gastwirte, Kaufleute sowie auch die Lebensmittelhändler ihre Laden sperren sollen.

Ellend bläst schon zum Rückzug.

Wie die Korrespondenz Herwei heute mittag berichtet, sind von christlichsozialer Seite Bemühungen im Gange, die heutige Protestkundgebund der Gewerbetreibenden in „geordnete Bahnen“ zu leiten und jedweden Radikalismus der Lohnfuhrwerker und der anderen Gewerbetreibenden hintanzuhalten. Diese Bemühungen werden damit begründet, daß man in Wien nicht eine ähnliche Bewegung wie in Vorau entstehen lassen dürfe.

Wie wir hiezu erfahren, wird insbesondere mit den christlichsozialen und nationalsozialistischen Genossenschaftsmitgliedern verhandelt. Man gab ihnen heute nacht ganz allgemein gehaltene Versprechungen über Lockerung des Steuerdruckes.

Der Abgeordnete Ellend, der zwei Tage hindurch eine sehr radikale Sprache geführt hat, trat heute vormittag bei verschiedenen Beratungen schon dafür ein, daß die Demonstrationen der Lohnfuhrwerker und Gewerbetreibenden sich unter keinen Umständen gegen die Regierung Dollfuß richten dürfen, ferner daß leidenschaftliche Ausbrüche jedenfalls zu vermeiden seien, weil sonst kein Erfolg zu erwarten ist.

Fraglich ist nur, ob es Ellend gelingt, auch die Gewerbetreibenden, die außerordentlich erbittert sind, zum Rückzug zu bringen.

Die schwere Grippe-Epidemie in England.

London, 13. Jänner. (Tel.-Komp.)

Eine amtliche Statistik gibt die Zahl der Todesopfer der gegenwärtig in England herrschenden Grippe-Epidemie für die letzte Woche mit 681 an. Diese Statistik umfaßt jedoch nur die Großstädte in England und Wales.

Die Zahl ist mehr als doppelt so hoch als in der vorangegangenen Woche.

Am schwersten heimgesucht wurde Birmingham, wo die Grippe 163 Todesopfer gefordert hat. An zweiter Stelle steht London.

Drei SA.-Leute als Räuber.

Berlin, 13. Jänner. (Tel.-Preß.)

Die Berliner Strafkammer verurteilte gestern abend wegen räuberischer Erpressung und Körperverletzung drei Mitglieder der Herrnsdorfer SA. Ihr Anführer Andreas Turowski erhielt fünf Jahre Gefängnis, seine beiden Komplizen je zwei Jahre Gefängnis. Es handelt sich um die drei Burschen, die das greise Ehepaar Baumann in Belten überfallen, ihrer kärglichen Ersparnisse beraubt und schwer mißhandelt hatten.

Schulkinder unterernährt und ungepflegt: Zeitungsbericht über das soziale Elend in Wien. *Der Abend*, 13. Jänner 1933.

Kreis«) und der Nationalökonomie. Weltgeltung genossen auch Österreichs Literatur- und Theaterschaffende, Musiker und Komponisten (Wiener Schule der Zwölftonmusik; Oper und Operette), darstellende Kunst sowie Architektur.

An sich wäre die wirtschaftliche Ausgangslage für die Republik Österreich nicht so ungünstig gewesen, wenn man den relativ hohen Bildungsgrad der Bevölkerung, die für damalige Verhältnisse gut ausgebaute Infrastruktur, die tadellose Verwaltung und nicht zuletzt auch die rechtsstaatliche und demokratische Tradition mit einem bereits fünf Jahrzehnte alten konstitutionellen Menschenrechtskatalog in Rechnung stellt. Aber all diese Chancen wurden nicht genutzt, teils aus eigenem, teils aus fremdem Verschulden. Die eigene Bevölkerung glaubte lange – etwa zehn Jahre lang – nicht an die Lebensfähigkeit des jungen Staates, und das Ausland betrieb eine restriktive Wirtschaftspolitik gegenüber Österreich, baute hohe Handelshemmnisse auf und kappte vielfach die überregionalen Wirtschaftsverflechtungen der einstigen Monarchie, deren industrielle Verwaltungszentren in Wien, deren Produktionsstätten nun aber in den Nachfolgestaaten lagen.

Infolge der Weltwirtschaftskrise schrumpfte in den Jahren 1929 bis 1933 das Bruttosozialprodukt um 25 %, die Industrieproduktion gar um 38 %, zugleich stieg die Arbeitslosigkeit anno 1933 auf die erschreckende Zahl von 557.000 Personen an. Von 1933 bis 1938 erholte sich die Wirtschaft allmählich, das Bruttosozialprodukt wuchs sogar jährlich um 3 %. Hatte es 1929 endlich den Stand des Jahres 1913 wieder erreicht, war es dann jäh abgefallen, erst 1937 kletterte es wieder auf die Höhe von 1913. Einzelne Kennzahlen entwickelten sich dabei durchaus erfreulich – so stiegen etwa die Exporte nach Italien und Ungarn, begünstigt durch die Römischen Protokolle, von 148 Mio. Schilling im Jahr 1932 auf 224 Mio. Schilling im Jahr 1936, eine deutliche Produktionssteigerung in der Landwirtschaft ermöglichte eine Reduktion der Einfuhren von lebenden Tieren, Nahrungsmitteln und Getränken. Der Kurs des Schillings entwickelte sich stabil, die Spareinlagen stiegen auf über 2,2 Milliarden Schilling, der Gold- und Devisenbestand der Oesterreichischen Nationalbank konnte wesentlich erhöht werden.

Auch die Arbeitslosenzahl ging langsam zurück: 1937 waren »nur mehr« 464.000 Personen als arbeitslos gemeldet; knapp ebenso viele waren allerdings »ausgesteuert«, bezogen also keine staatliche Hilfe mehr und waren auf die Fürsorge der Gemeinden angewiesen. Was die Verteilung der Produktionssektoren in der Ersten Republik betraf, so brachten es Land- und Forstwirtschaft, Gewerbe und Industrie sowie Verwaltung und Dienstleistung gleichermaßen auf je ein Drittel der Beschäftigten. Dieser Sozialstruktur entsprach auch das Zugehörigkeitsgefühl zu einem bestimmten politischen Lager, wie noch zu zeigen sein wird. Städtische Arbeiter fühlten sich dem sozialdemokratischen, Bauern, Landarbeiter, Angestellte und Unternehmer dem christlichsozialen Lager (und dem Landbund) verbunden. Arbeitslose, kleine Gewerbetreibende und viele der schlecht bezahlten, von Gehaltskürzungen und Abbaumaßnahmen betroffenen Beamten tendierten nach und nach zum Nationalsozialismus.

Die Parteienlandschaft

Die politischen Parteien in Österreich haben eine lange Vorgeschichte. Sie gingen fast durchwegs aus dem liberalen bzw. deutschliberalen Lager hervor, das sich im Revolutionsjahr 1848 erstmals artikuliert hatte und nach den ersten zugelassenen Wahlen 1861 politisch wirksam werden durfte. Der anfangs hohe Wahlzensus (»Zehn-Gulden-Männer«) begünstigte die Liberalen; sie nannten sich ab 1881 »Vereinigte Linke« und stellten bis zu den Wahlen von 1885 die Mehrheit im Reichsrat. Aber sie hatten die Zeichen der Zeit nicht erkannt und verloren mit zunehmender Lockerung des Wahlzensus gegen die sich etablierenden Massenparteien. Diese trugen eher dem ungeheuren Umbruch Rechnung, den die Industrielle Revolution und die damit einhergehende Pauperisierung (Verelendung) der Massen hervorbrachte. Und sie stellten sich der »sozialen Frage«: Wie kann man dem Proletariat ein menschenwürdiges Dasein sichern? Die Fragestellung war notwendig und richtig – die Antworten aber waren – nach heutigem Ermessen – großteils falsch.

Karikatur mit antisemitischem Grundton: Wahlplakat der christlichsozialen-großdeutschen Einheitsliste, gestaltet von Fritz Schönpflug, 1927.

Die Deutschnationalen, verkörpert durch die dominante Persönlichkeit des Georg Ritter von Schönerer (1842–1921), formulierten im »Linzer Programm« vom September 1882 eine Reihe nicht unvernünftiger Sozialmaßnahmen, überlagerten diese aber durch extremen Deutschnationalismus, Antikatholizismus, Antikapitalismus und Antisemitismus. Schönerers antisemitische Tiraden veranlassten einstige Mitarbeiter am »Linzer Programm«, wie Victor Adler (1852–1918), Engelbert Pernerstorfer (1850–1918) und Heinrich Friedjung (1851–1920), sich von den Deutschnationalen abzuwenden und politisch anders zu orientieren. Die Partei zerfiel bald in verschiedene Richtungen, bei den ersten freien Wahlen 1907 bildeten die Deutschnationalen daher nur das drittstärkste Lager, bei den zweiten und letzten Wahlen der Monarchie 1911 siegten sie zwar als »Deutscher Nationalverband« mit 106 Mandaten (von insgesamt 516) auf der ganzen Linie, waren jedoch in mehrere Fraktionen gespalten. Bei den ersten Wahlen

Links: Noch sieht sich die Sozialdemokratie als »Partei der Zukunft«: Plakat vom November 1931.
Rechts: Antisemitische Hetze der Christlichsozialen: die junge Republik im Würgegriff der Juden. Wahlplakat, 1920.

der Republik im Februar 1919 wurden die Deutschnationalen auf den dritten Platz verwiesen. Der ehemalige Linzer Bürgermeister und Erster Präsident der Provisorischen Nationalversammlung, Franz Dinghofer (1873–1956), gründete 1919 die »Großdeutsche Vereinigung« und wurde 1920 Obmann der Großdeutschen Volkspartei. Dieses dritte Lager fand seine Anhänger unter den Beamten und den Exponenten der Industrie.

Die Geburtsstunde der Sozialdemokratischen Arbeiterpartei (SDAP) schlug beim Gründungskongress in Neudörfl am 5. April 1874. Wie die Lösung der »sozialen Frage« aussehen mochte, ist dem »Neudörfler Programm« zu entnehmen. Darin heißt es u. a.: »Die österreichische Arbeiterpartei erstrebt im Anschluss an die Arbeiterbewegung aller Länder die Befreiung des arbeitenden Volkes von der Lohnarbeit und der Klassenherrschaft durch Abschaffung der modernen privatkapitalistischen Produktionsweise. Sie erstrebt an deren Stelle die gemeinschaftliche, staatliche Produktion der Güter. [...]« Gemäßigte und Radikale stritten darüber, ob dieses Ziel auf revolutionärem oder evolutionärem Weg zu erreichen wäre. Aber beim ersten Parteitag, dem »Versöhnungsparteitag« vom 1. Jänner 1889, fanden sie zueinander. Es war das Verdienst des oben erwähnten Armenarztes Dr. Victor Adler, dass er die überworfenen Flügel auf einen gemäßigten Kurs einschwor. Bei den ersten freien Wahlen 1907 wurden die Sozialdemokraten die zweitstärkste, bei den zweiten 1911 mit 81 Mandaten die stärkste Fraktion. Es liegt eine Tragik in Victor Adlers Biografie: Dieser engagierte »Hofrat der Revolution«, der sich so enthusiastisch für die Gründung der Republik eingesetzt hatte, verstarb am 11. November 1918, also genau einen Tag vor deren Ausrufung.

Dem legendären Wiener Bürgermeister Dr. Karl Lueger (1844–1910) verdankt die christlichsoziale Bewegung ihren Aufstieg zur Massenpartei, denn er vereinte die Christlichsozialen mit den Katholisch-Konservativen und führte die Christlichsoziale Partei (CS) bei den ersten freien Wahlen Österreichs anno 1907 zum Wahlsieg. Bei den zweiten Wahlen 1911 fielen sie mit 76 Mandaten allerdings hinter die Sozialdemokraten zurück. Die Lösung der »sozialen Frage« meinten die Christlichsozialen in einer ständestaatlichen Verfassung zu sehen. Wichtigster Ideenbringer war der aus Liegnitz stammende Rittergutsbesitzer Karl Freiherr von Vogelsang (1818–1890), der 1864 nach Österreich kam und am Bisamberg den Magdalenenhof erwarb. Als begabter Publizist und leitender Redakteur der Tageszeitung *Vaterland* konnte er seine Vorstellungen von einem politischen Katholizismus, gepaart mit einer antikapitalistischen, antiliberalen Wirtschaftsordnung, verbreiten. Nach seinem Tod brachte der Moraltheologe Franz Schindler (1847–1922) Vogelsangs christliche Soziallehre in ein System: Demnach sollten Wirtschaft und Gesellschaft derart gestaltet sein, dass der Mensch die ihm von Gott gestellte Aufgabe erfüllen kann. Dies wäre aber nur zu erreichen, wenn sich die Wirtschaft auf einen »natürlichen« engen Zusammenhang von Menschen und Landschaft beschränkte und sich nicht zur »unnatürlichen« Weltwirtschaft ausdehnte. Schutzzölle sollten die Entwicklung der Weltwirtschaft eindämmen. Der Besitz von Produktionsmitteln wäre mit Pflichten gegenüber der Gemeinschaft verbunden, der Staat sollte die Preise für Produktionsgüter festlegen und der Arbeitslohn sollte einer Gewinnbeteiligung entsprechen. Da Geldverleih gegen Zinsen unrecht wäre und die allseits verschuldeten Bauern als die Hauptgeschädigten des Zinsgeschäftes gälten, müsste der Staat im Sinne einer neuen Grundentlastung die Bauern großzügig entschulden. Ein wesentlicher Punkt betraf das Parlament: Es sollte in eine berufsgenossenschaftliche, ständische Vertretungskörperschaft umgewandelt werden. Papst Leo XIII. (1878–1903) gewährte Schindler Audienz und griff dann sein Gedankengut in der am 15. Mai 1891 veröffentlichten Enzyklika *Rerum novarum* sowie in der am 24. September 1892 verfassten Enzyklika *Singulari quadam* auf. In beiden Rundschreiben verurteilte er die Auswüchse des Kapitalismus und trat für eine berufsständische Ordnung ein. Sozialismus und Katholizismus wären unvereinbar, vielmehr sollte die christliche Sozialethik den Klassenkampf überwinden. (Heute würden wir sagen: Sozialpartnerschaft statt Klassenkampf.)

Vier Jahrzehnte später widmete sich Papst Pius XI. (1922–1939) in seiner Enzyklika *Quadragesimo anno* am 15. Mai 1931 nochmals diesem Thema. Darin heißt es:

» *In heißem Bemühen […] müssen Staatsmänner und gute Staatsbürger dahin trachten, aus der Auseinandersetzung zwischen den Klassen zur einträchtigen Zusammenarbeit der Stände uns emporzuarbeiten. Erneuerung einer ständischen Ordnung also ist das gesellschaftspolitische Ziel. Bis zur Stunde dauert ja der unnatürlich gewaltsame Zustand der Gesellschaft fort und ermangelt infolgedessen der Dauerhaftigkeit und Festigkeit; ist doch die heutige Gesellschaft geradezu aufgebaut auf der Gegensätzlichkeit der Interessenslagen der Klassen und damit auf dem Gegensatz der Klassen selbst, der allzu leicht in feindseligen Streit ausartet. […] Durchgreifende Abhilfe aber hat die Ausräumung dieses Gegensatzes zur unerlässlichen Voraussetzung und erscheint kaum anders möglich als dadurch, dass wohlgefügte Glieder des Gesellschaftsorganismus sich bilden, also ›Stände‹, denen man nicht die Zugehörigkeit zur einen oder anderen Arbeitsmarktpartei, sondern nach der verschiedenen gesellschaftlichen Funktion des Einzelnen angehört. Denn genau wie die nachbarschaftliche Verbundenheit die Menschen zur Gemeinde zusammenführt, so lässt die Zugehörigkeit zum gleichen Beruf – gleichviel ob wirtschaftlicher oder außerwirtschaftlicher Art – sie zu Berufsständen oder berufsständischen Körperschaften sich zusammenschließen. [...]«*[1]

Das christlichsoziale Parteiprogramm von 1926 nahm die Enzyklika *Quadragesimo anno* bereits vorweg und erklärte eine innere geistige Umstellung zum »heiß ersehnten Ziel einer neuen Gesellschaftsordnung«, welche durch »Zusammenfassung der durch Gleichheit ihres Berufes und Dienstes an der Gesellschaft Zusammengehörigen« gewährleistet wäre. Spätere Interpretationen dieses Programms stellten dann klar, dass dem parlamentarisch geprägten »Volksstaat« ein »richtig verstandener Autoritätsstaat« vorzuziehen wäre.[2] Auf Grund solcher Argumentationen entstand der Begriff »autoritärer Ständestaat«, wobei in der Praxis nur mehr die Worte »autoritär« und »Staat« übrig geblieben sind, denn von ständestaatlicher Ordnung war, wie im dritten Abschnitt dieses Buches zu zeigen sein wird, dann kaum etwas zu bemerken. Vielmehr verband man mit der Formel »Ständestaat« nichts weniger als ein Codewort, das für »antimarxistisch«, »antidemokratisch«, »antikapitalistisch« und damit zusammenhängend »antisemitisch« stand. Dass die Regierungen des rechten Lagers zwar den Kapitalismus verbal verurteilten, in ihrer Finanz- und Wirtschaftspolitik aber förderten, zählt zu den vielen Widersprüchen der Ersten Republik.

Aus dem Blickwinkel der katholischen Kirche fand sich mit der christlichsozialen Partei insofern eine Art Ersatz für das untergegangene Kaisertum, als sich abermals eine »Symbiose von Thron und Altar« verwirklichen ließ: Die christlichsoziale Partei vertrat wie ein verlängerter Arm der Kirche deren Interessen. Die österreichische katholische Kirche wiederum betrachtete »erzkatholische« Bundeskanzler wie Seipel, Dollfuß oder Schuschnigg als »die Ihrigen« und vermied jegliche Kritik an ihnen, auch wenn diese aus christlicher Sicht durchaus gerechtfertigt gewesen wäre, etwa in Bezug auf die Ereignisse von 1934. Hinzu kam, dass ständestaatliche, autoritäre Vorstellungen der Christlichsozialen ohnehin auf katholischem Boden gewachsen waren. Kardinal Theodor Innitzer (1875–1955) identifizierte sich förmlich mit Dollfuß und Schuschnigg, indem er keine Gelegenheit versäumte, bei öffentlichen Veranstaltungen an der Seite des Bundeskanzlers aufzutreten. Als er dann 1938 seine Stimme für den »Anschluss« gab, tat er es in der Hoffnung, Hitler »mussolinisieren« zu können. Wenn hingegen von der Kanzel herab eindeutige Wahlwerbung zugunsten der Christlichsozialen Partei betrieben und vor dem Sozialismus und Bolschewismus gewarnt wurde, bestärkte dies nur die kirchenfeindliche Haltung der Sozialdemokraten. Die Antipathie beruhte durchaus auf Gegenseitigkeit. Denn die Kirche machte ihren Einfluss auf die Schulpolitik geltend – allerdings nicht im »roten« Wien. Sie hielt an der Unauflöslichkeit der Ehe fest und verbot die Feuerbestattung – alles Themen, die nicht den Wünschen der Arbeiterschaft entsprachen, sodass die von den Sozialdemokraten initiierte Kirchenaustrittspropaganda auf fruchtbaren Boden fiel. Ein Zusammengehen des Katholizismus mit dem Sozialismus schien damals jedenfalls unmöglich.

»Sozialistisch-jüdische« Politiker werden zum Feindbild erklärt. Plakat des Österreichischen Bauernbundes, 1928.

Auch die Nationalsozialisten blicken auf eine Geschichte zurück, die noch vor dem Weltkrieg begonnen hat: Eine deutschnationale Politik und den Kampf um das »deutsche Volkstum« schrieb sich bereits die 1903 gegründete »Deutsche Arbeiterpartei« auf ihre Fahnen. Rechtsanwalt Dr. Walter Riehl (1881–1955) änderte im Mai

1918 den Namen in »Deutsche Nationalsozialistische Arbeiterpartei« um. Wie bei allen anderen Parteien stand nach dem Weltkrieg der »Anschluss« an Deutschland im Mittelpunkt ihres Bestrebens. Ein Parteitag in Salzburg im August 1920 festigte die Zusammenarbeit mit den Schwesterparteien in Deutschland, der Tschechoslowakei und Polen und erklärte Riehl zum »Führer der nationalsozialistischen Bewegung Großdeutschlands«. Seit damals wurde das Hakenkreuz als Symbol verwendet (Sanskrit: *Swastika* = »Heil bringendes Zeichen«). Nach einer Parteispaltung in »Deutschnationaler Verein« und »Schutztruppe« kam es 1926 in Wien zur Neugründung der NSDAP, die sich ganz der deutschen Partei unterordnete, auch wenn sie mit einer eigenen Landesleitung und neun Gauleitungen (eine für jedes Bundesland) den Schein einer eigenständigen österreichischen Partei aufrecht hielt. Ideologisch orientierten sich Österreichs Nationalsozialisten an Hitlers Schrift *Mein Kampf* und formulierten daher folgende Ziele in ihrem Programm: Revision der Pariser Vorortverträge, Kampf um einen größeren »Lebensraum« für die Deutschen, Vorherrschaft der »germanischen Rasse« in Europa, Antimarxismus, Antisemitismus, Beendigung der Parteiendemokratie und alleinige Führerschaft der NSDAP. Nach und nach drifteten rechtsstehende Angehörige der Wehrverbände, insbesondere des Steirischen Heimatschutzes, sowie Bürgerlich-Konservative, aber auch Vertreter des linken Lagers zur NSDAP ab. 1931 wurde der aus Wiesbaden stammende ehemalige Kaufhausangestellte und Gründer des *Nassauer Beobachters* Theodor Habicht (1898–1944; gefallen) zum Landesgeschäftsführer der NSDAP ernannt; seit damals strebten immer mehr Reichsdeutsche nach Parteifunktionen in Österreich. Die Partei wurde durchorganisiert und durchbürokratisiert. Bei den Nationalratswahlen des Jahres 1930 erlangte die NSDAP mit 111.800 Stimmen noch kein Mandat, aber anlässlich der 1932 abgehaltenen Landtagswahlen in Wien, Niederösterreich, Salzburg und Vorarlberg gewannen die Nationalsozialisten 336.000 Stimmen (15 %), allein in Wien beachtliche 201.000 Stimmen (17,4 %), sodass 15 Nationalsozialisten in den Gemeinderat (insgesamt 100 Mandatare, davon 66 SDAP, 19 CS) einzogen. Aus Angst vor einem weiteren NS-Stimmengewinn und dem Verlust der eigenen Macht verhinderte die Regierung fortan alle künftigen Wahlen.

Mit dem Mandatsstand der letzten Wahlen von 1911 ging die Provisorische Nationalversammlung am 30. Oktober 1918 an die Gründung des Staates Deutschösterreich. Ihr gehörten 102 Abgeordnete vom Verband der Deutschnationalen (inklusive der Liberalen), 65 Christlichsoziale (CS) und 37 Sozialdemokraten (SDAP) an. Sie wählte aus ihrer Mitte einen 20-köpfigen Staatsrat und dieser bestimmte den Sozialdemokraten Karl Renner (1870–1950) zum Chef der Regierung. Am 12. November 1918 fasste die Provisorische Nationalversammlung einstimmig den Beschluss zur republikanischen Staatsform und zum Anschluss an das Deutsche Reich. Die Situation war chaotisch: Hunger und Elend prägten damals den Alltag, schwere Ausschreitungen der Zivilbevölkerung, Plünderungen durchziehender oder heimkehrender Soldaten, der Verfall der Währung, die Panik vor der Spanischen Grippe, Putschversuche der Kommunisten, die Ungewissheit über die künftigen Staatsgrenzen sowie die Kämpfe um die Sicherung des Staatsgebietes und nicht zuletzt eine linksradikale Rätebewegung, die mancherorts über mehr Autorität verfügte als die Regierung selbst – ihre Bedeutung ging aber ab dem Frühjahr 1920 rasch zurück.

Trotz all der Unsicherheit fanden schon am 16. Februar 1919 die Wahlen zur Konstituierenden Nationalversammlung statt. Wahlberechtigt waren alle volljährigen Männer und – erstmals in der Geschichte – Frauen. Die SDAP siegte mit 72 Mandaten, den zweiten Platz erreichte die CS mit 69 und den dritten der Verband der Deutschnationalen mit 26 Mandaten; sonstige Parteien brachten es auf 3 Mandate.

Abermals wurde Karl Renner mit der Bildung einer Koalitionsregierung betraut, nach Unterzeichnung des Staatsvertrags von Saint-Germain (10. September 1919) wählte die Nationalversammlung im Oktober 1919 eine neue Regierung. Dieses dritte Kabinett Renner bildete die letzte Koalitionsregierung von Sozialdemokraten und Christlichsozialen der Ersten Republik – sie hielt nur bis zum 11. Juni 1920 und brach aus nichtigem Anlass auseinander, nach vierwöchiger Regierungskrise folgte ihr am 7. Juli 1920 die Staatsregierung Mayr I im

Amt. Die Sozialdemokraten sollten für das folgende Vierteljahrhundert weder Kanzler noch Minister stellen. Wohl mussten sie damals nicht befürchten, für so lange Zeit von der Macht ausgesperrt zu werden, erstrebten und erhofften sie doch ihre Alleinherrschaft. Vorerst aber verspürten sie nur geringe Lust, gemeinsam mit den Christlichsozialen die Regierungsverantwortung zu teilen. Das Koalitionsklima war immer schlechter geworden und nur die zwingende Notwendigkeit zur Bekämpfung der Not hatte die beiden Parteien für die zwei Anfangsjahre der Republik zur Zusammenarbeit gezwungen.

Im November 1918 hatte Staatskanzler Renner den Verfassungsexperten Hans Kelsen (1981–1973), einen Vertreter der »Wiener Schule des Rechtspositivismus«, mit der Ausarbeitung eines Verfassungsentwurfes betraut. Eineinhalb Jahre lang diskutierten die Koalitionspartner über die geeignete Verfassung, jeder legte seine eigenen Vorstellungen offen. Die Streitpunkte kreisten vor allem um die Fragen: starker Zentralismus (Wunsch der Sozialdemokraten), starker Föderalismus (Wunsch der Christlichsozialen), starkes Staatsoberhaupt (Wunsch der Großdeutschen) oder gar kein Staatsoberhaupt (Überlegung der Sozialdemokraten). Keine Einigung fand man hinsichtlich klarer Definitionen, was die Wirtschaftsordnung, den Schutz des Privateigentums oder die Stellung der katholischen Kirche in Schul- und Familienfragen betraf. Ein eigenes Verfassungskomitee gelangte schließlich zu jener Einigung, die den Machtverhältnissen der drei Parteien entsprach. In diesem Verfassungskomitee wirkten mit: der sozialdemokratische Staatskanzler Karl Renner, Staatssekretär für Verfassungs- und Verwaltungsreform Michael Mayr (1864–1922), ferner der Vorsitzende des parlamentarischen Verwaltungsausschusses und Obmann der Sozialdemokraten, Otto Bauer (1881–1938), dann der Obmann der Christlichsozialen Partei, der Moraltheologe Prälat Ignaz Seipel (1876–1932), und nicht zuletzt der schon erwähnte Rechtsgelehrte Hans Kelsen. Angesichts der absolut divergierenden Ansichten der Parteien verzichtete man auf einen eigenen Grundrechtskatalog – man übernahm ihn wörtlich den Dezembergesetzen des Jahres 1867; es gibt auch keine Präambel mit pathetischen Grundsatzerklärungen. All dies unterscheidet die Österreichische Bundesverfassung wesentlich von der Weimarer Reichsverfassung (11. August 1919), die von Juristen als »fortschrittlichste Verfassung Europas« benannt wird, während man die österreichische Verfassung lediglich als »nüchterne Spielregelverfassung« bezeichnet. Sie beginnt mit den lapidaren Worten:

> ***Artikel 1.*** *Österreich ist eine demokratische Republik. Ihr Recht geht vom Volk aus.*
> ***Artikel 2.*** *Österreich ist ein Bundesstaat.* [...]

Nicht mehr unter der Koalitionsregierung Renner, sondern unter der Allparteienregierung Michael Mayr I nahm der Nationalrat nach dreitägiger Debatte am 1. Oktober 1920 einstimmig das »Bundes-Verfassungsgesetz« (B-VG) an. Ein wesentliches Element dieser Verfassung bestand in der starken Stellung des Parlaments, das jeder Regierung Fesseln anlegte und jeder Opposition nicht nur Gehör, sondern auch Durchsetzungs- und Verhinderungsmöglichkeit einräumte. Dementsprechend schwach war die Funktion des Bundespräsidenten ausgestaltet. Sie beschränkte sich im Wesentlichen auf repräsentative Aufgaben. Als erster Bundespräsident fungierte von 1920–1928 der parteilose Ökonom und Sozial- und Wirtschaftspolitiker Michael Hainisch (1858–1940).

Die Konstituierende Nationalversammlung hatte ihre Arbeit getan. Am 17. Oktober 1920 wurde die legislative Nationalversammlung neu gewählt. 85 Mandate errangen die Christlichsozialen, 69 die Sozialdemokraten, welche von nun an aus ihrer Oppositionsrolle nicht mehr herausfanden. 22 Mandate entfielen auf die Großdeutschen, 6 Mandate auf die Deutsche Bauernpartei und 1 Mandat auf die Bürgerlichen Demokraten. Allen Parteien hatten auf das von den Siegermächten diktierte Anschlussverbot an Deutschland als einen wesentlichen Identifikationsfaktor gesetzt. Hinzu kam, dass der SDAP nach den ersten beiden Jahren ihrer Mitregierung der revolutionäre Schwung abhanden gekommen war; wohl hatte sie, insbesondere hinsichtlich der Sozialgesetzgebung, in der jungen Republik den Ton angegeben, doch nun musste sie erkennen, dass ihre Träume von einer klassenlosen Gesellschaft an der Realität zerbrachen, dass es ihr nicht gelingen würde, die bürgerlichen Kräfte für sich zu gewinnen. Nichtsdestoweniger blieben die Sozialdemokraten als einheitlicher »linker Block« bestehen.

Die Christlichsozialen traten zwar immer selbstbewusster auf und verstanden sich nach 1920 als »die« Staatspartei. Allerdings musste die CS stets Koalitionen eingehen, denn sie verkörperte nur einen Teil des »rechten Lagers«, das sich aus verschiedenen sozialen Gruppen zusammensetzte und auch die Großdeutschen als »drittes Lager« mehr oder weniger mit einschloss. Zu den Gegnern des »linken Lagers« zählten eine beamtete und vor allem unternehmerische Oberschicht mit ihren Unternehmerorganisationen, ferner die mittel- und kleinbürgerlichen Gewerbetreibenden mit ihren Vereinen und Interessenvertretungen, dann Kreise der Beamtenschaft, die Masse der Bauern und nicht zuletzt die Organisationen der katholischen Kirche. Sie alle einte lediglich der Antiliberalismus, der Antisozialismus und der Antisemitismus – alles Elemente, die der Begriff »autoritärer Ständestaat« mit einschließen sollte. Dementsprechend verwirrend sieht die Parteienlandschaft unter den »Rechten« aus: Nach 1920 nannte sich die Regierungskoalition aus Christlichsozialen, Großdeutschen und Landbund »Bürgerblock«. Als Vertreter der Großdeutschen trat Polizeipräsident Johann Schober (1874–1932), Bundeskanzler 1921/22 sowie 1929/30, gemeinsam mit dem Landbund als »Nationaler Wirtschaftsblock« vulgo »Schoberblock« 1930 zu den Wahlen an. Auch der Landbund, 1919 als »Deutsche Bauernpartei« gegründet, behauptete von 1927 bis 1933 maßgebliche Plätze in der Regierung: Sein Obmann Vinzenz Schumy (1878–1962) bekleidete 1929 das Amt des Vizekanzlers und in den Jahren 1929 sowie 1933 fungierte er als Innenminister. Der steirische Landbundfunktionär Karl Hartlieb (1886–1965), der nach dem »Anschluss« ins Lager der Nazis wechselte, war von 1927–1929 Vizekanzler und Innenminister und zeichnete – so wie der oben erwähnte Polizeipräsident Schober – für das harte Vorgehen der Exekutive während des Justizpalastbrandes mitverantwortlich. Der aus Zwickau in Böhmen stammende Franz Winkler (1890–1945) amtierte 1930 bis 1932 als Innenminister und 1932/33 als

Vizekanzler, überwarf sich dann mit Kanzler Dollfuß wegen dessen heimwehrfreundlichen Regierungskurses, gründete 1933 die »Nationalständische Front« und floh 1934 ins Ausland. Ideologisch teilte der Landbund mit den Christlichsozialen den antiparlamentarischen Ständegedanken, den Antimarxismus und den Anschluss an Deutschland, die Heimwehren lehnt er jedoch ab. Nur einmal, bei den Nationalratswahlen 1927, kandidierte die Einheitsliste aus Christlichsozialen und Großdeutschen als »Bürgerblock«. 1930 trat der austrofaschistische Flügel der Heimwehren unter Ernst Rüdiger (Fürst) Starhemberg (1899–1956) mit dem Namen »Heimatblock« zu den Nationalratswahlen an; Starhemberg fungierte 1930 bis 1936 als Bundesführer des Heimatschutzes und 1934 bis 1936 als Bundesführer der Vaterländischen Front und zugleich als Vizekanzler.

Tabellarische Übersicht der Nationalratswahlen (Zahl der Mandate)

	1919	1920	1923	1927	1930
Sozialdemokraten	72	69	68	71	72
Christlichsoziale	69	85	82		66
Bürgerblock (Einheitsliste)				85	
Deutsche Bürgerliche	1	1			
Großdeutsche	26	28	10		
Landbund			5	9	
Schoberblock					19
Heimatblock					8

Austromarxismus versus Austrofaschismus

Austromarxismus und Austrofaschismus, so der gängige »linke« Kampfbegriff für die katholisch-konservative Kanzlerdiktatur, standen als ideologische Überbauten den beiden großen Lagern vor. Bei ihnen handelte es sich um die jeweils abgemilderten österreichischen Lesarten von an sich radikalen Denkschulen. Die wirklich Radikalen, die Kommunisten, fielen bei den ersten freien Wahlen am 19. Februar 1919 vollkommen durch und verschwanden nach einigen gescheiterten Putschversuchen mehr oder weniger von der politischen Bühne, um dann nur mehr im Untergrund zu wirken. Denn die Austromarxisten ließen den Kommunisten keine Luft zum Überleben. Umso dramatischer gestaltete sich die Situation der anderen Radikalen, der Nationalsozialisten: Sie gewannen zwar bei den letzten freien Nationalratswahlen am 9. November 1930 noch kein Mandat, bei den Landtagswahlen in Wien, Niederösterreich und Salzburg anno 1932 brachten sie es aber bereits auf ein Sechstel der Mandate. Aus Angst vor einem weiteren Anwachsen dieses neuen dritten Lagers verhinderte die Regierung wie erwähnt fortan jede weitere Wahl.

Der gemäßigte Sozialdemokrat Karl Renner hielt die »sozialdemokratische Revolution« seit der Gründung der Republik für abgeschlossen und konzentrierte sich als Pragmatiker auf die Überwindung der dringendsten Alltagsprobleme. Doch nicht er gab innerhalb seiner Partei den Ton an, sondern der Ideologe Otto Bauer (1881–1938), Theoretiker und Wortführer des Austromarxismus. Ihm war der revolutionäre Wandel nach dem Weltkrieg keinesfalls weit genug gegangen. Seine geschliffenen, in schönstem Deutsch vorgetragenen Reden zeugten von hohem Intellekt, eigneten sich allerdings nicht dazu, die Massen zu bewegen. Er war ein Philosoph, aber kein charismatischer Parteiführer. Sein Dilemma bestand darin, dass er sich gerne radikaler Phrasen bediente, vor deren Verwirklichung aber stets zurückschreckte. Die »österreichische Schule des Marxismus« war nach 1900 vom Soziologen Max Adler (1873–1937) und dem Finanzpolitiker und Publizisten Rudolf Hilferding (1877–1941) formuliert worden. Sie korrigierte den reinen Marxismus, indem sie die Lehren von Immanuel Kant und Karl Marx verband und dabei den Begriff des »neuen Menschen« prägte. Eine proletarische Revolution sollte sämtliche öffentlichen und privaten Lebensbereiche erfassen; zu ihrer Verwirklichung benötigte sie zunächst eine demokratische Staatsform (»Demokratie ist nicht viel – Sozialismus ist das Ziel«). Zwar ließen Erfahrungen der Russischen Revolution (nach 1918) die Austromarxisten vom Bolschewismus abrücken, aber Otto Bauer träumte nach wie vor von der alleinigen Macht der Arbeiterklasse.

Auf dem Parteitag der SDAP in Linz (30. Oktober bis zum 3. November 1926) legte Otto Bauer das »Linzer Programm« und mit ihm die reine Lehre des Austromarxismus in sechs Teilen vor. Im ersten Teil wird der Kapitalismus erklärt, im zweiten Teil der Klassenkampf, während sich der dritte Teil dem Kampf um die Staatsmacht widmet:

Wortführer des Austromarxismus und Autor des Linzer Programms: Otto Bauer. Foto von Albert Hilscher, 1931.

»1. Die sozialdemokratische Arbeiterpartei hat die Wahlrechtsprivilegien der besitzenden Klasse gesprengt, die Monarchie gestürzt, die demokratische Republik begründet. [...] Die Geschichte der demokratischen Republik ist die Geschichte der Klassenkämpfe zwischen der Bourgeoisie und der Arbeiterklasse um die Herrschaft in der Republik. In der demokratischen Republik beruht die politische Herrschaft der Bourgeoisie nicht mehr auf politischen Privilegien, sondern darauf, dass sie mittels ihrer wirtschaftlichen Macht, mittels der Macht der Tradition, mittels der Presse, der Schule, der Kirche die Mehrheit des Volkes unter ihrem geistigen Einfluss zu erhalten vermag. Gelingt es der sozialdemokratischen Arbeiterpartei, diesen Einfluss zu überwinden, die manuellen und geistigen Arbeiter in Stadt und Land zu vereinigen [...], so gewinnt die sozialdemokratische Arbeiterpartei die Mehrheit des Volkes. Sie erobert durch die Entscheidung des allgemeinen Wahlrechtes die Staatsmacht. [...]

Im Verlauf dieser Klassenkämpfe kann der Fall eintreten, dass die Bourgeoisie nicht mehr und die Arbeiterklasse noch nicht stark genug ist, allein die Republik zu beherrschen. […] 2. Die Bourgeoisie wird nicht freiwillig ihre Machtstellung räumen. Findet sie sich mit der von der Arbeiterklasse aufgezwungenen demokratischen Republik ab, solange sie die Republik zu beherrschen vermag, so wird sie versucht sein, die demokratische Republik zu stürzen, eine monarchistische oder faschistische Diktatur aufzurichten, sobald das allgemeine Wahlrecht die Staatsmacht der Arbeiterklasse zu überantworten droht oder schon überantwortet haben will. […] Die sozialdemokratische Arbeiterpartei muss daher die Arbeiter in ständiger organisierter geistiger und physischer Bereitschaft zur Verteidigung der Republik erhalten. […] Wenn es aber trotz allen diesen Anstrengungen der sozialdemokratischen Arbeiterpartei einer Gegenrevolution der Bourgeoisie gelänge, die Demokratie zu sprengen, dann könnte die Arbeiterklasse die Staatsmacht nur noch im Bürgerkrieg erobern. […] 3. Wenn sich aber die Bourgeoisie gegen die gesellschaftliche Umwälzung, die die Aufgabe der Staatsmacht der Arbeiterklasse sein wird, durch planmäßige Unterbindung des Wirtschaftslebens, durch gewaltsame Auflehnung, durch Verschwörung mit ausländischen gegenrevolutionären Mächten widersetzen sollte, dann wäre die Arbeiterklasse gezwungen, den Widerstand der Bourgeoisie mit den Mitteln der Diktatur zu brechen. 4. Die Arbeiterklasse erobert die Herrschaft in der demokratischen Republik nicht, um eine neue Klassenherrschaft aufzurichten, sondern um jede Klassenherrschaft aufzuheben. In dem Maße, als die Staatsmacht der Arbeiterklasse die Kapitalisten und Großgrundbesitzer enteignen, die in ihrem Eigentum konzentrierten Produktions- und Tauschmittel in den Gemeinbesitz des ganzen Volkes überführen wird, wird die Scheidung des Volkes in ausbeutende und ausgebeutete Klassen, werden die Klassenherrschaft und Klassenkampf überwunden sein […].«[3]

Der umfangreiche vierte Teil des Parteiprogramms behandelt die Aufgaben der Sozialdemokratie, wie Wirtschafts-, Sozial- und Bevölkerungspolitik, die Frauenfrage, das Schulwesen, Kirche und Kultur. Im fünften Teil wird der Übergang von der kapitalistischen zur sozialistischen Gesellschaftsordnung thematisiert, der sechste Teil spricht die Sozialistische Internationale an und betont die Notwendigkeit des

Anschlusses an das Deutsche Reich. (Dieser Passus wurde beim Parteitag im Oktober 1933 gestrichen.)

Wie ist das Linzer Programm zu beurteilen? Es zeugt einerseits vom gestiegenen Selbstbewusstsein der Partei mit einer Weltanschauung, die Hunderttausende mit ihr vereinte. Es zeugt aber auch von einer kompromisslosen Gegnerschaft zum bürgerlichen Lager, mit dem es zu keiner Zusammenarbeit kommen konnte. Denn Begriffe wie »Klassenkampf« und »Diktatur des Proletariats« verschreckten den politisch Andersdenkenden und ließen ihm gar keine andere Wahl als die strikte, womöglich gewaltsame Ablehnung. Und gewalttätig sollten die kommenden Auseinandersetzungen tatsächlich verlaufen, es sei nur an Schattendorf und den Justizpalastbrand des Jahres 1927 erinnert (siehe unten). In verhängnisvoller Weise wird im Linzer Programm auch das Schreckgespenst eines Bürgerkrieges zur Eroberung der Staatsmacht an die Wand gemalt – zu diesem ist es zwar nicht gekommen, aber auch der Schutzbundaufstand 1934 verlief nicht so, wie ihn sich Otto Bauer und seine Mitstreiter vorgestellt hatten.

Der führende christlichsoziale Politiker Prälat Ignaz Seipel, Bundeskanzler von 1922 bis 1924 und (nach Unterbrechung wegen eines Schussattentats) 1926–1929, blieb bis zum Lebensende Legitimist und distanziert gegenüber der parlamentarischen Demokratie, dafür förderte er intensiv die Heimwehren. Da er allen Teilen des Volkes und allen politischen Kräften eine Beteiligung an der Regierungsgewalt zukommen lassen wollte, trat er nicht nur für einen starken Föderalismus ein, sondern auch für die Beteiligung der Körperschaften (Interessenvertretungen) an der Staatsführung. Die solcherart entpolitisierte und nur von sachlichen Interessen geleitete Republik würde sich positiv von der Parteiendemokratie abheben – hier schwingen die ständestaatlichen Ideen des Moraltheologen Franz Martin Schindler, dessen Schüler Seipel einst war, mit. Das ständische Staatsmodell hatte also im Denken der Christlichsozialen seit Vogelsang, Schindler und den drei päpstlichen Enzykliken gewissermaßen schon Tradition.

Ein weiterer »Ideenbringer« der ständestaatlichen Verfassung war der Nationalökonom, Soziologe und Geschichtsphilosoph

Othmar Spann (1878–1950). Als glühender Antimarxist gilt er auch als Stichwortgeber des Dollfuß-Schuschnigg-Regimes, weil er die demokratische Verfassung durch ein autoritäres System ersetzt wissen wollte. In seinem 1921 erstmals veröffentlichten Buch *Der wahre Staat* schreibt er:

Theoretiker des »Ständestaats«: der Nationalökonom, Soziologe und Geschichtsphilosoph Othmar Spann.

» *Die Gliederung der Stände als eine Stufenfolge von Organisationen angesehen, bildet den Staat. Der Staat ist also die ideelle Einheit dieser Gliederung, auf Grund der ideellen Einheit der zugrunde liegenden Gemeinschaften, die Gesamtorganisation des Lebens. Die Stellung eines Standes in der Gesamtheit aller Organisationen macht die ›politische Stellung des Standes‹ aus. Da ein auszeichnendes Merkmal von Veranstaltung oder Organisation stets die ›Herrschaftsverhältnisse‹ innerhalb einer Organisation sind, so kann man die politische Seite eines Standes (einer organisierten Gemeinschaftsgruppe) auch dahin erklären: dass er eine ganz bestimmte Herrschaftsstellung im Staate innehabe. [...] Wenn nun die Gemeinschaftsgruppen und damit die Stände [...] nach Werten sich unterscheiden, eine Wertepyramide bilden, so ist die Frage nach der besten politischen Gestaltung der Stände und d.h.: nach der besten Staatsform schon grundsätzlich entschieden. Die beste Staatsform ist diejenige, welche die Besten zur Herrschaft bringt.*

Der Satz, der schon früher her bekannt ist: ›Das Beste soll herrschen‹, weil es das Schöpferische ist, erlangt nun angesichts der Gliederung der Gesellschaft in solche bestimmte Gemeinschaftsgruppen, die für das Handeln zusammengefasst, d.h. ›Stand‹ sind, erst seine leibhaftige Anwendung und Bedeutung. ›Das Beste soll herrschen‹ heißt nun nicht nur ganz allgemein, die wesenhaften Sachinteressen wie Wehrkraft, Religiosität usw. sollen herrschen, sondern ganz leibhaftig: Die Stände sollen nach Maßgabe des ›Besten‹ herrschen, das sie von der Ganzheit her gesehen in sich schließen. ›Die Besten‹ aber sind die jeweiligen Sachverständigen als Träger ›des Besten‹ betrachtet. Die Schuster daher sollen im Bereich der Schusterei, die Lehrer im Bereich der Erziehung, der Feldherr im Bereiche der Kriegskunst, der König mit seinen Räten im Bereiche der politischen Ganzheit herrschen. […]

Denn was heißt herrschen? Herrschaft heißt zuerst: geistige Gültigkeit. Dies findet dann organisatorisch seinen Ausdruck in: Machtausübung im Sinne Gültigkeit. […] Für das Herrschen im Sinne geistiger Gültigkeit nun gilt folgende Kette: Das Beste soll herrschen über das Gute; das Gute soll (indem es die Herrschaft des Besten in seiner Weise weitergibt) herrschen über das weniger Gute […]. Die Herrschaft kann ihrer Natur nach nur stufenweise von oben nach abwärts gehen, und zwar unmittelbar hinab stets nur bis zum jeweils noch verwandten Kreis, niemals aber unmittelbar vom obersten zum untersten Kreise; vielmehr nur durch Vermittlung der Zwischenstufen. […]

Eine weitere Grundeigenschaft der ›Herrschaft des Besten‹ ist, dass sie in gewissem Abstand von der Spitze notwendig in einem immer wachsenden Maße autoritativ sein muss. […] Die Folgerung aus dem Gesetz der Mittelbarkeit der Herrschaftsausübung, dem Gesetze, das angibt, wie das Beste herrsche, führt unmittelbar auf die Frage der besten Staatsform. Als beste Staatsform ergibt sich daraus eine solche, welche eine rangstufige (hierarchische) Gliederung der Gemeinschaften vorsieht, das heißt aber, wenn wir das Wort ›ständisch‹ im weitesten Sinne des Wortes verstehen: die ständische Staatsorganisation. […] Der Ständestaat ist der vollkommenste Ausdruck der universalistischen Gesellschaftsauffassung. […] Die Herrschaft geht grundsätzlich in der Richtung von oben herunter, nicht (wie das individualistische Naturrecht will) von unten hinauf. Es gilt nicht die ›Souveränität des Volkes‹, sondern die ›Gültigkeit des höchsten Wertes‹«.[4]

Deutlich sind die Anklänge an Platons Philosophenkönigtum zu erkennen, und so wie einstmals Platon beging Spann denselben Denkfehler: Wer ist befugt, zu entscheiden, welches der höchste Wert, wer der beste Mensch ist? Solche Entscheidungen können in Wahrheit nur im innersten Führungskreis einer diktatorisch herrschenden Partei getroffen werden. Zu hinterfragen ist auch, inwieweit eine starre berufsständische Gliederung der Gesellschaft überhaupt sinnvoll ist, wenn diese nicht vollkommen statisch sein, sondern den Menschen eine gewisse soziale Mobilität ermöglichen soll.

Der Begriff »Faschismus« war in Italien schon im 19. Jahrhundert für außerparlamentarische, aktionistische Gruppen gebräuchlich (ital. *fascio* = »der Bund«). Auch der ursprünglich als Chefredakteur des sozialistischen Blatts *Avanti!* tätige Benito Mussolini (1883–1945) schloss sich einer faschistischen Gruppe an und formte nach dem Weltkrieg aus ihr eine Partei *(Partito Nationale Fascista)*, mit der er 1922 die Staatsgewalt an sich riss. In seinem Buch *La Dottrina del Fascismo* (1932) formulierte er die faschistische Staatsauffassung:

> »*Der faschistische Staat ist Wille zur Macht und Herrschaft. Die römische Überlieferung ist ihm eine Idee des Antriebes. In der Lehre des Faschismus bedeutet Herrschaft nicht nur Land, Soldaten oder Handel, sondern Geist.* […] *Im Faschismus ist die Neigung zum Imperialismus, das heißt zur nationalen Entfaltung, eine Offenbarung der Lebenskräfte. Sein Gegensatz ist Verfall: Völker, die steigen oder wieder aufsteigen, sind von imperialistischer Gesinnung; nur niedergehende Völker können verzichten. Der Faschismus ist die angemessenste Lehre für die Seelenstimmungen eines Volkes, welches, wie das italienische, sich nach vielen Jahrhunderten der Ohnmacht und der Fremdherrschaft erhebt. Aber Herrschaft erfordert Zucht, Vereinigung der Kräfte, Pflicht und Opfer.* […] *Mehr denn je geht durch die Völker der Ruf nach Ansehen und Würde, Führung und Ordnung. Wenn jedes Jahrhundert seine Anzeichen hat, so sprechen tausend Anzeichen dafür, dass die Lehre des gegenwärtigen Jahrhunderts der Faschismus ist. Dass er eine lebendige Lehre ist, beweist die Tatsache, dass er zum Glauben geworden ist: dass der Glaube die Herzen erobert, beweist die Tatsache, dass der Faschismus seine Opfer und Blutzeugen hat.*«[5]

Mussolinis Beispiel eines dem Führerprinzip verpflichteten, antimarxistischen, antiliberalen und nationalistischen Kurses machte in Europa Schule und fand vor allem in Kreisen des Mittelstandes viele

Anhänger. Denn mit dem Faschismus entstand die wehrhafte »rechte« Gegenbewegung zum Sozialismus und Bolschewismus. In Österreich stießen seine Grundsätze bei den Heimwehren auf breite Zustimmung – nur mit dem Imperialismus konnte man naturgemäß nichts anfangen. Zwar befürworteten die Christlichsozialen ohnehin eine berufsständische Staatsform auf christlich-nationaler Grundlage; die Heimwehren aber, lange Zeit an keine Regierungsverantwortung gebunden, konnten ungestraft von der Partei, der sie sich ja an sich verbunden fühlten, mehr Grundsatztreue einmahnen und sie allmählich in eine radikalere Richtung drängen. Dadurch verschärfte sich einerseits die Auseinandersetzung mit den Sozialdemokraten, andererseits gerieten die Christlichsozialen aus den eigenen Reihen unter Druck. Die Tragödie von 1927 (Schattendorf und Justizpalastbrand) versetzte der jungen Demokratie einen Schlag, von dem sie sich nicht mehr erholte, und bestätigte scheinbar den von den Heimwehren geforderten autoritären Kurs. Am deutlichsten formulierte dies der Bundesführer der österreichischen Heimatschutzverbände und zugleich Landesführer der Tiroler Heimwehr, Richard Steidle (1881–1940, ermordet im KZ Buchenwald), anlässlich einer Großkundgebung der Heimwehr in Korneuburg bei Wien. Sein sogenannter »Korneuburger Eid« vom 18. Mai 1930 gab explizit einen faschistischen Kurs vor, unumwunden wurde von Steidle die Abkehr vom »westlich-demokratischen Parlamentarismus« ausgesprochen und eine »neue deutsche Staatsgesinnung« beschworen, in der das »Wort der Führer« gelten müsse:

» Wir wollen Österreich von Grund aus erneuern! Wir wollen den Volksstaat des Heimatschutzes. Wir fordern von jedem Kameraden: den unverzagten Glauben ans Vaterland, rastlosen Eifer der Mitarbeit und die leidenschaftliche Liebe zur Heimat. Wir wollen nach der Macht im Staate greifen und zum Wohle des gesamten Volkes Staat und Wirtschaft neu ordnen. Wir müssen eigenen Vorteil vergessen, müssen alle Bindungen und Forderungen der Parteien unserem Kampfziele unbedingt unterordnen, da wir der Gemeinschaft des deutschen Volkes dienen wollen! Wir verwerfen den westlich-demokratischen Parlamentarismus und den Parteienstaat! Wir wollen an seine Stelle die Selbstverwaltung

»Wir wollen nach der Macht im Staate greifen«: Der Tiroler Heimwehrführer Richard Steidle nimmt sich beim »Korneuburger Eid« kein Blatt vor den Mund.

der Stände setzen und eine starke Staatsführung, die nicht aus Parteienvertretern, sondern aus den führenden Personen der großen Stände und aus den fähigsten und den bewährtesten Männern unserer Volksbewegung gebildet wird. Wir kämpfen gegen die Zerstörung unseres Volkes durch den marxistischen Klassenkampf und liberal-kapitalistische Wirtschaftsgestaltung. Wir wollen auf berufständischer Grundlage die Selbstverwaltung der Wirtschaft verwirklichen. Wir werden den Klassenkampf überwinden, die soziale Würde und Gerechtigkeit herstellen. Wir wollen durch eine bodenständige und gemeinnützige Wirtschaft den Wohlstand unseres Volkes heben.

Der Staat ist die Verkörperung des Volksganzen, seine Macht und Führung wacht darüber, dass die Stände den Notwendigkeiten der Volksgemeinschaft eingeordnet bleiben. Jeder Kamerad fühle und bekenne sich als Träger der neuen deutschen Staatsgesinnung: Er sei bereit, Gut und Blut einzusetzen, er erkenne die drei Gewalten: den Gottesglauben, seinen eigenen harten Willen, das Wort seiner Führer.«[6]

In der Zwischenkriegszeit setzten sich in Europa zahlreiche autoritäre Regierungen fest, die parlamentarische Demokratie konnte sich nur in Westeuropa, Skandinavien und in der Tschechoslowakei halten. Lenin (1870–1924) und die Bolschewiken fegten 1917/18 in Russland die zaristische Herrschaft hinweg, 1922 errichtete Mussolini nach seinem »Marsch auf Rom« die faschistische Einparteienherrschaft. Hitlers Putschversuch des Jahres 1923 blieb zwar nur Episode, erfolgreich war hingegen im selben Jahr die Errichtung der Militärdiktaturen in Spanien unter Primo de Rivera (1870–1930) und jene des totalitären »kemalistischen« Einparteiensystems unter Mustafa Kemal Pascha »Atatürk« (1881–1938). Anno 1924 wurde Marschall Józef Piłsudski (1867–1935) Diktator in Polen, 1929 errichtete König Alexander (König 1921–1934) in Jugoslawien eine Königsdiktatur. Hitlers Machtergreifung am 30. Jänner 1933 gab dann den Anstoß für weitere Diktaturen in seinem Einflussbereich. Die 1934 etablierte Kanzlerdiktatur in Österreich bildete also keine Ausnahme, vielmehr folgte sie einer allgemeinen Entwicklung jener Epoche. Autoritäre Herrschaftsformen entsprachen damals dem Zeitgeist.

Die Katastrophe von Schattendorf

Von welcher Seite die meisten Gewalttaten in den ersten Jahren der Republik ausgingen, sei dahingestellt, sie kamen von rechts und von links; vermeidbare menschliche Fehler wurden auf beiden Seiten begangen. Typische Beispiele menschlichen Fehlverhaltens lassen sich für das Schicksalsjahr 1927 auflisten, das einen Wendepunkt in der Geschichte der Ersten Republik darstellte.

Im burgenländischen Schattendorf hatte im Sommer 1926 die »Frontkämpfervereinigung Deutschösterreichs« eine Ortsgruppe gegründet. Dieser paramilitärische Verband wurde von seinem Gründer, dem ehemaligen k. u. k. Oberst Hermann Hiltl (1872–1930), angeführt und zählte etwa 2.000 bis 3.000 Mitglieder. Die »Frontkämpfer« verstanden sich als antidemokratische, antimarxistische und antisemitische Schutztruppe für christlichsoziale, großdeutsche und zuletzt nationalsozialistische Veranstaltungen. Kurz nach der Ortsgruppengründung der Frontkämpfer rief auch der Republikanische Schutzbund in Schattendorf eine Ortsgruppe ins Leben. Beide Seiten kamen überein, im 14-tägigen Wechsel je eine Veranstaltung abzuhalten. Am 30. Jänner 1927 brachen die Schutzbündler dieses Abkommen, weil sie die Teilnahme von Oberst Hiltl an der Frontkämpferversammlung verhindern wollten. Ohne behördliche Genehmigung kamen etwa

200 Schutzbündler zusammen, behinderten am Bahnhof die aussteigenden Frontkämpfer und inszenierten im Hof des Gasthauses Tscharmann eine Schlägerei. So weit das erste menschliche Fehlverhalten, bestehend aus einer mindergefährlichen Provokation. Nun aber kam es zu einer völlig sinnlosen Wahnsinnstat, zum zweiten, schwerwiegenden menschlichen Fehlverhalten: Die beiden Wirtssöhne Josef und Hieronymus Tscharmann sowie deren Schwager Johann Pinter eröffneten aus dem Fenster des Gasthauses mit Jagdgewehren das – ungezielte – Feuer auf vorbeiziehende Schutzbündler; es gab fünf Schwerverletzte und zwei Tote: den kriegsinvaliden Hilfsarbeiter Matthias Csmarits und den achtjährigen Buben Josef Grössing. Das Begräbnis der beiden Opfer am 2. Februar 1927 gab Anlass zu einem 15-minütigen Generalstreik in ganz Österreich.

Da es damals im Burgenland kein Landesgericht gab, wurde das Strafverfahren gegen die drei Todesschützen, der sogenannte Schattendorfer Prozess, vom 5. bis 14. Juli 1927 durch ein Geschworenengericht beim Landesgericht in Wien durchgeführt. Dieses setzte sich aus 12 Geschworenen (Geschworenenbank) und drei Berufsrichtern, also Juristen (Schwurgerichtshof), zusammen. Den Vorsitz führte ein Berufsrichter, über die Schuldfrage aber hatten die Geschworenen unter Leitung ihres Obmannes allein zu entscheiden. Die Geschworenen sprachen zwar mit einer Mehrheit von 7:5 die Angeklagten schuldig, für deren Verurteilung hätte es aber nach damaliger Rechtslage einer Zweidrittelmehrheit (8:4) bedurft, sodass ein Freispruch gefällt werden musste. Diesen rechtfertigten die Geschworenen damit, dass man nicht eindeutig klären konnte, welcher von den Angeklagten die tödlichen Schüsse abgegeben hatte. Nach damaliger Rechtslage stand den drei Berufsrichtern nur bei Schuldsprüchen, nicht auch bei Freisprüchen das Recht zu, den Wahrspruch der Geschworenen auszusetzen – und damit die Verweisung der Strafsache an ein anderes Geschworenengericht zu bewirken. Dem Staatsanwalt wäre gegen den Freispruch das Rechtsmittel der Nichtigkeitsbeschwerde an den Obersten Gerichtshof zugekommen[7], er hätte diese aus eigenem erheben können oder auf Weisung des Justizministers, das war damals der Großdeutsche Franz Dinghofer,

Berufung erheben müssen. Ein Rechtsmittel hätte dem Geschehen wohl einiges an Brisanz genommen (Fehlverhalten des Staatsanwaltes bzw. des Ministers?). Der Oberste Gerichtshof hätte sodann die Möglichkeit gehabt, das Urteil entweder zu bestätigen oder aufzuheben und das Verfahren an dasselbe oder an ein anderes Geschworenengericht zurückzuverweisen. Das alles musste Friedrich Austerlitz (1862–1931), dem Chefredakteur der *Arbeiter-Zeitung*, bekannt gewesen sein, fungierte dieser doch *auch* als Nationalratsabgeordneter *und* – obgleich kein Jurist – als Richter des Verfassungsgerichtshofes[8] – eine Ämterkumulation, die schon bald nach 1927 verunmöglicht wurde. Denn in der 2. Bundesverfassungsnovelle von 1929 (siehe unten) wurde bestimmt, dass dem Verfassungsgerichtshof Mitglieder allgemeiner Vertretungskörper (Nationalrat, Landtage usw.) nicht angehören dürfen, ebenso wenig Angestellte oder sonstige Funktionäre einer politischen Partei (also wohl auch der Chefredakteur einer Parteizeitung wie der AZ).

Nichtsdestoweniger verfasste Austerlitz am 15. Juli in der *Arbeiter-Zeitung* – wohl ohne Bedacht auf seine journalistische Verantwortung – einen von ungeheurer Empörung getriebenen Brandartikel. Er bezeichnete zunächst die Geschworenen als »eidbrüchige Gesellen« und »ehrlose Gesetzesbrecher«, dann erklärt er die Koalitionsregierung (Christlichsoziale, Landbund und Großdeutsche) als mitschuldig, weil deren Regierungsblätter (christlichsoziale *Reichspost* und großdeutsche *Wiener Neueste Nachrichten*) eine »infame Hetze« gegen den Schutzbund und eine mediale Manipulation der Geschworenen betrieben hätten (tatsächlich hatten linke und rechte Zeitungen durch Vorverurteilungen die Wahrsprüche der Geschworenen zu beeinflussen versucht). Der letzte Absatz malt schließlich den Bürgerkrieg an die Wand:

» *Aber ihnen allen, die der Geduld des arbeitenden Volkes mit den Freisprechungen der Arbeitermörder eine so schwere Belastung zufügen, ihnen allen sei gesagt, dass sie da ein frivoles, ein gefährliches Spiel treiben. Denn wenn die Arbeiter erkennen müssten, dass es für sie in dieser kapitalistischen Ordnung keine Gerechtigkeit gibt, dass die Justiz zur Komödie herabsinkt, wenn ein den arbeitenden Menschen zugefügtes Unrecht zu sühnen ist, dann wird der Glaube an diese Gerechtigkeit vernichtet und das Vertrauen zu ihr erschüttert. Denn die Versagung der Gerechtigkeit ist das Schlimmste, was den arbeitenden Menschen angetan werden kann, und wenn sie das einmal erkennen und ihr Bewusstsein von dieser niederdrückenden Tatsache erfüllt wird, so ist es um die Rechtsordnung geschehen. Die bürgerliche Welt warnt immerzu vor dem Bürgerkrieg; aber ist diese glatte, diese aufreizende Freisprechung von Menschen, die Arbeiter getötet haben, weil sie Arbeiter getötet haben, nicht schon selbst der Bürgerkrieg? Wir warnen alle, denn aus einer Aussaat von Unrecht, wie es gestern geschehen ist, kann nur schweres Unheil entstehen.«*

Und das Unheil entstand nun tatsächlich. Die *Arbeiter-Zeitung* wurde um 6 Uhr früh ausgeliefert, der Artikel von Friedrich Austerlitz »zündete« – es gelang ihm, die Leserinnen und Leser zur unbändigen Wut aufzustacheln (viertes menschliches Fehlverhalten).

Die Ursachen für den folgenden Ausbruch elementarer Gewalt, an der Männer und Frauen gleichermaßen beteiligt waren, liegen weiter zurück und lassen sich nachträglich konstruieren: Sie gründen sich auf die Massenarbeitslosigkeit und die allgemeine soziale Ungleichheit, welche für viele das Gefühl der Benachteiligung wachsen ließ. Die ideologisch gespaltene Gesellschaft perpetuierte einen ständigen Spannungszustand, der durch die politische Propaganda aufgeheizt wurde und sich immer wieder in Protesten und kleineren Gewaltaktionen entlud. Denn die Schwelle zur Gewalt lag für eine Generation, die durch den Weltkrieg gezeichnet war, auf niedrigem Niveau. All diese Faktoren können sich mit einem Male entladen, wenn dazu ein äußerer Anlass gegeben wird, auch wenn dieser an und für sich eher unbedeutend erscheinen mag. In diesem Falle diente das Schattendorfer Urteil als Anlass und der Artikel von Austerlitz als bewusst herbeigeführtes beschleunigendes Element, das zum Arbeiteraufstand führte. Ein Aufstand kann grundsätzlich zu zwei Konsequenzen führen. Erstens könnte er einen Regierungswechsel erzwingen, wie dies von sozialdemokratischer Seite in Folge auch erwartet und gefordert wurde. Zweitens kann er die Staatsgewalt derart herausfordern, dass sie sich

Schriftleitung und Verwaltung: V. Rechte Wienzeile 97.

Telephon: 9510 Serie

Morgenblatt

Arbeiter-Zeitung

Zentralorgan der Sozialdemokratie Deutschösterreichs

Erscheint täglich um 6 Uhr morgens, Montag um 1 Uhr mittags

Einzelpreis 15 Groschen

Nr. 193. Wien, Freitag, 15. Juli 1927. 40. Jahrgang.

Die Arbeitermörder freigesprochen.

Der Bluttag von Schattendorf ungesühnt.

Um ½6 Uhr nachmittags zogen sich die Geschwornen zur Beratung zurück. Die Geschwornenbank war folgendermaßen besetzt: Viktor Dupal, Selchergehilfe, Wien; Johann Staufer, Zimmermeister, Achau; Josef Seger, Oberoffizial, Wien (Floridsdorf); Lorenz Reisenberger, Realitätenbesitzer, Bruck an der Leitha; Johann Schlaffer, Zimmermannsgehilfe, Deutsch-Schützen; Anton Berger, Sekretär, Wien; Leopold Pinas, Druckergehilfe, Wien; Karl Beer, Friseur, Wien; Anton Loischer, Pensionist, Wien; Franz Schmidhofer, Spenglergehilfe, Wien; Franz Siderits, Landwirt, Stegersbach; Wilhelmine Zelensky, Private, Wien.

Der lachende Geschworne als Obmann.

Die Geschwornen wählten zu ihrem Obmann Josef Seger. Das ist jener Geschworne, der gleich am zweiten Tage durch sein Lachen eine Szene provoziert hat und der auch während des ganzen Verlaufs des Prozesses aus seiner Parteinahme für die Angeklagten und seinem Haß gegen die Sozialdemokraten kein Hehl gemacht hat.

Das Verdikt.

Nach mehr als dreistündiger Beratung verkündete der Obmann der Geschwornen das Verdikt:

Die Hauptfrage, lautend auf das Verbrechen der öffentlichen Gewalttätigkeit, begangen unter besonders erschwerenden Umständen, wurde mit 9 Stimmen Nein gegen 3 Stimmen Ja für alle drei Angeklagten verneint. — Die erste Eventualfrage auf das Verbrechen der schweren körperlichen Beschädigung wurde für alle drei Angeklagten mit 6 Ja und 6 Nein beantwortet, also gleichfalls verneint (weil zu einem Schuldspruch mindestens 8 Ja notwendig sind). Die zweite Eventualfrage auf Vergehen gegen die körperliche Sicherheit wurde für Josef Tscharmann und Georg Pinter mit 7 Ja und 5 Nein beantwortet; also verneint. Für Hieronymus Tscharmann wurde diese Frage mit 7 Nein und 5 Ja ebenfalls verneint.

Auf Grund dieses Verdikts verkündete der Vorsitzende den Freispruch aller Angeklagten. Sie wurden kurz darauf auf freien Fuß gesetzt und fuhren um ½10 Uhr in zwei Autos vom Gerichtsgebäude weg. Die Urteilsverkündung spielte sich in Ruhe ab, bei der Abfahrt der freigesprochenen Arbeitermörder ertönten aus kleinen Gruppen ihrer Gesinnungsfreunde Heil-Rufe.

Das Urteil wurde in Wien in den Abendstunden bekannt und löste, namentlich in den Arbeiterbezirken, überall Erregung und Empörung aus, doch kam es nirgends zu Zwischenfällen.

Der Kampf zwischen Regierung und Parlament in Polen.

Um das Recht der Parlamentsauflösung. — Warum die Kammern nach Hause geschickt wurden.

Warschau, 14. Juli. (Polnische Telegraphenagentur.) Die der Regierung nahestehende Presse erblickt in der Schließung der beiden Kammern die Antwort der Regierung auf den Versuch des Sejm, das im vorigen Jahre verlorene ausschließliche Recht zu seiner Auflösung wiederherzustellen. Die Regierung habe mit ihrem Vorgehen verhindern wollen, daß der Sejm das dem Präsidenten der Republik durch die Kammern verliehene Recht der Parlamentsauflösung wieder antaste.

Die Kramarsch-Partei geht in die Regierung.

(Telegramm der Arbeiter-Zeitung.)

Prag, 14. Juli. Als im vorigen Herbst der tschechisch-deutsche Bürgerblock zustande kam, haben sich die tschechischen Nationaldemokraten, die Partei des Herrn Kramarsch, ein wenig geziert. Sie, als die extremsten Vertreter des tschechischen Nationalchauvinismus, wollten sich nicht sogleich mit den Deutschen auf die gleiche Regierungsbank setzen, sondern eine „Anstandsfrist" für die Vereinigung einhalten. Aber sie haben sich schon damals den Platz ausdrücklich vorbehalten und bildeten einen Bestandteil der Regierungsmehrheit, ohne im Kabinett selbst vertreten zu sein. Jetzt scheinen sie die Probezeit für ausreichend zu erachten, um diese Zurückhaltung aufzugeben; offenbar haben sie angesichts des Verhaltens der Deutschbürgerlichen gar keine Bedenken mehr, mit ihnen zusammenzusitzen. Die Nationaldemokraten haben nun beschlossen, in die Regierung einzutreten und den ihnen vorbehaltenen Platz — es ist dies das Handelsportefeuille, das gegenwärtig ein parteiloser Beamtenminister, Dr. Peroutka, innehat — einzunehmen. Es soll mit dem Abgeordneten Dr. Matousek besetzt werden.

Der „Tiger" und der Tod.

Paris, 14. Juli. (Tel.-Komp.) Es wird mitgeteilt, daß Clemenceau endgültig außer Lebensgefahr ist und schon in einigen Tagen wiederhergestellt sein dürfte.

Parlamentsschluß in Frankreich.

Paris, 14. Juli. (Havas.) Kammer und Senat haben nach einer die ganze Nacht dauernden Sitzung ihre Session geschlossen. Vor Schluß der Session hat der Senat den von der Kammer beschlossenen Entwurf über die Regelung der Beamtengehalte einstimmig angenommen. Die Kammer hat einen Entwurf angenommen, der der Regierung Vollmacht gibt, das französisch-deutsche Handelsabkommen während der Parlamentsferien abzuschließen.

Amnestie am Nationalfeiertag.

Paris, 14. Juli. Anläßlich des heutigen Nationalfeiertages hat der Präsident der Republik auf Antrag des Kriegsministers 491 von den Kriegsgerichten verurteilten Personen die Strafe teils ganz nachgesehen, teils herabgesetzt.

Daudet und kein Ende.

Paris, 14. Juli. Gestern hat hier die Verhandlung über eine Schadenersatzklage begonnen, die der Generalinspektor der gerichtlichen Polizei Delange und der Polizeikommissär Colombe gegen Leon Daudet wegen Verleumdung angestrengt haben. Daudet, der nach wie vor unbekannten Aufenthaltes ist, hatte diese beiden Beamten in mehreren Artikeln der Mitschuld an der angeblichen Ermordung seines Sohnes Philippe beschuldigt.

Die Lage in China verwirrt sich wieder.

Neue Spannung zwischen Hankau und Nanking?

Schanghai, 14. Juli. (Reuter.) Es hat den Anschein, als ob der Bürgerkrieg in eine neue Phase eintrete. Meldungen aus Peking besagen, daß sich Tschangkaischek zurückziehe, weil er fürchte, daß von Hankau aus ein Angriff gegen Nanking bevorstehe. Aus Kiukiang wird drahtlos gemeldet, daß dort Truppen aus Hankau unter dem Oberbefehl des Generals Tschangfukuei eingetroffen sind, der die Absicht geäußert habe, Nanking anzugreifen. Wenn es zum Kampf zwischen Hankau und Nanking kommt, wird, wie man in Peking glaubt, die Haltung Fengs von großer Bedeutung sein. In gut unterrichteten Kreisen bezweifelt man die Aufrichtigkeit seines kürzlich mit Tschangkaischek abgeschlossenen Bündnisses. Man hält es für wahrscheinlich, daß Feng Hankau unterstützen wird.

Die Mörder von Schattendorf freigesprochen!

Nichts wird den drei Angeklagten, die am 30. Jänner in Schattendorf in eine Menschenmenge hineingeschossen, mit vollem Vorsatz die todbringenden Schüsse auf Menschen abgefeuert haben, die zwei Menschenleben vernichtet und fünf Menschen verletzt haben, nichts wird ihnen geschehen, kein Haar wird ihnen gekrümmt werden: die eidbrüchigen Gesellen auf der Geschwornenbank haben sie von allen Schuldfragen freigesprochen und unter dem Siegesgeheul der angesammelten Frontkämpfer sind sie, die zwei Menschenleben auf dem Gewissen haben, sofort in Freiheit gesetzt worden. Eine Schurkerei ist diese Freisprechung, wie sie in den Annalen der Justiz wohl selten, vielleicht noch nie erlebt worden ist. Denn meine man ja nicht und sage nicht, daß es ein Verdikt der Milde sei, daß die Geschwornen, in einem Zweifel über die Schuld, lieber freigesprochen als verurteilt haben; wende auch nicht ein, daß Geschworne erst unlängst die Frau, die ihren Mann getötet hatte, freigesprochen haben. Denn Geschworne können noch schwanken, ob sie eine Frage auf Mord bejahen sollen, wenn die Möglichkeit nicht ausgeschlossen ist, daß der Mörder, als er die Tat verübte, einem Anfall von Sinnesverwirrung erlegen ist; hier aber, bei dem unmenschlichen Schießen in Menschen hinein, ist kein Zweifel über die Tat, über ihre Vorsätzlichkeit und Planmäßigkeit möglich. Diese drei Frontkämpfer haben schon am Vormittag die Waffen zusammengetragen; sie haben sich, wie der Staatsanwalt sagte, eine Festung eingerichtet, von der aus, verborgen und unerreichbar, sie die Jagdgewehre auf die angesammelten Schutzbündler gerichtet haben; sie haben auch keinen Angriff abzuwehren gehabt, in keiner Notwehr sich befunden, sie haben einfach ihren zügellosen Rachedurst befriedigen wollen. Und diese namenlose Schandtat bleibt ungesühnt!

Und man übersehe auch nicht, daß die Fragestellung des Gerichtshofes es den Geschwornen ermöglicht hat, auch nur eine geringere Schuld zu bejahen, also die allermildeste Verurteilung herbeizuführen. Die Geschwornen sind schließlich gefragt worden, ob die Angeklagten schuldig sind, mit ihrem Schießen in eine Menge von Menschen „eine Handlung unternommen zu haben, von welcher sie schon nach ihren natürlichen, für jedermann leicht erkennbaren Folgen einzusehen vermochten, daß sie geeignet sei, eine Gefahr für das Leben oder für die körperliche Sicherheit von Menschen herbeizuführen." Die drei Frontkämpfer schießen in eine Menschenmenge hinein, schießen blindwütig auf angesammelte Menschen. Und sie sollen sich im unklaren darüber befunden haben, daß sie damit für die Menschen, auf die sie mit ihren Gewehren gezielt und geschossen haben, eine Gefahr für die körperliche Sicherheit dieser Menschen herbeiführen? Und selbst diese Frage ist von einem Teil der Geschwornen verneint worden, von so vielen Geschwornen verneint worden, daß die Freisprechung erfolgen mußte! Nach Ansicht dieser Geschwornen bedeutet es also gar nichts, auf Menschen zu schießen; das ist, wenn die Schießenden Frontkämpfer sind, wohl ein erlaubtes Jagdvergnügen! Die aber den Eid, den sie geleistet haben, so schnöde mit Füßen treten; die sich über Recht und Gerechtigkeit so frech hinwegsetzen, die sind keine Geschwornen, sind ehrlose Gesetzbrecher, denen für ihren schamlosen Freispruch Haß und Verachtung aller rechtlich denkenden Menschen gebührt. Diese Verdammung wird ihnen auch werden.

Denn die Wahrheit, die aus dieser Freisprechung, die die ganze Rechtsprechung schändet, so erschütternd und aufreizend hervorgeht, ist die, daß Hakenkreuzler und Frontkämpfer, wenn sie auf Arbeiter schießen, wenn sie Sozialdemokraten ermorden, der Freisprechung anscheinend immer gewiß sein können. Der Mord an Birnecker, der Mord an Still, der Mord an Kovarik, sie alle sind ungesühnt geblieben. Und so konnten die Frontkämpfer in Schattendorf schon an-

Die Justiz sei zur Komödie herabgesunken: der Brandartikel von Friedrich Austerlitz in der *Arbeiter-Zeitung* vom 15. Juli 1927.

zu äußersten Maßnahmen entschließt und den Aufstand in einem Blutbad erstickt. Letzteres war am 15. Juli 1927 der Fall. Eine solcherart vorgenommene analytische Betrachtung des Phänomens »Aufstand« erklärt zwar einen historischen Vorgang; es darf aber auch das individuelle Verhalten, die Schuld des einzelnen Beteiligten, nicht vernachlässigt werden. Denn eine Massensuggestion kann zwar das persönliche Denken und Handeln beeinflussen, insbesondere bei jungen, weniger gebildeten und hochgradig erregten Menschen, aber die letztinstanzliche innere Entscheidungsfähigkeit darf sie nicht gänzlich ausschalten.

Eine Kette von Versäumnissen und auch Fehlentscheidungen prägte in der Folge diesen Unglückstag: Er fing damit an, dass an diesem verhängnisvollen Freitag schon frühmorgens Tausende von Wiener Arbeitern in ungeordneten Gruppen zur Ringstraße zogen. Die sozialdemokratische Parteileitung rechnete zu diesem Zeitpunkt nicht mit einer größeren Demonstration und versicherte dies auch der Exekutive. Inzwischen hatten die Betriebsräte des städtischen E-Werkes den Beschluss gefasst, aus Protest zwischen 8 und 9 Uhr den Strom abzuschalten – in dieser Zeit funktionierten auch die Telefon- und Telegrafenverbindungen nicht, sodass die einzelnen Polizeiwachstuben keine Meldungen abgeben und keine Direktiven empfangen konnten, also ganz auf sich allein gestellt waren. Diese Stromunterbrechung hatte fatale Folgen, denn sie wirkte als Fanal für viele Industriearbeiter, die nun ihre Arbeit niederlegten und sich den Demonstranten anschlossen. Vor der Universität kam es zu ersten Zwischenfällen: Studenten pöbelten Arbeiter an (menschliches Fehlverhalten) und konnten dann das Eingangsportal gerade noch rechtzeitig schließen, bevor eine Übermacht in das Gebäude eindrang. Die Demonstration konzentrierte sich nun auf das Parlament und drängte einen viel zu schwachen Polizeikordon, bestehend aus nur 67 Polizisten, der das Hohe Haus hätte schützen sollen, zurück. Einige zu Gewalttaten bereite Demonstranten wollten offensichtlich das Parlament stürmen (menschliches Fehlverhalten) – das war gegen 9.30 Uhr: Dem Portier gelang es im letzten Moment, das Tor zuzuschlagen. Das folgende Geschehen wird von den verfeindeten politischen Lagern höchst unterschiedlich dargestellt, sodass es nicht leichtfällt, Tatsachen von Mythen und bewusstes Fehlverhalten von vermeidbaren Fehlentscheidungen zu trennen. Jedenfalls rückte ebenfalls um 9.30 Uhr auf Befehl von Polizeipräsident Schober berittene Polizei mit gezücktem Säbel, vom Ring kommend, gegen die Demonstranten vor. Der christlichsoziale Abgeordnete Leopold Kunschak (1871–1953) erklärte anlässlich der Parlamentsdebatte vom 26. Juli zu dem Geschehen, dem er als Augenzeuge beigewohnt hatte:

» *Einen Augenblick nur, und die Menge wäre im Parlament gewesen, die paar Wachleute hätten nichts machen können. In diesem Augenblick hat zur Entlastung die Reiterattacke eingesetzt und hat die andrängende Gruppe, die das Tor stürmen wollte, abgesprengt, die bedrängten Wachleute haben dadurch Luft bekommen, und die Erstürmung des Parlaments war verhindert.*«[9] Otto Bauer hingegen gab bei dieser Parlamentsdebatte just der Reiterattacke die Schuld an den weiteren Vorfällen: »[…] *Jeder, der nur ein Bisschen was von der Geschichte der Arbeiterdemonstrationen weiß – und da liegt doch eine Erfahrung von Jahrzehnten vor – weiß, es gibt nichts, was entsetzlicher aufregt als solche Reiterattacken.* […] *Die Demonstration, die also durchaus nicht so entsetzlichen Charakter hätte annehmen müssen, wenn auch die Massen unleugbar sehr erregt waren, sie ist zur Raserei getrieben worden durch den ungeheuren Fehler der Reiterattacke.*«[10]

Ob diese Reiterattacke tatsächlich als unvermeidliche Polizeimaßnahme oder als schwerer Fehler anzusehen ist, sei dahingestellt, denn einerseits erschien den Arbeitern die berittene Polizei als unbarmherziger Machtfaktor einer verhassten Regierung, andererseits wich die demonstrierende Menge erst jetzt zurück, sammelte sich aber neu auf dem nahen Schmerlingplatz vor dem Justizpalast. Eine Gruppe von zu allem entschlossenen Männern ließ sich in Folge die eindeutig schwersten menschlichen Fehlverhaltensweisen zuschulden kommen und provozierte die bevorstehende Katastrophe: Diese Personen bewaffneten sich mit Bauwerkzeug, das in der gerade aufgegrabenen Stadiongasse herumlag. Gegen deren Steinhagel konnten die Polizisten nichts mehr ausrichten, auch gelang es diesen nicht, die von den Demonstranten zur

Eskalation der Gewalt: Demonstranten vor dem brennenden Justizpalast.

Sicherung des Schmerlingplatzes in aller Eile aufgerichteten Barrikaden zu überwinden. Um 10.45 Uhr wurde das Polizeiwachzimmer in der Lichtenfelsgasse vor dem Rathauseingang gestürmt; dabei gab es die ersten toten Demonstranten und schwer verletzten Polizisten. Gleichzeitig wurden die Redaktionsräume der deutschnationalen *Wiener Neuesten Nachrichten* und später jene der christlichsozialen *Reichspost* verwüstet. Gegen zwölf Uhr Mittag gelang es einigen Radikalen, mittels Leitern (von einer nahen Baustelle) in den Justizpalast, dem Symbol der »Klassenjustiz«, einzudringen und Feuer zu legen. Erst eine halbe Stunde später, genau um 12.28 Uhr, wurde die Feuerwehr vom Justizpalastbrand verständigt, doch die schon extrem aufgeputschten Demonstranten ließen die Löschfahrzeuge nicht mehr durchkommen; vergeblich versuchten der Obmann des Republikanischen Schutzbundes, Julius Deutsch (1884–1968), sowie der Wiener Bürgermeister, Karl Seitz (1869–1950), der auf das vorderste Löschfahrzeug geklettert war, der Feuerwehr die Zufahrt zum Brandherd zu verschaffen. Beide wurden nur beschimpft und sogar tätlich angegriffen. Erst um 14 Uhr hatte der inzwischen eingetroffene Schutzbund nach 14 vergeblichen »Sturmangriffen« der Feuerwehr den Weg freigekämpft, sodass die eingeschlossenen Beamten und Richter in Sicherheit gebracht werden konnten. Spät aber doch rückten just in diesem Moment 600 mit Bundesheerkarabinern bewaffnete Polizisten in drei Kolonnen heran und eröffneten nach einigen Warnschüssen das Feuer. Die Wiener Polizei verfügte damals weder über Tränengas noch über Gewehre; Bundesheerkarabiner wurden erst nach einiger Zeit über Verfügung von Bundeskanzler Seipel auf Antrag von Polizeipräsident Schober an die Polizisten ausgegeben. Die Regierung setzte nicht mehr auf Deeskalation, was zu dem Zeitpunkt, da die Löschaktion der Feuerwehr endlich in Gang gekommen war, vielleicht doch noch möglich gewesen wäre, sondern bot ihre geballte Macht auf, wohl auch, um allen zu beweisen, dass sie Herrin der Lage sei und sich nicht von »der Straße« in die Knie zwingen lasse – die Demonstranten hätten ja auch zum Ballhausplatz weiterziehen und die Regierung zur Demission zwingen können. Jedenfalls befahl sie keinen erfahrenen Wachmännern, sondern jungen, noch in Ausbildung befindlichen Polizeischülern, den Schmerlingplatz gewaltsam zu räumen. Dazu Leopold Kunschak in der oben zitierten Parlamentsrede:

> » *Sie wissen sehr gut, dass die ersten Salven in die Luft abgegeben wurden. Auch beim Parlament wurden Salven in die Luft abgegeben, um die Menschen zu warnen, um ihnen die Möglichkeit zu geben, rechtzeitig aus dem Schussbereich zu kommen, um ihnen das Unsinnige und Verbrecherische ihres Treibens klar werden zu lassen. Genützt hat es nichts. […] Da gab es freilich ein Rennen zum Burgtheater hinunter. Aber schon waren Leute da und sagten: ›Seid nicht so blöd, die schießen eh in die Luft.‹ Und richtig, in wenigen Minuten ist die Masse wieder hinaufgeströmt.«*[11]

Woher wollte der Abgeordnete Kunschak das wissen? Jedenfalls unterbrachen tatsächlich etliche Demonstranten ihre Flucht und kehrten im Rücken der von verschiedenen Seiten vorgehenden Polizeikolonnen wieder zum Schmerlingplatz zurück. Das Gewehrfeuer wurde meist in die Luft oder auf das Straßenpflaster abgegeben, allerdings verformten sich die abprallenden Geschoße und rissen den Menschen furchtbare Wunden. Hätten die 600 Polizisten direkt auf die inzwischen auf viele Zehntausend Personen angewachsene Menschenmenge geschossen, wären schon bei der ersten Salve Hunderte Schwerverletzte oder gar Tote zu beklagen gewesen. Gezielte Schüsse wurden also kaum abgegeben, allerdings boten sich gerade die Schutzbündler als Ziele förmlich an, weil sie durch ihre hellen Uniformen leichter erkennbar waren – aus ihren Reihen fielen elf Personen, wobei nicht klar ist, ob diese zu jenen gehörten, die der Feuerwehr halfen, oder zu jenen anderen, die diese behinderten. Dass es um 15.30 Uhr einigen Kriminellen gelang, ein Waffengeschäft in der nahen Neustiftgasse zu plündern, blieb nur mehr Episode. Episode blieb auch, dass einige Radikale aus dem Wiener Telefonbuch die Adresse des in Floridsdorf wohnenden Obmannes der Geschworenen ermittelt hatten und dessen Wohnung belagerten, um ihn zu lynchen; die Wiener Polizei musste ihn erst freikämpfen.

Nachdem es zuletzt noch eine wahre Treibjagd auf die Demonstranten gegeben hatte, waren um 17 Uhr die Ausschreitungen beendet, das zur Assistenzleistung herbeigerufene Militär konnte nun den Schmerlingplatz gewaltfrei besetzen. Die Kämpfe hatten 89 Tote (darunter 4 Polizisten), 660 Schwerverletzte (davon 120 Polizisten) und 1.057 Leichtverletzte (inklusive 480 Polizisten) gefordert.

Wer trägt die Schuld? Eigentlich fast alle Beteiligten: Am wenigsten noch die Polizisten, denn für diese galten Sonderbestimmungen für den Waffengebrauch in geschlossenen Formationen: Ein Schießbefehl durfte nur auf Verlangen der gesetzmäßigen zivilen Gewalt und nur auf Befehl eines kommandierenden Offiziers erteilt werden; und Befehlen musste gehorcht werden, darauf wurden und werden die Träger der bewaffneten Macht entsprechend vereidigt.

Tragen Bürgermeister Seitz für sein Zögern oder Bundeskanzler Seipel und Polizeipräsident Schober für die gewaltsame Auflösung der Demonstration die Schuld? Alle drei standen vor einem nahezu unlösbaren Problem und mussten rasche Entscheidungen treffen; waren diese richtig oder falsch? Die Hauptschuld tragen jedenfalls die radikalen Gewalttäter und Brandstifter. Schuldig ist nicht zuletzt jeder einzelne Demonstrant auf dem Schmerlingplatz, der in dem Augenblick, als die Brandstiftung sichtbar wurde, den Schauplatz dieses Verbrechens nicht sogleich verlassen hat. Denn Mitläufer sind auch mitschuldig.

7 Groschen

Illustrierte Kronen Zeitung

40 Heller

28. Jahrgang. — Wien, Montag den 18. Juli 1927. — Nr. 9871.

Furchtbare Folgen des Freispruchs im Schattendorfer Prozeß

Der Justizpalast gestürmt u. in Brand gesteckt

Blutige Kämpfe zwischen Demonstranten und Polizei

82 Tote, 500 Schwerverletzte

Barrikadenkämpfe beim Rathaus und beim Justizpalast

Der Sonntag in Ruhe verlaufen

Aufstellung einer provisorischen Gemeinde-Schutzwache

Die Beschlüsse der Vertrauensmänner-Versammlung

Der Verkehrsstreik dauert an.

Die Schlagzeilen in der *Illustrierten Kronen-Zeitung* vom 18. Juli 1927.

Die soziale Herkunft der getöteten, verletzten und angeklagten Demonstranten – zusammen 272 Personen – lässt sich gut rekonstruieren:[12] Drei Viertel waren Hilfsarbeiter und Arbeiter, viele davon arbeitslos, ein Fünftel entfiel auf Angestellte in öffentlichen (städtischen) und privaten Betrieben, der Rest auf Selbstständige, Freiberufler und Studenten. Zwei Drittel der Demonstranten waren jünger als 30 Jahre. Aus der Statistik geht nicht hervor, wie viele kommunistische Agitatoren es gegeben hatte, die zu allen Gewalttaten bereit waren und mit ihrem Aktionismus, mit Worten und angeblich auch durch Flugzettel die Menge aufputschten. Rechte wie linke Kommentatoren gaben ihnen die Schuld an der Eskalation. Wegen der Ausschreitungen waren 1.470 Personen angezeigt und 308 verhaftet worden. Die meisten Strafverfahren wurden rasch eingestellt, und diejenigen, welche vor einem Geschworenengericht landeten, kamen (unter dem Eindruck der veröffentlichten Meinungen), wie erwähnt, fast immer frei. Für die wenigen Verurteilten öffneten sich anlässlich einer Amnestie zum zehnjährigen Bestand der Republik 1928 die Gefängnistore.

Die Unruhen fanden noch am Abend des 15. Juli und im Verlauf des 16. Juli ihre Fortsetzung, erreichten aber nicht mehr derart gewaltige Ausmaße und wurden umgehend von der Exekutive erstickt. Einige Tage später wurden die Opfer auf dem Zentralfriedhof beerdigt, am

26. Juli 1927 fand zu den Geschehnissen rund um den Justizpalastbrand die bereits erwähnte Debatte im Nationalrat statt. Bundeskanzler Seipel rechtfertigte in seiner Rede das Vorgehen des Polizeipräsidenten, der schon im Laufe des Vormittags, als sich die Dimension der Bewegung abgezeichnet hatte, vom Wiener Bürgermeister Seitz die Erlaubnis zum Militäreinsatz erbeten hatte, was Letzterer ablehnte. Nach Seipels Meinung hätte ein rechtzeitiger Bundesheereinsatz die Gewaltspirale zum Stehen bringen können. Sobald die Ausschreitungen überhandnahmen, wusste sich der Polizeipräsident nicht anders zu helfen, als mit Gewehren bewaffnete Polizisten einzusetzen und zuletzt, in Eigenverantwortung, das Bundesheer anzufordern. Zum Schluss seiner Rede trug der Bundeskanzler zwei »Bitten« vor: *»Ich richte an die Opposition in diesem Hause im Namen der verwundeten Republik eine dringende Bitte: Ziehen Sie einmal einen Trennungsstrich deutlich zwischen einer demokratischen Opposition und Beschützern von Revolten. Machen Sie das recht deutlich! [...] Und noch eine Bitte habe ich an Sie alle am heutigen Tage: Verlangen Sie nichts vom Parlament und von der Regierung, das den Opfern und den Schuldigen an diesen Unglückstagen gegenüber milde scheint, aber grausam gegenüber der verwundeten Republik. Verlangen Sie nichts, was aussehen könnte wie ein Freibrief für solche, die sich empören. [...] Es liegt uns nichts ferner, als hart sein zu wollen, aber fest wollen wir sein.«*[13]

Diese Aussage trug dem Kanzler den wenig schmeichelhaften Beinamen »Prälat ohne Milde« ein, wobei hier zu bemerken ist, dass es ja gar nicht in der Kompetenz des Bundeskanzlers lag (liegt), die Justiz zu präjudizieren. Sein Appell war also verfassungswidrig und wurde auch gar nicht befolgt, als später die Geschworenengerichte gegen die verhafteten Demonstranten fast ausschließlich Freisprüche fällten. Seipels Ruf war jedoch schwer angeschlagen: 28.837 Kirchenaustritte im Jahr 1927 mochten dem Kirchenmann schwere innere Konflikte bereitet haben (zum Vergleich das Jahr 2014: 55.000 Kirchenaustritte).

Otto Bauer musste später zugeben, dass an diesem verhängnisvollen 15. Juli der Parteileitung ihre Basis abhandengekommen war, dass sie vom Ausmaß der Demonstration überrascht war. In der oben zitierten

Parlamentsrede bekannte er, »*dass wir gerade deshalb, weil die Demonstration spontan war und die Mitglieder des Schutzbundes mit ihren Betrieben aus den Fabriken herausgegangen und daher für uns schwer zu erreichen und schwer zu sammeln waren, viel zu spät genügend starke Kräfte des Schutzbundes zusammenziehen konnten. Hätten wir sie gehabt, wir hätten mit diesen paar hundert oder äußersten Falls wenigen tausend Leuten, die die Feuerlöschaktion beim Justizpalast und in der Lichtenfelsgasse verhinderten, glatt fertig werden können, und es wäre zu diesem entsetzlichen Eingreifen der Polizei gar nicht gekommen*«. Zum Abschluss seiner Ansprache verlangte Otto Bauer die Einsetzung eines parlamentarischen Untersuchungsausschusses zu den Vorfällen am 15. und 16. Juli und den Rücktritt der Bundesregierung – beide Forderungen wurden umgehend abgelehnt. Am 16. Juli hatten die Sozialdemokraten zum eintägigen Generalstreik und zum unbefristeten Verkehrsstreik aufgerufen. Doch besetzten in den Bundesländern Bundesheer, Gendarmerie und Heimwehr die Bahnhöfe und richteten mithilfe nicht sozialdemokratischer Eisenbahner einen Ersatzverkehr ein, sodass der Verkehrsstreik am 19. Juli abgebrochen wurde, zumal die steirische Heimwehr mit einem bewaffneten Marsch von 20.000 Bauern nach Graz gedroht hatte.

Parteiarmeen greifen nach der Macht

Dass sich Bundeskanzler Seipel auf die bewaffnete Macht des Staates – Bundesheer, Gendarmerie und Polizei – verlassen konnte, stand nun außer Zweifel: Das Bundesheer war unter Heeresminister Carl Vaugoin (1873–1949) seit dem Jahr 1922 systematisch christlichsozial »eingefärbt« worden, die Gendarmerie unterstand (bis 1933) ohnehin den christlichsozialen Landeshauptleuten, und Johann Schober sorgte ebenfalls für das regierungstreue Agieren der Wiener Polizei. Der Kanzler erkannte nun die Heimwehren als die neuen Bundesgenossen gegen die Sozialdemokraten an und verhalf ihnen zu immer größerem innenpolitischem Einfluss. Der Ursprung der Heim(at)wehren ist in den freiwilligen »Selbstschutzverbänden« zu finden, die sich nach

Heimwehrführer Ing. Richard Gredler-Oxenbauer (1886–1948), Gruppenkommandant der »Frontmiliz« im Viertel unter dem Wienerwald, bei einer Kundgebung. Er wird am 12. März 1938 verhaftet und mit dem ersten Gestapo-Transport ins KZ Dachau überstellt.

dem Zusammenbruch der Monarchie gebildet und sich insbesondere beim Kärntner Abwehrkampf (1918/19) und bei der Sicherung Tirols vor den Ausschreitungen der aus dem italienischen Kriegsschauplatz zurückflutenden Soldaten große Verdienste erworben hatten. Sie waren föderalistisch organisiert, in jedem Bundesland trat ein eigener Landesführer an die Spitze; ideologisch sahen sie sich nicht als Parteiarmee, aber als dem rechten Lager zugehörige Truppe, wobei der Begriff »rechts« von den untereinander heftig zerstrittenen Landesführern verschieden (monarchistisch, christlichsozial, großdeutsch, nationalsozialistisch) ausgelegt wurde. Was sie ideologisch einte, war die Ablehnung der Demokratie und des Parlamentarismus und der Wunsch nach alleiniger Macht im Staate. Mit dem Anwachsen der Nationalsozialisten stellte das bürgerliche Lager neue Wehrverbände auf: 1928 trat der »Freiheitsbund« ins Leben, 1930 die »Ostmärkischen Sturmscharen«, gleichzeitig die Wehrformation der »Christlich-deutschen Turner«.

Unterstützung kam auch von der Großindustrie:
Parade der Wiener Neustädter Heimwehr am Schneeberg.

Zur Zeit ihrer größten Blüte, etwa um 1930, zählten die Heimwehren mindestens 300.000 Mitglieder, davon militärisch einsetzbar aber bestenfalls 120.000 Mann. Geld und Waffen bezogen sie aus Bayern, aus Ungarn und vor allem aus dem faschistischen Italien, finanzielle Unterstützung kam aber auch vom Österreichischen Bankenverband und von der Großindustrie, die sich ein Gegengewicht zur organisierten Arbeiterschaft erwarteten. (Die großzügigen Zuwendungen der Bodencreditanstalt mochten mit ein Grund für deren Zusammenbruch 1929 gewesen sein – siehe unten.)

Bei ihren Aufmärschen trugen die Heimwehrmänner Landestracht oder Uniform und eine Feldmütze mit dem Hahnenschwanz (daher der Name »Hahnenschwänzler«). Über die personelle Zusammensetzung gab sich der prominente Heimwehrführer Ernst Rüdiger (Fürst) Starhemberg keinen Illusionen hin; in seinen Memoiren führte er später aus: *»Der Heimatschutz bestand aus Leuten, die meistens aus den Reihen der*

Arbeitslosen kamen und von beschäftigungslosen Exoffizieren und Unteroffizieren geführt wurden. In einem gewissen Maße war es eine Prätorianergarde, die bereit war, wem immer zu folgen, wenn man ihr nur möglichst viel dafür zahlte.«[14]

»Treue dem Treuschwur«: Plakette zur Erinnerung an den »Korneuburger Eid«.

Erst 1927 wurde in der Person des Tiroler Landesführers Richard Steidle, der oben im Zusammenhang mit dem »Korneuburger Eid« erwähnt wurde, die Stelle eines Bundesführers geschaffen, doch hatte dieser keine Befehlsgewalt über die recht eigenwillig agierenden Landesführer. Unter ihnen trat der Wiener Landesführer, der Maria-Theresien-Ritter Major Emil Fey (1886–1938, Selbstmord), hervor; er war die treibende Kraft, die im Februar 1934 den Schutzbund zum Aufstand trieb, er amtierte später abwechselnd als Vizekanzler, Innen- und Sicherheitsminister. Der christlichsoziale Fey trug heftige Meinungsverschiedenheiten mit dem oberösterreichischen Heimwehrführer Ernst Rüdiger Starhemberg (1899–1956) aus; Letzterer hatte sich 1923 am Hitlerputsch beteiligt und wurde später österreichischer Innenminister und Bundesführer der Vaterländischen Front; wie bereits erwähnt, kandidierte er anlässlich der Nationalratswahl 1930 mit der Liste »Heimatblock«; nachdem er sich mit Kanzler Schuschnigg überworfen hatte, emigrierte er 1937. Als weitere schillernde Persönlichkeit ist der steirische Heimwehrführer Walter Pfrimer (1881–1968), ein Rechtsanwalt aus Judenburg, zu nennen: Sein versuchter »Marsch nach Wien« (bekannt als »Pfrimer-Putsch« – siehe unten) scheiterte 1931 nicht zuletzt deshalb, weil sich die Heimwehren anderer Bundesländer nicht beteiligten und sich der Republikanische Schutzbund bewaffnet dagegenstellte; zwei Jahre später trat der enttäuschte Pfrimer der NSDAP bei.

Spätestens seit 1931 waren die Heimwehren gespalten in einen Starhemberg- und in einen Steidleflügel. Die bürgerlichen Parteien hegten allmählich immer größere Vorbehalte gegen die Heimwehren, mussten aber andererseits anerkennen, dass ihnen diese konservativen Wehrverbände eine wertvolle bewaffnete oder zumindest ideologische Hilfe im Kampf gegen die Sozialdemokraten boten. In den ersten Jahren des autoritären Regimes stellten also die Heimwehren mehrmals Minister und Vizekanzler, sie übten aber ihre Macht nicht immer regierungskonform aus und wurden schließlich 1936, spät aber doch, zur Gänze aufgelöst. Ihre wehrdiensttauglichen Männer wurden von der »Frontmiliz« der Vaterländischen Front übernommen.

Parallel zu den Heimatwehren entstanden nach dem Untergang Österreich-Ungarns in den Industriestädten Arbeiterwehren, die ihre Fabriken vor Plünderung und Zerstörung zu schützen trachteten. Aus ihnen bildeten sich die Ordnerformationen der Sozialdemokratischen Arbeiterpartei. Bei der Inbesitznahme des Burgenlandes 1921 leisteten die Arbeiterwehren dem Österreichischen Bundesheer bereitwillig Assistenz. Daher stand die Regierung nicht an, im April 1923 per Ministerialerlass die Gründung einer Parteiarmee, des »Republikanischen Schutzbundes«, zu ermöglichen. Denn dieser könnte ja wieder bei Bedarf dem Bundesheer zur Seite stehen, falls dessen Kräfte nicht ausreichen sollten. Den ideologischen Anstoß für den Aufbau des Schutzbundes gab schon vorher Mussolinis »Marsch auf Rom« (1922), denn damals hatte sich gezeigt, dass die nicht organisierte italienische Arbeiterschaft dem siegreichen Vordringen der Faschisten nichts entgegenstellen konnte. Als dann das Österreichische Bundesheer unter Heeresminister Vaugoin, wie erwähnt, zu einer verlässlichen antimarxistischen Truppe geformt wurde, sahen sich die Sozialdemokraten im Aufbau ihres eigenen Waffenkörpers nur bestätigt. Anders als die Heimwehren war der ideologisch homogene paramilitärische Schutzbund streng hierarchisch in Kompanien, Bataillons und Regimenter gegliedert, einheitlich uniformiert und bewaffnet. Waffen aus ehemaligen

Armeebeständen gab es genug – so lagerten zu Kriegsende im Wiener Arsenal etwa 600.000 Gewehre – sie waren zunächst vor dem Zugriff der Alliierten Militärkommission versteckt worden, bis sich dann die paramilitärischen Wehrverbände aller politischen Richtungen ihrer bedienten. Wie bei den Heimwehren rekrutierte sich das Schutzbundpersonal großteils aus den vielen Arbeitslosen jener Zeit; diese erhielten ein Taggeld und auch Verpflegung. Als 1924 der zwangspensionierte ehemalige Generalstabschef der Isonzo-Armee, Bundesheergeneral Theodor Körner (1873–1957), in die Zentralleitung des Schutzbundes eintrat, wandelte sich diese Parteiarmee zu einem stehenden Heer, das die innere Organisation sowie die Dienst- und Kommandosprache der k. u. k. Armee übernahm. Nach außen wurde der militärische Charakter jedoch durch Organisationen, die einen friedlichen Zweck aufwiesen, verschleiert. In jedem Bundesland amtierte eine Landesleitung, die Zentralleitung hatte ihren Sitz in Wien und unterstand dem Parteivorstand. Die Kampfstärke belief sich auf etwa 80.000 Mann (1927), als Geldgeber standen Partei und Gewerkschaften sowie vor dem Entscheidungskampf 1934 auch die ČSR zur Verfügung. Die Schutzbündler trugen auch Uniformen: das Lodengewand mit grasgrüner Windjacke und Leibriemen, eventuell mit Achselriemen, mit roter Armbinde und Distinktionen; dazu gehörte die grasgrüne Lodenkappe mit schwarzem Lackschild; auf dem kreisrunden Schutzbundabzeichen waren das Parteiabzeichen und die Aufschrift: »Republikanischer Schutzbund« angebracht.

In der Industriestadt Wiener Neustadt hatte der Schutzbund eine satte Basis. Hier wurde Ende 1925 folgender Eid festgeschrieben:

» *Das bewaffnete Proletariat ist die einzige Sicherung unserer Republik. Wir bewaffneten Schutzbündler sind die Sturmtruppen, die die reaktionäre Ordnung der Ausbeuter zerschmettern und die neue Ordnung des Sozialismus aufbauen* […]. *Deshalb ist es unsere Pflicht, jeden Schutzbündler zu bewaffnen. Die kapitalistische Ordnung muss früher oder später zerstört werden. Wir müssen einen rein sozialistischen Staat schaffen, dessen Hüter ein jeder bewaffnete Schutzbündler ist. In diesem Bewusstsein ergreife ich die mir zugewiesene*

Waffe und gelobe mit meinem Ehrenworte, dass dieselbe aus meiner Hand nur nach meinem Tode genommen werden kann. Breche ich aber mein Gelöbnis, dann bin ich ein Verräter und habe die Folgen selbst zu tragen.«[15]

Etwas weniger kriegerisch, aber ebenfalls kompromisslos formulierte Otto Bauer im 1926 publizierten »Linzer Programm« die Forderung an die SDAP, stets aktiv zu sein. Gemeint ist: auch mit Waffen für die Verteidigung der Republik bereit zu sein und mithilfe des Schutzbundes das »Recht auf die Straße« zu behaupten. An führenden Persönlichkeiten des Schutzbundes ist in erster Linie sein Gründervater und Obmann Julius Deutsch (1884–1968) zu nennen; dieser ehemalige Gewerkschafter und Staatssekretär für Heerwesen (1919/20) musste nach dem gescheiterten Februaraufstand 1934 in die ČSR flüchten, später kämpfte er als General der internationalen Brigaden im Spanischen Bürgerkrieg. Aber nicht ihm, sondern dem einstigen k. u. k. Major Alexander (Edler v.) Eifler (1890–1945, KZ Dachau) oblag die militärische Leitung des Schutzbundes. (Im März 1938 sollte Eifler, der im April 1935 zu 18 Jahren Haft verurteilt wurde, durch eine Weihnachtsamnestie aber auf Bewährung freikam, als Vertreter der illegalen »Revolutionären Sozialisten« vergebens zum Kampf für Österreichs Unabhängigkeit aufrufen.) General a. D. Theodor Körner war, wie erwähnt, ebenfalls Mitglied der Zentralleitung des Schutzbundes; er galt als gemäßigt und verließ schon 1930 den Leitungsstab des Schutzbundes, weil er das strategische Konzept von Deutsch und Eifler nicht akzeptierte; 1934 warnte er vor dem aussichtslosen Kampf gegen einen überlegenen Gegner.

Der schon erwähnte Pfrimer-Putsch im September 1931 bedeutete ein Schlüsselerlebnis für die Schutzbundleitung. Alexander Eifler veranstaltete 1932 wie zur Antwort riesige Geländeübungen mit 15.000 bis 16.000 Mann und arbeitete generalstabsmäßig operative Konzepte für einen Bürgerkrieg aus, zunächst für die Steiermark, dann für die anderen Industriezonen und vor allem für Wien, wo er mit 47.000 bewaffneten Schutzbündlern rechnen konnte. 1933 brach alles zusammen: Nach der Auflösung des Parlaments (siehe unten) hielten zwar Eifler und seine Anhänger den Zeitpunkt zum bewaffneten Widerstand für gekommen,

Links: Schutzbund-Stabschef Alexander Eifler. Er kommt im Jänner 1945 im KZ Dachau ums Leben.
Rechts: Gründer und Obmann des Republikanischen Schutzbundes: Julius Deutsch bei einer Ansprache.

aber von der Parteileitung kam kein Einsatzbefehl. Am 31. März 1933 wurde der Republikanische Schutzbund aufgelöst. Er existierte allerdings noch in der Illegalität bis zur Niederlage in den Februarkämpfen 1934 weiter. Bruno Kreisky (Bundeskanzler von 1970 bis 1983) hatte den Schutzbund in seiner Jugend kennengelernt und beschreibt ihn in seinen Memoiren wie folgt:

» *Unerklärlicher Weise haben sich viele kluge Sozialdemokraten der Selbsttäuschung hingegeben, der Schutzbund sei die letzte Trumpfkarte der Demokratie. Das einzig Reale war, dass der Schutzbund offenbar Eindruck auf die Bürgerlichen machte, indem er unterstrich, dass ein Abgehen von der Demokratie nicht ohne Bürgerkrieg möglich wäre. Dass am Ende nichts von dem verwirklicht wurde, was in unzähligen Übungen immer wieder durchgespielt worden war, lag an der Einstellung der Parteiführung, die einen von ihr provozierten Bürgerkrieg im Grunde ihres Herzens ablehnte und ihn auch dann nicht wirklich akzeptieren wollte, als er ihr förmlich aufgezwungen wurde. So kam es im Februar 1934 zu einem heroischen Kampf der wenigen Aufrechten. Es waren Gefechte einer verzweifelten Nachhut, der Nachhut des österreichischen Proletariats, dessen Niederlage schon längst besiegelt war.«*[16]

Anstelle des aufgelösten Schutzbundes organisierten die Sozialdemokraten eine »Propagandaabteilung«, die sich aus einer »Sozialdemokratischen Jugendorganisation«, einer »Jungfront« und einer »Ordnerorganisation« zusammensetzte. Letztere war nichts anderes als der mit einem Tarnnamen versehene ehemalige Schutzbund mit seiner militärischen Gliederung. Auch die Regierung blieb nicht untätig, als es galt, nach der Ausschaltung des Parlaments und Auflösung des Schutzbundes die ihr treu ergebene Exekutive zu stärken – und auch die Heimwehren besser zu kontrollieren: Am 26. Mai 1933 stellte sie »Assistenzkörper« für das Bundesheer und am 7. Juli ein »Freiwilligen Schutzkorps« auf. Das Personal des Schutzkorps sollte aus den Kadern der bürgerlichen Wehrverbände gezogen werden und eine Stärke von 35.000 Mann aufweisen. Logistisch wurde das Schutzkorps vom Bundesheer ausgestattet, organisatorisch jedoch dem Sicherheitsministerium unterstellt, um allfälligen ausländischen Protesten wegen vermeintlichen Verstoßes gegen den Friedensvertrag von Saint-Germain vorzubeugen.

Heimwehr und Schutzbund sahen einander als Todfeinde an. Nur einmal, im Dezember 1925, schlossen die beiden Parteiarmeen einen Vertrag zur gemeinsamen Abwehr, falls Italien angreifen sollte – was bekanntlich nicht geschah. Doch ein solches Zusammengehen sollte sich nicht wiederholen. Fortan sorgten Heimwehr und Schutzbund immer wieder für Aufmärsche und Krawalle, in deren Folge Tote und Verletzte zu beklagen waren. Besonders dramatisch war das Aufeinandertreffen der verfeindeten Parteiarmeen am 7. Oktober 1928, als nur das Aufgebot von 2.500 Gendarmen und 1.000 Bundesheersoldaten ein Blutvergießen verhindern konnte. Hingegen deckten am 18. August 1929 in St. Lorenzen im Mürztal bei einer Konfrontation 3 tote und 200 verletzte Schutzbündler sowie 50 verletzte Heimwehrangehörige das Schlachtfeld. Die Heimwehrleute hatten eine ordnungsgemäß von ihrem prominenten Anführer Koloman Wallisch (1889–1934; hingerichtet) angemeldete Schutzbundversammlung zu stören versucht (historisches Fehlverhalten). Zeitgenossen befürchteten bereits den Beginn des Bürgerkrieges, zumal auf beiden Seiten Schusswaffen verwendet worden waren. Aber die Zeit dafür war noch nicht gekommen und sollte auch gar nicht kommen. Anschließend angestellte und sogar vom Ausland geforderte Überlegungen, die paramilitärischen Truppen endlich zu entwaffnen, weil von deren Demobilisierung eine internationale Investitionsanleihe abhängen würde, schlugen fehl, die Gewalt beherrschte nach wie vor die Straße. An diese hatten sich die ehemaligen Kriegsteilnehmer ebenso wie deren Kinder längst gewöhnt.

Krise der Demokratie

Noch existierte die Republik, noch funktionierten die drei Gewalten des Staates: Legislative, Exekutive und Judikative agierten noch unabhängig voneinander. Aber die Gesellschaft war durch derart unüberbrückbare Gegensätze gespalten, dass ein gedeihliches Zusammenleben kaum noch denkbar schien und alle Anzeichen auf ein baldiges Ende der Demokratie hindeuteten. Ob der Austromarxismus oder eine katholisch-konservative Kanzlerdiktatur den Sieg davontragen würde, stand noch nicht fest, obgleich schon das Jahr 1927 gezeigt hatte, dass das rechte Lager über die besseren Karten verfügte, weil ein Großteil der bewaffneten Macht hinter ihm stand. Vom 29. Oktober bis 1. November 1927 hielt die Sozialdemokratische Arbeiterpartei ihren Parteitag in Wien ab. Hier wurden insofern die Weichen für die Zukunft gestellt, als die Frage einer künftigen Regierungsbeteiligung der Sozialdemokraten entschieden wurde: Der gemäßigte Flügel unter Karl Renner trat dafür ein, denn er hatte erkannt, dass eine proletarische Revolution nicht zu erwarten wäre: »Es ist eine Gefahr und ein Widerspruch, immer von Revolution zu reden und zugleich behaupten zu müssen, dass man sie nicht machen könne. […] Dasselbe gilt auch für den Klassenkampf.«[17]

Da Renner einen Bürgerkrieg befürchtete, forderte er auch eine Deeskalation der Sprache, also ein Abgehen vom rhetorischen Pathos. Dem widersprach energisch Otto Bauer und setzte sich letztlich mit der Beibehaltung des Oppositionskurses und seiner unversöhnlichen Haltung gegenüber den Christlichsozialen durch. Dem christlichsozialen Kanzler Seipel war dies nur recht, seine bürgerliche Koalitionsregierung, die er gemeinsam mit Großdeutschen und Landbund anführte, blieb unter sich. Die Kanzlerschaft Seipels erwies sich trotz aller Spannungen als stabilisierendes Element in der Innenpolitik. Nach seinem überraschenden Rücktritt am 3. April 1929 (er blieb noch bis 1930 Parteivorsitzender) schlitterte die Republik in eine Phase innenpolitischer Labilität und verbrauchte fünf Bundeskanzler binnen nicht einmal dreier Jahre. Die Staatskrise kreiste um die Begriffe: Finanzskandale und Bankenzusammenbrüche (z. B. der Niederösterreichischen Bauernbank von Karl Buresch und der Steirerbank Anton Rintelens), Weltwirtschaftskrise und Arbeitslosigkeit, Straßenschlachten der Parteienarmeen (mit vielen Toten und Schwerverletzten) und drohender Heimwehrputsch.

Der einstige k. u. k. Offizier und nachmalige Wirtschaftsfachmann Ernst (Streer Ritter v.) Streeruwitz (1874–1952) durfte 1929 nicht einmal fünf Monate das Amt des Bundeskanzlers bekleiden und trat zurück, weil er sich dem Druck der Heimwehren nicht gewachsen fühlte. Diese hofften, im neuen Kanzler Johann Schober »ihren Mann« als Regierungschef (1929–1930) zu sehen, und erkannten erst spät, dass diesem eigentlich die Entwaffnung aller Parteiarmeen, also auch der Heimwehr, vorschwebte. Endgültig wurde der Kanzler zum Feindbild, nachdem er die Verhaftung und Ausweisung Waldemar Pabsts (1880–1970), des (reichsdeutschen) Bundesstabsleiters der Heimwehr, veranlasst hatte. Pabst, eine schillernde Figur, die 1919 in Berlin in die Ermordung von Rosa Luxemburg und Karl Liebknecht verwickelt war und beste Kontakte zu »Patronenkönig« Fritz Mandl, dem Chef der Hirtenberger Patronenfabrik, unterhielt, war für die Regierung untragbar geworden.

Der grundsätzlich untadeligen Regierungsführung Schobers schlug negativ der Bankrott der Bodencreditanstalt zu Buche, positiv ist die Einigung mit Italien durch das Freundschafts- und Schiedsgerichtsverfahren im Vertrag zu Stresa (6. Februar 1930) zu werten: Dieser brachte die Streichung des Generalpfandrechts. Bis dato verfügten alle Siegerstaaten des Weltkrieges anstelle von Reparationszahlungen über ein Generalpfandrecht auf Österreichs Staatseinnahmen. Mit Ausnahme von Italien verzichteten sie auf seine Geltendmachung, dank Schobers kluger Diplomatie lenkte auch Italien ein. Erst jetzt konnte Österreich seine volle Finanzhoheit genießen und nahm sofort eine internationale Anleihe von 440 Millionen Schilling auf. Die Gelder dienten vornehmlich zur Dotierung der maroden Banken, kamen also der Volkswirtschaft kaum zugute.

Wenn etwas Nachhaltiges aus der Regierungszeit Schober über uns gekommen ist, so ist es die Verfassungsnovelle vom 7. Dezember 1929, welche bis zum heutigen Tag die österreichische Bundesverfassung prägt und die bisherige parlamentarische Republik in eine parlamentarische Präsidentschaftsrepublik umwandelte. Der Kanzler arbeitete gemeinsam mit dem sozialdemokratischen Abgeordneten (zugleich Finanzreferenten der Stadt Wien) Robert Danneberg (1885–1942, im KZ Auschwitz ermordet) neue Bestimmungen aus, die den beiden großen Parteien akzeptabel erschienen, sodass die benötigte Zweidrittelmehrheit gesichert war; die parlamentarische Annahme der Verfassungsnovelle erfolgte dann einstimmig. Dabei ging es vornehmlich um eine Neupositionierung des Bundespräsidenten, der nun als echter Machtfaktor viele Befugnisse erhielt, welche bisher dem Parlament vorbehalten gewesen waren: Von nun an darf er die Regierung ernennen oder entheben, er darf den Nationalrat auflösen und Neuwahlen ausschreiben, er führt das Oberkommando über das Bundesheer, er kann Notverordnungen erlassen und den Präsidenten des Verfassungsgerichtshofes ernennen. Da er ein Gegengewicht zum Parlament darstellt, sollte er vom Volk gewählt werden (was aber erst 1951 geschah). Die Bundesversammlung wählte den ehemaligen Gymnasialprofessor und Abgeordneten Wilhelm Miklas (1872–1956) zum Bundespräsidenten.

Es ist erstaunlich, dass die Sozialdemokraten dieser Aufwertung des Staatsoberhauptes, die zugleich eine empfindliche Schwächung des Parlaments bedeutete, zustimmten. Denn das Parlament war ihre wichtigste Plattform, von der aus sie das Staatsgeschehen in ihrem Sinne beeinflussen konnten. Dafür setzten sie durch, dass der Status von Wien jenem der anderen Bundesländer entsprach, ferner blieben sie unbeugsam hinsichtlich einer Änderung des Adelsgesetzes vom 3. April 1919 (Verbot der Vorrechte und Titel des Adels), einer Einführung der Zensur oder einer Reform der Geschworenengerichtsbarkeit.

Kanzler Schober fiel einer Intrige der Christlichsozialen zum Opfer, weil er sich geweigert hatte, einen vom Heeresminister Carl Vaugoin (1873–1949) favorisierten, aber wegen angeblich unlauterer Häuserspekulationen angefeindeten ÖBB-Generaldirektor (Dr. Franz Georg Strafella) zu akzeptieren. Vaugoin bekleidete nun selbst vom 30. September bis zum 4. Dezember 1930 das Amt des Bundeskanzlers, verlor aber bei den Nationalratswahlen vom 9. November 1930 – den letzten Wahlen vor 1945 – sieben Mandate für seine Partei und musste zurücktreten; die Sozialdemokraten gewannen und wurden stimmstärkste Partei. Für die nächsten sechseinhalb Monate (4. Dezember 1930 bis 16. Juni 1931) regierte der bisherige Vorarlberger Landeshauptmann Otto Ender (1875–1960), der nachmalige Schöpfer der ständestaatlichen Bundesverfassung (siehe unten). Seine kurze Kanzlerschaft ist geprägt von dem auf Grund internationaler Proteste (namentlich von Frankreich, Italien und der ČSR) gescheiterten, noch von Schober eingeleiteten Versuch einer Zollunion mit Deutschland; ferner von der immer stärker spürbaren Weltwirtschaftskrise und vom bevorstehenden Zusammenbruch der Creditanstalt. Dieser Crash der letzten altösterreichischen Großbank, zugleich der größten Bank Mitteleuropas, hätte die österreichische Wirtschaft vollends in den Abgrund gerissen, denn von ihr hingen alle österreichischen Sparkassen und ein Großteil der österreichischen Industriebetriebe ab. Letztlich griff der Staat ein und deckte die auch in den Folgejahren immer größer werdenden Schulden aus dem Budget bzw. durch eine Völkerbundanleihe (siehe unten).

Links: Parteiobmann der Sozialdemokraten und Wiener Bürgermeister: Karl Seitz.
Rechts: Wurde noch von der Bundesversammlung zum Bundespräsidenten gewählt: Wilhelm Miklas.

In dieser verzweifelten Situation beauftragte Bundespräsident Miklas den Obmann der Christlichsozialen, Exkanzler Ignaz Seipel, mit der Bildung einer Konzentrationsregierung, der alle Parteien angehören sollten. Von sozialdemokratischer Seite wären als Minister deren Parteiobmann und Wiener Bürgermeister Karl Seitz, der Parteitheoretiker und Wortführer des Austromarxismus Otto Bauer, der Abgeordnete und Wiener Finanzreferent Robert Danneberg sowie der Erste Präsident des Nationalrates Karl Renner vorgesehen gewesen. Jetzt tat sich eine große Chance auf, noch einmal das Gemeinsame über das Trennende zu stellen und mit nationaler Kraftanstrengung der Notlage zu begegnen. Doch die Chance wurde nicht genutzt. Die SDAP beging in dieser Situation den historischen Fehler, nicht »dienendes Glied einer bürgerlichen Regierung« sein zu wollen, wobei der potenzielle Kanzler Seipel freilich von Anfang an keinen Zweifel über seine unangefochtene Führungsposition aufkommen ließ. Dazu Otto

Bauer wörtlich: *»Meine Genossen, der bloße Eintritt von Sozialdemokraten in die Regierung in dieser Zeit der stärksten Erschütterung des Kapitalismus, in einer Zeit, wo offensichtlich nicht nur in unserem Lande die Auflösung des kapitalistischen Systems allmählich großen Entscheidungen entgegen reift, würde uns in die große Gefahr bringen, dass wir in dieser Regierung nur die Geschäfte des zusammenbrechenden Kapitalismus mitadministrieren sollten und nicht in der Lage wären, wirklich den Interessen der Arbeiterklasse und den Idealen des Sozialismus entsprechend zu dienen.«*[18] Otto Bauer glaubte offensichtlich an den weltweiten Zusammenbruch des kapitalistischen Systems und verkannte die Notwendigkeit, seinem mit schweren Wirtschaftsproblemen kämpfenden Staat helfen zu müssen. Bruno Kreisky sollte später meinen, dass die Weigerung der Sozialdemokraten, sich an der Regierung zu beteiligen, ihr schwerster Fehler in der Ersten Republik gewesen wäre. In seinen Erinnerungen hielt er dazu fest: *»Meiner Meinung nach war das die letzte Chance zur Rettung der österreichischen Demokratie. Hätte man damals ja gesagt, dann hätte man uns nicht nachsagen können, wir seien unversöhnlich und zu keiner Zusammenarbeit bereit. Ganz gewiss aber wäre es nicht zum 12. Februar 1934 gekommen [Schutzbundaufstand – siehe unten]. Denn dass Koalitionspartner von 1931 wenige Jahre später aufeinander geschossen hätten, ist sehr unwahrscheinlich.«*[19]

Schließlich einigten sich die bürgerlichen Parteien auf die Bildung einer Koalitionsregierung unter Karl Buresch (1878–1936; Selbstmord), die vom 20. Juni 1931 bis zum 6. Mai 1932, also nicht ganz ein Jahr, Bestand haben sollte. Angesichts der leeren Staatskassen bemühte sich die Regierung um einen neuerlichen Völkerbundkredit, doch die Verhandlungen zogen sich in die Länge, zumal das Völkerbund-Finanzkomitee strenge Forderungen an Wien stellte. Der Regierung blieb also gar nichts anderes übrig, als harte Sparmaßnahmen umzusetzen, neue Steuern einzuführen, Beamte abzubauen, die Gehälter der Bundesbediensteten zu kürzen und die Arbeitslosenversorgung zu reduzieren. Solche Maßnahmen trafen buchstäblich den »kleinen Mann«, und zwar sowohl aus dem Wählerkreis der Sozialdemokratie als auch aus jenem der Christlichsozialen. Die Sozialdemokraten hatten diesen Budgetreformen sogar zugestimmt – es war dies das letzte Mal, dass sie

Heimwehr-Bundesführer Walter Pfrimer startete in der Nacht vom 12. zum 13. September 1931 seinen »Marsch auf Wien«.

gegen ihre Parteiinteressen und zum Wohle des Staates auf ihre Oppositionsrolle verzichteten.

In der Nacht vom 12. auf den 13. September 1931 startete der Pfrimer-Putsch, dilettantisch durchgeführt vom Steirischen Heimatschutz mit etwa 14.000 Mann: Der Heimwehr-Bundesführer Walter Pfrimer plante einen »Marsch auf Wien«, um die Macht in Österreich zu ergreifen. Nicht die Gendarmerie, die der steirische Landeshauptmann. Anton Rintelen (1876–1946) bewusst nicht einsetzte, auch nicht das Bundesheer, das Heeresminister Vaugoin allzu lange zurückhielt, sondern der Republikanische Schutzbund stellte sich den Putschisten bewaffnet entgegen; drei Tote und vier Schwerverletzte waren zu beklagen. Da weder von den anderen Heimwehren noch von der Bevölkerung Unterstützung kam und letztlich doch das Bundesheer eingriff, brach der Putsch ohne größere Kämpfe zusammen. Ein anschließendes Geschworenengericht sprach Pfrimer überraschend frei – zweifellos ein Fehlurteil.

Die Landtagswahlen vom 24. April 1932 in Wien, Niederösterreich und Salzburg brachten allen im Parlament vertretenen Parteien ein böses Erwachen, weil die NSDAP enorme Gewinne verbuchte und den Anschein erweckte, sich als drittes politisches Lager zu etablieren: Die SDAP verlor 10 % der Stimmen an sie, die Christlichsozialen 5 %, die kleineren Rechtsparteien wurden völlig aufgerieben – man schätzte, dass die NSDAP bundesweit auf 20 bis 25 % der Stimmen kommen würde. (Gegenüber Deutschland blieb Österreich allerdings zurück, denn dort gewann anlässlich der Wahlen 1932 die NSDAP 37,8 % und wurde stimmstärkste Partei.) Berechnungen in Österreich ergaben, dass bei künftigen Wahlen die SDAP ihre Parlamentsmehrheit behalten würde, daher stellte sie, ebenso wie die Nationalsozialisten, die Forderung nach Neuwahlen.

Die Christlichsozialen hingegen begingen nun den historischen Fehler, aus Angst vor weiteren Verlusten, die ihre Vormachtstellung unweigerlich beendet hätten, keine Neuwahlen mehr zuzulassen und eine Alternative zum Parlamentarismus anzudenken: So schien ihnen das Staatsmodell eines »autoritären Ständestaates« ein gangbarer Weg zu sein. Weniger aus parteitaktischen als aus ökonomischen Motiven befürwortete auch der Hauptverband der Industrie eine außerparlamentarische Regierungsform: Denn dessen Vorschlag, zur Sanierung der schwer angeschlagenen Wirtschaft eine Austeritätspolitik (Politik der Sparsamkeit durch Reduzierung der Sozialleistungen gepaart mit Personalabbau und Lohnkürzungen) durchzusetzen, hätte nur den erbitterten Widerstand der Sozialdemokratie zur Folge gehabt und wäre daher in einer funktionierenden Demokratie undurchführbar gewesen. Vertreter des Industriellenverbandes waren beim Bundeskanzler in dieser Causa vorstellig geworden, allein, Buresch schien nicht der »starke Mann« zu sein, dem ein derartiger Gewaltakt zuzutrauen gewesen wäre. Der bereits gesundheitlich schwer angeschlagene Ignaz Seipel – er litt an Diabetes – hielt in der Partei noch immer die Fäden in der Hand und fand den gesuchten »starken Mann« in der Person des politisch noch unverbrauchten, als konziliant und durchsetzungsfreudig geltenden Engelbert Dollfuß.

Der neue Kanzler: Engelbert Dollfuß

Der neue »starke Mann«: Engelbert Dollfuß. Rasch beweist er Entschlossenheit und Durchsetzungsvermögen.

Es war ein schweres Erbe, das der neue Kanzler antreten musste: Seit der CA-Krise 1931 schrumpfte die Wirtschaft, 1932 erreichte das Minuswachstum 10 Prozent. Zu Jahresbeginn wurden in Österreich bereits 423.000 Arbeitslose gemeldet (nicht eingerechnet die weit über 100.000 Ausgesteuerten, denen keine Arbeitslosenunterstützung mehr zuteil wurde), anno 1933 stieg die Zahl der Arbeitslosen auf 557.000 Personen und die der Ausgesteuerten auf etwa 200.000 (zum Vergleich: in Deutschland 6,1 Mio. Arbeitslose).

Am 20. Mai 1932 wurde Engelbert Dollfuß als Bundeskanzler angelobt. Er zählte 40 Jahre. Seine Biografie weist ihn als zielgerichteten, nach oben strebenden Politiker aus. Dabei war dem als lediges Kind der Bauerntochter Josefa Dollfuß im abgelegenen Dorf Texing (an der Mank, NÖ) geborenen Buben ein derartiger Erfolg nicht in die Wiege gelegt worden. Aber seine geistigen Fähigkeiten zeichneten sich schon früh ab, daher besuchte er ab 1904 auf Empfehlung seines Religionslehrers das Erzbischöfliche Knabenseminar in Hollabrunn. Nach der Matura begann er das Studium der Theologie an der Universität Wien, doch sattelte er schon 1913 auf Jus um und promovierte – wegen kriegsbedingter Verzögerung – 1923 zum Dr. iur. Noch während des Studiums wurde er Mitglied der katholischen Akademikerschaft »Franco Bavaria« (Cartellverband – CV) sowie der »Deutschen Studentenschaft«. Bei diesen Verbindungen fand er zu der für ihn charakteristischen deutschnational-katholischen Weltanschauung, die seinen weiteren Werdegang prägte. Ein Auslandsstudienaufenthalt in Berlin, wo er seine Frau Alwine kennenlernte, verstärkte diese Einstellung. Als Hörer und Bewunderer von Othmar Spann (siehe oben) fand er an autoritären und ständestaatlichen Staatskonzepten großen Gefallen. Während des Weltkrieges diente Dollfuß als Kommandant eines Maschinengewehrzuges beim Tiroler Kaiserschützenregiment Nr. 4, wurde mehrfach für seine Tapferkeit dekoriert und rüstete als Oberleutnant ab. Wie in seiner Jugend das patriarchalische System der bäuerlichen Familie, so trugen auch die Kriegserlebnisse das Ihre zu Dollfuß' Charakterprägung bei, indem er sich Werte wie Pflichterfüllung, Gehorsam, Disziplin und Kameradschaft zu eigen machte. Seine ersten politischen Sporen verdiente sich der außerordentlich ehrgeizige Dollfuß als Sekretär des Niederösterreichischen Bauernbundes und nach kurzer Zeit als Verbandsfunktionär in der Niederösterreichischen Landwirtschaftskammer, wo er seine hervorragende Kompetenz und sein Organisationstalent unter Beweis stellen konnte. Zeitzeugen beschrieben ihn als kenntnisreich und umgänglich.[20] Schon 1927 stieg er zum Kammeramtsdirektor auf. Bundeskanzler Vaugoin bestellte Dollfuß 1930 zum Präsidenten des Verwaltungsrates der Österreichischen Bundesbahnen, 1931 trat er als Land- und Forstwirtschaftsminister in das Kabinett Ender ein. Seine politischen Verbündeten fand er nunmehr nicht nur unter den CV-Mitgliedern und im christlichsozialen Bauernbund, sondern vorläufig auch noch bei den Heimwehrführern Starhemberg und Fey, wodurch sein Handlungsspielraum aber deutlich eingeengt wurde. Denn hinter vorgehaltener Hand betrachteten die Heimwehrexponenten das Kabinett Dollfuß lediglich als Übergangsregierung und planten bereits dessen Sturz und die Errichtung eines faschistischen Regimes.

Dem ersten Kabinett Dollfuß gehörten Minister von CS, Landbund und Heimwehr, nicht aber von den Großdeutschen an. Es hatte gegenüber der sozialdemokratischen und großdeutschen Opposition im Nationalrat nur eine einzige Stimme Mehrheit. Im Bundesrat war die Regierungskoalition wegen der starken Nationalsozialisten sogar in der Minderheit – gerade diese Tatsache erschwerte jeden Gesetzgebungsakt, weil ihn der Bundesrat oftmals durch sein suspensives Veto verzögerte. Dollfuß übernahm neben dem Kanzleramt auch jenes des Außenministers und des Landwirtschaftsministers. Als Justizminister fungierte Kurt Schuschnigg (1897–1977), als Unterrichtsminister Anton Rintelen.

Knapp zwei Monate im Amt, musste Dollfuß seine erste Kraftprobe bestehen: Am 15. Juli 1932 unterzeichnete er im Vertrag von Lausanne die noch von seinem Vorgänger Buresch in die Wege geleitete Völkerbundanleihe in der Höhe von 300 Mio. Schilling (ca. 990 Mio. Euro) und einer Laufzeit von 20 Jahren. Es handelt sich dabei bereits um die dritte (für Österreich sehr ungünstig verzinste) Völkerbundanleihe: Die erste Anleihe in der Höhe von 660 Mio. Goldkronen (ca. 3,4 Mrd. Euro) erwirkte Bundeskanzler Seipel im Jahr 1922 und diente der Sanierung der Währung; die zweite Anleihe unter Bundeskanzler Schober anno 1930 in der Höhe von 440 Mio. Schilling (ca. 1,4 Mrd. Euro) sollte als Investitionsanleihe den maroden Banken und der Wirtschaft zugute kommen; die nunmehr dritte Anleihe, ab 1933 wirksam, wurde zu 55 % für die Schuldenrückzahlung der Creditanstalt verwendet, diente also der Umschuldung und nur zum kleineren Teil für Arbeitsbeschaffungsprogramme. (Alle Schulden konnten bis 1977 rückbezahlt werden, die Zinsen bis 1980.) Über die Annahme des Vertrages tobte ein heftiger innenpolitischer Streit: Sozialdemokraten und das deutschnationale Lager opponierten dagegen, weil einerseits der Kredit an ein weiteres zehnjähriges Anschlussverbot an Deutschland gekoppelt war und andererseits der Vertreter des Völkerbundes Meinoud Rost van Tonningen (Suizid 1945) die Finanzgebarung, also die Sparpolitik der Regierung, überwachte. Mit nur einer Stimme Mehrheit (Seipel war just am Abstimmungstag verstorben, für ihn wurde ein regierungstreuer Ersatzmann gefunden; Schober, der nach vorherrschender Ansicht gegen den Antrag gestimmt hätte, lag todkrank im Spital) stimmte der Nationalrat schließlich zu, dem Veto des Bundesrates konterte er mit einem Beharrungsbeschluss. Dollfuß verbuchte seinen ersten Erfolg, doch der zermürbende parlamentarische Gesetzgebungsprozess ließ in ihm den Gedanken reifen, nach Möglichkeiten zu suchen, wie er das Parlament – zumindest für einige Zeit – ausschalten könnte. Die endgültige Zerschlagung der Demokratie kam ihm damals wohl noch nicht in den Sinn, aber zielstrebig, wie er war, beschritt er den einmal eingeschlagenen Weg konsequent weiter: Diesen Weg wies ihm Dr. Robert Hecht (1881–1938; im KZ Dachau ermordet), Sektionschef im Heeresministerium, der ihn auf das sogenannte »Kriegswirtschaftliche Ermächtigungsgesetz« aufmerksam machte. Dieses lautete:

» *Gesetz vom 24. Juli 1917, mit welchem die Regierung ermächtigt wird, aus Anlass der durch den Kriegszustand verursachten außerordentlichen Verhältnisse die notwendigen Verfügungen auf wirtschaftlichem Gebiete zu treffen.*

Mit Zustimmung der beiden Häuser des Reichsrates finde Ich anzuordnen wie folgt: §1. Die Regierung wird ermächtigt, während der Dauer der durch den Krieg hervorgerufenen außerordentlichen Verhältnisse durch Verordnung die notwendigen Verfügungen zur Förderung und Wiederaufrichtung des wirtschaftlichen Lebens und zur Versorgung der Bevölkerung mit Nahrungsmitteln und Bedarfsgegenständen zu treffen. […] §3. Die Regierung ist verpflichtet, die […] erlassenen Verordnungen dem Reichsrat vorzulegen und über sein Verlangen außer Wirksamkeit zu setzen. […].«[21]

Die Erste Republik hatte dieses Ermächtigungsgesetz aus der Monarchie übernommen und die Bundesregierungen bedienten sich dessen oftmals in den Jahren 1918 bis 1927. Solche Ermächtigungsbeschlüsse ließen sie dann stets rückwirkend vom Nationalrat, wo sie ohnehin über die Mandatsmehrheit verfügten, sanktionieren. Dollfuß wendete nun ebenfalls den Notstandsparagrafen an, und zwar am 1. Oktober 1932 für eine an sich unbedeutende Maßnahme, der sinngemäß auch die Sozialdemokraten zugestimmt hätten, sofern der parlamentarische Weg eingeschlagen worden wäre: Es sollten die Schuldigen am Zusammenbruch der Creditanstalt haftbar gemacht werden (obgleich sich diese längst ins Ausland abgesetzt hatten). Für Dollfuß bedeutete das einen ersten Versuch zur Durchsetzung eines künftigen autoritären Führungsstils, was die Sozialdemokraten auch sofort durchschauten: Sie sahen zu Recht ein Präjudiz für die künftige Errichtung einer Regierungsdiktatur. Kanzler Dollfuß bestätigte solches indirekt in seinem Referat vor einer Bauerntagung, das die regierungsnahe *Reichspost* am 4. Oktober 1932 abdruckte: »*Die Regierung* […] *geht Schritt um Schritt auf ihrem vorgezeichneten Weg weiter* […]. *Was die Verordnung selbst anbelangt, ist es eine juristische Streitfrage, ob der Nationalrat berechtigt ist, über die Geltung dieser aus dem Jahre 1917 stammenden Verordnung zu entscheiden – namhafte Juristen sind der Ansicht, dass der Nationalrat in dieser Frage keineswegs der Rechtsnachfolger des alten Reichsrates ist. Dennoch wird die Regierung die Verordnung innerhalb der gesetzlichen Frist dem Nationalrat vorlegen, um nicht den Eindruck zu erwecken, dass sie die gesetzgebende Körperschaft ausschalten möchte. Auch die Tatsache, dass es der Regierung möglich ist, selbst ohne vorherige endlose parlamentarische Kämpfe sofort gewisse dringliche Maßnahmen in die Tat umzusetzen, wird zur Gesundung unserer Demokratie wesentlich beitragen.*«[22] Vergebens forderten die Sozialdemokraten nun die Abschaffung des »kleinen Diktaturparagraphen«, wie sie das Kriegswirtschaftliche Ermächtigungsgesetz nunmehr nannten.

Die Heimwehren, von Mussolini mit reichlich Geld und Waffen unterstützt, drängten Dollfuß nun immer vehementer, einen austrofaschistischen Kurs einzuschlagen und mit Macht gegen Sozialdemokraten (und Kommunisten) und den Republikanischen Schutzbund vorzugehen. Einen geeigneten Anlass dazu hätte man am 16. Oktober 1932 gefunden, als ein bewaffneter Zusammenstoß in Wien-Simmering zwischen Schutzbund und Nationalsozialisten 3 Tote und 64 Verletzte gefordert hatte. Befürchtungen wurden laut, dass ein Bürgerkrieg unmittelbar bevorstünde. Tags darauf wurde Emil Fey, Landesführer des Wiener Heimatschutzes, zum Staatssekretär für innere Sicherheit ernannt und ging sofort ans Werk, indem er alle Aufmärsche von Nationalsozialisten, Sozialdemokraten und Kommunisten (nicht aber von den Heimwehren) verbot. Da dieses Verbot gesetzwidrig war, entbrannte im Parlament eine wütende Debatte, in deren Verlauf die Sozialdemokraten nach Neuwahlen riefen. Als der Kanzler Otto Bauer einen »Bolschewiken«, Otto Bauer aber Dollfuss indirekt einen »Gesinnungslumpen« nannte, brach unter den Abgeordneten eine Schlägerei aus, sodass Parlamentspräsident Renner die Sitzung unterbrach. Der Neuwahlantrag wurde später mit 83 gegen 78 Stimmen abgelehnt.

Arbeiter-Zeitung

Zentralorgan der Sozialdemokratie Deutschösterreichs

Erscheint täglich um 6 Uhr morgens, Montag um 1 Uhr mittags

Nr. 9 — Wien, Montag, 9. Jänner 1933 — 46. Jahrgang

Die Regierung hat von der Waffenschiebung gewußt!

Ein amtliches Geständnis

Unsere Mitteilungen über den Transport italienischer Gewehre und Maschinengewehre in die Hirtenberger Patronenfabrik und von dort nach Ungarn haben überall das größte Aufsehen erregt. Auch die Regierung Dollfuß kann die Tatsache dieses ungeheuerlichen Tranports fascistischer Gewehre durch Oesterreich nicht leugnen. Eine amtliche Mitteilung gibt die Tatsache zu. Sie sagt:

Hier liegt keinerlei Waffenschiebung vor. Es handelt sich um altösterreichisches Kriegsmaterial, das reparaturbedürftig war und lediglich zum Zwecke dieser Reparatur in österreichische Fabriken gebracht wurde. Dieser Auftragserteilung wurde zugestimmt, um österreichischen Fabriken durch diese Reparatur Arbeit zu schaffen. Damit erledigen sich alle an diesen Auftrag geknüpften politischen und sonstigen Kombinationen. Schließlich wird bemerkt, daß die angegebenen Mengen übertrieben sind.

Entscheidend an dieser Mitteilung ist, daß die Regierung offen ihre Mitschuld an dieser skandalösen Angelegenheit zugibt.

Die Regierung Dollfuß bekennt selbst, daß sie der „Auftragserteilung" zugestimmt, also von dem Transport der italienischen Waffen über Oesterreich nach Ungarn gewußt hat.

Angesichts des unzweideutigen Tatbestandes wagt die Regierung auch nicht abzustreiten, daß diese Waffen für Ungarn bestimmt sind und zum Teil bereits an ihren Bestimmungsort abtransportiert wurden.

Kein Auftrag, sondern eine Schiebung.

Es handelt sich freilich hier nicht um einen Auftrag, der Arbeit für österreichische Arbeiter schaffen würde.

Es ist eine Unwahrheit, wenn in der amtlichen Mitteilung behauptet wird, daß an den Waffen, die aus Italien nach Hirtenberg gekommen sind, auch nur ein Handgriff gemacht worden sei. Die Fascistenwaffen sind, so wie sie angekommen sind, sofort auf Autos umgeladen worden, um nach Ungarn weitertransportiert zu werden.

Nicht ein einziger Arbeiter der Hirtenberger Fabrik hatte mit einer „Reparatur" der Fascistenwaffen zu tun. Die Hirtenberger Patronenfabrik ist auch vor allem ein Betrieb, der sich mit der Erzeugung von Munition beschäftigt und für die Umarbeitung von Gewehren und erst recht von Maschinengewehren gar nicht eingerichtet ist. Für jeden Kenner der Verhältnisse in Hirtenberg muß also die amtliche Ausrede, daß es sich um die Reparatur altösterreichischer Waffen handle, den Eindruck eines lächerlichen, verlegenen und verlogenen Gestammels machen. Es ist auch nicht wahr, daß die von uns angegebene Menge der Waffen „übertrieben" sei. Die Waffen, die da nach Ungarn verschoben wurden, reichen zur Bewaffnung eines Armeekorps aus.

Was hier geschehen sollte und was wir aufgedeckt haben, ist eine typische Waffenschiebung.

Die Gewehre wurden nur zu dem Zweck nach Hirtenberg gebracht, um in der Fabrik des Heimwehrfreundes und Heimwehrfinanziers Mandl umgeladen und nach Ungarn transportiert zu werden. Das ist der wahre Tatbestand. Die Regierung Dollfuß hat zugegeben, daß sie dieser Aktion zugestimmt hat. Offenbar hat der Herr Mandl durch seine Heimwehrkameraden in und außerhalb der Regierung die Zustimmung zu der Waffenschiebung erwirkt.

Damit hat aber die Regierung Dollfuß eine untragbar schwere Verantwortung auf sich geladen. Sie hat die wichtigsten außenpolitischen Interessen der Republik, die Wahrung der absoluten Neutralität gegenüber allen Gegensätzen zwischen Oesterreichs Nachbarn verletzt.

Deswegen werden die Sozialdemokraten die Regierung zur Verantwortung ziehen. Vor allem muß aber jeder weitere Transport von Fascistenwaffen nach Ungarn verhindert werden. Die italienischen Waffen, die noch in Hirtenberg lagern, müssen ungesäumt beschlagnahmt werden!

Der Kampf in Niederösterreich

Die Sozialdemokraten haben freie Hand – Die sozialdemokratische Landeskonferenz billigt die Haltung im Landtag

Ein Gruß einem alten Mitkämpfer.

Die Ursachen des 14-Millionen-Defizits.

Die politische Resolution.

Ein peinlicher Skandal, gepaart mit Prestigeverlust im In- und Ausland: die »Hirtenberger Waffenaffäre«.

Das Parlament hatte jede Glaubwürdigkeit eingebüßt, desgleichen erlebte auch die Regierung Dollfuß durch die »Hirtenberger Waffenaffäre« einen peinlichen Skandal, gepaart mit in- und ausländischem Prestigeverlust: Ein mit falschem Frachtbrief versehener italienischer Güterzug (40 Waggons) mit etwa 40.000 Mannlicher-Gewehren und 980 Maschinengewehren, die in der Munitionsfabrik Hirtenberg auf LKWs umgeladen und nach Ungarn hätten weitertransportiert werden sollen, rief das Misstrauen sozialdemokratischer Eisenbahner hervor. Sie hegten den Verdacht, dass das Kriegsgerät nicht nur für Ungarn, sondern zum Teil auch für die Heimwehren bestimmt war, und enthüllten dies am 8. Jänner 1933 in der *Arbeiter-Zeitung*. Sofort hagelte es Proteste von Frankreich und der Kleinen Entente (ČSR, Jugoslawien, Rumänien), weil die Waffenlieferung den Friedensbedingungen von Saint-Germain und Trianon (Verbot der Waffeneinfuhr) widersprach. Die Achse Mussolini–Gömbös förderte die Wiederbewaffnung Ungarns und richtete sich in der Tat gegen das mit beiden Staaten verfeindete Jugoslawien. Drahtzieher des Waffengeschäfts im Hintergrund war Hirtenberger-Chef Fritz Mandl, der sowohl zu Mussolini als auch zum Regime von Miklós Horthy beste Beziehungen unterhielt und überdies mit Heimwehrführer Ernst Rüdiger Starhemberg eng befreundet war.

Dollfuß saß nun in der Zwickmühle, denn einerseits wollte er weder die befreundeten Nachbarstaaten Italien und Ungarn vergrämen, andererseits auch nicht Frankreich, von dem die Völkerbundanleihe im Wesentlichen abhing, brüskieren. Dabei beging er den Fehler, den Eisenbahnzug nicht sogleich nach Italien zurückfahren zu lassen, sondern zu erklären, die Waffen seien lediglich zur Reparatur nach Hirtenberg gefahren worden und würden ehebaldigst nach Italien retourniert werden. In sehr ungeschickter Weise versuchte ÖBB-Generaldirektor Egon Ewald Seefehlner (1874–1946) den Vorsitzenden der Eisenbahnergewerkschaft, Berthold König, mit 150.000 Schilling zu bestechen, damit dieser insgeheim den ominösen Zug weiter nach Ungarn fahren lassen sollte. Der Gewerkschafter lehnte ab, und als dies bekannt wurde, musste der ÖBB-Chef zurücktreten.

Fritz Mandl überstand die Affäre unbeschadet – nur wenige Monate später, am 10. August 1933, feierte er in der Wiener Karlskirche pompöse Hochzeit mit der 18-jährigen Schauspielerin Hedwig Kiesler (1914–2000), die später als Hedy Lamarr weltberühmt werden sollte. Krankhaft eifersüchtig, hielt Mandl seine junge Frau in einem goldenen Käfig, konnte aber nicht verhindern, dass sie ihn mit seinem besten Freund Starhemberg betrog.

Die Ausschaltung des Parlaments

Die Entstehungsgeschichte des Dollfuß-Schuschnigg-Regimes zeigt, dass nicht ein einzelner revolutionärer Akt das republikanisch-demokratische System hinwegfegte, sondern viele auf einen längeren Zeitraum verteilte Maßnahmen die autoritäre Regierung nach und nach festigten, bis diese in eine Diktatur mündeten. Die Anwendung des Kriegswirtschaftlichen Ermächtigungsgesetzes im Oktober 1932 war ein erster Schritt, dem folgte wenige Wochen später das Aufmarschverbot (siehe oben). Die Ausschaltung des Parlaments im März 1933 war zwar in der unten beschriebenen Form nicht geplant, sie erwies sich aber für die Regierung Dollfuß als unerwartetes und höchst willkommenes Ereignis, das sie dem Ziel eines autoritären Regimes ein großes Stück näherbrachte. Der Anlass war vergleichsweise unbedeutend: Da die in Zahlungsschwierigkeiten geratenen Bundesbahnen (jährliches Defizit: 100 Millionen Schilling) die Gehälter ihrer 64.000 Mitarbeiter nur mehr in drei Monatsraten auszahlen konnten und solcherart den Kollektivvertrag brachen, beschlossen die Gewerkschafter aller Fraktionen (!) für den 1. März 1933 einen zweistündigen Warnstreik. Dollfuß reagierte ungewöhnlich hart, gerade so, als ob der – an sich ja gesetzlich nicht verbotene – Streik ein staatsfeindlicher Akt gewesen wäre. Er vermutete wohl, dass die Nationalsozialisten hinter dem Streik stünden. Abermals griff der Kanzler auf eine nur für den Weltkrieg geltende Maßnahme zurück, nämlich auf das (schon 1912 in Erwartung eines großen Krieges beschlossene) Kriegsleistungsgesetz, welches im Kriegsfalle kriegswichtige Produktionsprozesse der militärischen Führung unterstellte und Arbeiter in den einschlägigen Betrieben der militärischen Disziplin und Strafgewalt unterstellte; für diese galt u. a. das Streikverbot. Dollfuß ließ also die Bahnhöfe von Gendarmerie und Bundesheer besetzen und drohte den Streikenden Disziplinarmaßnahmen an. Die Gehälter der Streikenden wurden gekürzt, ihre Rädelsführer entlassen, einige sogar verhaftet. Es hagelte Proteste. Angesichts einer derart aufgeheizten Stimmung forderten die Sozialdemokraten eine dringliche Sitzung des Nationalrates, sodass Nationalratspräsident Renner für den 4. März 1933, 15 Uhr, den Nationalrat einberief.

Nach hitziger Debatte wurden drei Resolutionen zur Abstimmung gebracht: Die Sozialdemokraten forderten, dass die Regierung von einer Bestrafung der streikenden Eisenbahner absehen möge. Die Resolution der Großdeutschen hatte bei anderem Wortlaut denselben Inhalt. Auch die Christlichsozialen verlangten von der Regierung ein versöhnliches Vorgehen. Es erscheint aus heutiger Sicht unverständlich, warum sich die drei Fraktionen, die ja im Grunde alle dieselben oder zumindest ähnliche Forderungen gestellt hatten, nicht auf eine gemeinsame Resolution einigten. Der weitere Vorgang zeigt, dass den Parteien die Fragen des Prestiges wichtiger waren als Sachfragen. Der sozialdemokratische Antrag wurde mit 70 gegen 92 Stimmen abgelehnt, jener der Großdeutschen jedoch mit 81 zu 80 Stimmen, also nur mit einer Stimme Mehrheit, angenommen. Die Christlichsozialen sahen dies als Niederlage an. Da es Unstimmigkeiten bei der Stimmenauszählung gab, forderten sie eine Wahlwiederholung. Ein Tumult brach aus und Nationalratspräsident Karl Renner unterbrach die Sitzung; in der Pause berieten die Fraktionen ihre weitere Vorgangsweise: Otto Bauer und Karl Seitz überredeten Renner, das Präsidium zurückzulegen und als einfacher Abgeordneter mitzustimmen, damit das Abstimmungsergebnis in ihrem Sinne ausgehen könne. Renner fügte sich der Parteidisziplin und beging dabei einen – historisch gesehen – schweren Fehler, weil er das Ansehen des Parlaments endgültig in Misskredit brachte. Um 21.35 Uhr wurde die Sitzung wieder aufgenommen. Im stenografischen Protokoll des Nationalrates steht Folgendes zu lesen:[23]

> **Präsident:** *Hohes Haus! Bevor wir zur Abstimmung kommen, habe ich eine andere Angelegenheit zu bereinigen. Ich habe wiederholt bei namentlichen Abstimmungen die Mitglieder des Hauses aufgefordert, ihre Plätze einzunehmen und sich nicht im Saale zu bewegen, damit keine Verwirrung in der Abstimmung komme. Trotzdem sind heute zwei Fälle von Verwirrung entstanden. […] Der erste Fall ist folgender: Bei der ersten Abstimmung hat die Zahl der abgegebenen Stimmen 162 ergeben. Die Mitglieder des Hauses, die die Anwesenden gezählt haben, haben darauf aufmerksam gemacht, dass das unmöglich sei, weil vier Mitglieder ständig abwesend waren. Es konnten also nur 161 anwesend sein. Bei der sonach angeordneten Kontrolle der Stimmen hat sich ergeben, dass zwei Stimmzettel auf den Namen Paulitsch* [Michael Paulitsch, christlichsozialer Mandatar, 1874–1948] *lauten. Das hat aber auf die Abstimmung nach dem Abstimmungsergebnis keinerlei Einfluss. Ich setze als selbstverständlich voraus, dass der Herr Abg. Paulitsch den doppelten Stimmzettel für ein einfaches Blatt genommen hat und dass der Beamte diesen doppelten Stimmzettel auch nicht bemerkt hat. Wir werden also im Protokoll das Abstimmungsergebnis richtig stellen müssen. Bei der Abstimmung war die Zahl der abgegebenen Stimmen 161. Die absolute Mehrheit beträgt 81. Für den Antrag mit »Ja« stimmten 70, gegen den Antrag mit »Nein« stimmten 91. Diese Abstimmung ist somit unbestritten.*
>
> *Der zweite Fall betrifft folgendes: […] Sowohl der Herr Abg. Abram* [Simon Abram, 1871–1940] *als sein Sitznachbar Scheibein* [Wilhelm Scheibein, 1869–1936; wie Abram SDP] *waren bei dieser in Rede stehenden Abstimmung zugegen. Der Beamte weiß, dass beide einen Stimmzettel abgegeben haben. Nun waren aber zwei Stimmzettel Abram und kein Stimmzettel Scheibein. Es muss also entweder schon in der Lade versehentlich eine Vermischung vorgelegen sein oder eine Verwechslung durch den Abg. Scheibein. Da es aber außer allem Zweifel ist, dass beide persönlich ihre Stimmen abgegeben haben und darüber gar kein Streit entstehen kann, so ist dadurch, dass zweimal Abram erschienen ist, keine Änderung im Stimmverhältnis eingetreten und eine Korrektur nicht notwendig. Es ist diesmal ein besonders glücklicher Fall, meine*

sehr geehrten Frauen und Herren Abgeordneten, dass sich die Fehler auf beiden Seiten annähernd gleichmäßig verteilen, sodass ich hoffe, dass Rekriminationen nicht notwendig sind. […]
Dr. Buresch: *Ich bin der Meinung, dass die Entscheidung, die der Herr Präsident da treffen will, in Ansehung der beiden Stimmzettel, die auf den Namen Abram abgegeben worden sind, nicht richtig ist. Es ist in der Geschäftsordnung die Bestimmung enthalten, es kann sich niemand der Abstimmung entziehen. Es kann aber ohne weiteres jemand einen leeren Stimmzettel abgeben.* […] *Wenn ein Abgeordneter einen Stimmzettel abgibt, der nicht seinen Namen trägt, dann hat er nicht gestimmt.* […] *Ich bin daher der Meinung, dass die Entscheidung des Herrn Präsidenten nicht richtig ist.* […] *Ich ersuche daher den Herrn Präsidenten, seine Meinung zu revidieren und die Entscheidung zu treffen, welche dem Formalakte einer Stimmabgabe entspricht.*
Dr. Renner: *Ich kann der Auffassung des Herrn Landeshauptmannes Dr. Buresch – er wird verzeihen – nicht beipflichten. Vor allem heißt es: (liest): »Alle Mitglieder haben ihr Stimmrecht persönlich auszuüben. Die Abgabe der Stimme darf nur durch Bejahung oder Verneinung der Frage ohne Begründung stattfinden.« Es gibt also kein Drittes, sondern entweder Ja oder Nein.* […] *Keinem in der Sitzung anwesenden Mitgliede ist gestattet, sich der Abstimmung zu enthalten. Es ist nun durch Zeugenaussagen und durch Bestätigung der Beamten erwiesen, dass der Herr Abg. Scheibein gestimmt hat. Die lebende Person hat gestimmt, und ein Stimmzettel Scheibein hat sich nicht vorgefunden. Infolgedessen ist die Aufklärung zu suchen, warum kein Stimmzettel Scheibein da ist, wenn Scheibein gestimmt hat. (Vaugoin: Aber der Stimmzettel ist nicht da!) Aber der erwiesene lebendige Akt des Menschen ist in dieser Sache für mich entscheidend, und es besteht kein Zweifel. (Vaugoin: Ausgeschlossen!*
Kunschak: *Das ist keine Ermessenssache und keine Sache des festen Glaubens, sondern eine geregelte Sache!) Der Zwischenfall ist damit erledigt.* […] *(Rufe rechts: Der Antrag ist abgelehnt! 80:80! Schmitz: So kommen Beschlüsse zustande! Dr. Bauer: So wollen Sie die Mehrheit wieder umschwindeln, wie bei Lausanne! So will man die Abstimmung wieder rückgängig machen! – Ruf rechts: Es kann nicht Abram für Scheibein stimmen! Vaugoin: Das Abstimmungsergebnis muss korrigiert werden! – Zwischenrufe und großer Lärm.) Meine Herren, es ist unmöglich, das Präsidium zu führen, wenn ein so großer*

Teil des Hauses den Entscheidungen des Präsidenten widerspricht. Ich werde das nicht auf mich nehmen. Ich lege meine Stelle als Präsident nieder. (Beifall links, Zwischenrufe rechts usw. Präsident Renner verlässt das Präsidium. Präsident Ramek [Dr. Rudolf Ramek, 1871–1940] *begibt sich zur Präsidentenestrade. Dr. Renner nimmt seinen Abgeordnetensitz ein.)*
Präsident Dr. Ramek: *Hohes Haus! Mit Rücksicht auf den Widerspruch, der von einem großen Teil des Hauses gegen den früheren Vorgang der Abstimmung erhoben wurde, bleibt mir nichts anderes übrig, als diese Abstimmung für ungültig zu erklären. (Stürmische Rufe links: Das gibt es nicht! – Rufe rechts: Niederlegen! – Seitz: Das kann nicht einmal der liebe Gott! Das kann kein Mensch!)* […] *Deshalb habe ich Ihnen den Vorschlag gemacht, dass wir diese Abstimmung wiederholen. Dabei bleibt es. Ich ordne also an … Kunschak: ich bitte um das Wort.*
Kunschak [Leopold Kunschak, 1871–1953]*: Hohes Haus! Verehrter Herr Präsident! Die Abstimmung ist in der Geschäftsordnung genau formuliert, sodass es hier einen Zweifel nicht geben kann, vernünftiger Weise auch gar nicht geben darf. Es entscheidet die Teilnahme der Zahl der Abgeordneten an der Abstimmung. Aus welchem Grund der Herr Abgeordnete Scheibein seinen Stimmzettel nicht abgegeben hat, das ist nicht zu untersuchen. Er hat nicht gestimmt. Daher haben für den Antrag Schürf* [Dr. Hans Schürf, 1875–1941] *80 Abgeordnete, gegen den Antrag 80 Abgeordnete gestimmt, er ist daher bei Stimmengleichheit gefallen. (Stürmische Rufe links und Gegenrufe rechts.)* […]
Dr. Seitz: *Es mag hier vorgefallen sein, was immer. Eines ist absolut unmöglich und nach der Verfassung vollkommen ausgeschlossen, nämlich dass ein Präsidentenwort, eine Enunziation des Präsidenten, in irgendeiner Weise geändert wird. Das gibt es nicht.* […] *Das ist einer der feststehenden Grundsätze des Parlamentarismus überhaupt, weil es sonst ganz unmöglich wäre, ein Parlament zu leiten, wenn irgendeine Enunziation seines Präsidenten noch umgestoßen werden könnte.*
Präsident Dr. Ramek: *Hohes Haus! Da der von mir enunziierte Vorgang die Zustimmung eines großen Teiles des Hauses nicht findet, lege ich meine Stelle als Präsident nieder. (Stürmischer Beifall rechts … Präsident Ramek verlässt das Präsidium.*

Präsident Dr. Straffner [Dr. Sepp Straffner, 1875–1952] *(den Vorsitz übernehmend): Hohes Haus! Da sich das Haus über die Streitfälle, die das Haus auf Grund der Abstimmung eben beschäftigen, nicht einigen kann, bin ich nicht in der Lage, die Sitzung des Hauses weiterzuführen und lege ebenfalls die Stelle als Präsident nieder. (Beifall, Zwischenrufe. Präsident Dr. Straffner verlässt das Präsidium. Die Abgeordneten verlassen den Sitzungssaal. Anhaltende Zwischenrufe.)* [Es ist 21.55 Uhr.]

Wie ist diese Parlamentssitzung aus heutiger Sicht zu bewerten? Jeder Abgeordnete hatte vor seinem Sitzplatz eine Lade, in der ein Abreißblock mit seinem vorgedruckten Namen und dem anzukreuzenden »Ja« oder »Nein« lag. Bei einer Abstimmung musste er einen Zettel abreißen, »Ja« oder »Nein« ankreuzen und dem Beamten, der die Stimmzettel einsammelte, persönlich aushändigen. Die genannten Abgeordneten Paulitsch, Abram und Scheibein hatten wohl nicht aus bösem Willen, sondern aus Schlamperei, die nur durch das aufgeregte Hin- und Hergehen und lautes Gestikulieren vieler Abgeordneter zu erklären war, ungültig abgestimmt. Präsident Renner beging einen objektiv feststellbaren Fehler, indem er Scheibeins vermeintliche Abstimmung trotz nicht vorhandenen Stimmzettels anrechnete. Buresch (Exkanzler, Landeshauptmann von Niederösterreich) war formal im Recht, wenn er meinte, dass ein Abgeordneter, der einen Stimmzettel abgibt, der nicht seinen Namen trägt, de jure nicht gestimmt hat. Otto Bauers Zwischenruf spielte auf die oben erwähnte Abstimmung über die Völkerbundanleihe an. Renners Rücktritt als Parlamentspräsident in Erwartung einer neuerlichen Abstimmung war grundsätzlich falsch und hat sich nachträglich für die Sozialdemokraten als schwerwiegende Fehlkalkulation erwiesen. Rudolf Ramek (Bundeskanzler von 1924–1926), der zweite Präsident, machte den an sich richtigen, für die Christlichsozialen freilich ungünstigen Vorschlag, die Abstimmung zu wiederholen. Kunschak (Nationalratspräsident nach 1945) war wohl formal im Recht, mit der Beharrung auf seinen Standpunkt goss er jedoch nur weiteres Öl ins Feuer. Karl Seitz (erstes Staatsoberhaupt der Republik und Wiener Bürgermeister) erwies sich

Die Tragweite der Ereignisse im Parlament am 4. März 1933 wird vielen nicht sofort bewusst. Die Satirezeitschrift *Der Kuckuck* reagiert mit der Schlagzeile »Demokratie noch auf Urlaub«.

als profunder Kenner der Geschäftsordnung, indem er die Enunziation (= den Ausspruch) des Parlamentspräsidenten für unumstößlich erklärte; damit aber zementierte er die Ausweglosigkeit der Parlamentskrise ein. Der Rücktritt Rameks ist wie jener von Renner als ein der Parteitaktik geschuldeter Fehler zu werten, denn er hätte auf seinem Standpunkt (Abstimmungswiederholung) beharren müssen, dabei wäre er allerdings seiner Fraktion in den Rücken gefallen. Sepp Straffner, der dritte Präsident, war nur mehr ratlos. Er vergaß sogar, die Parlamentssitzung ordnungsgemäß zu schließen. Ob die Abstimmung nun gültig oder ungültig war, wurde nicht mehr entschieden.

Im Augenblick war sich niemand der ganzen Tragweite dieser halbstündigen Parlamentsdebatte am Samstagabend des 4. März 1933 bewusst. Im Hohen Haus hatte es in letzter Zeit so viele unschöne Szenen gegeben, dass diese letzte kaum für Aufregung sorgte. Zumal die Öffentlichkeit durch die Reichstagswahlen am 5. März im benachbarten Deutschland abgelenkt war: Dort gewannen die Nationalsozialisten 44,5 % der Stimmen, zusammen mit anderen Rechtsparteien kam Adolf Hitler auf eine absolute Mehrheit. Nur eine Woche zuvor hatte er den Reichstagsbrand zum Anlass genommen, mithilfe einer Notverordnung die meisten der in der Weimarer Verfassung garantierten Menschenrechte aufzuheben. In Österreich tickten die Uhren anders: Die Regierung Dollfuß konnte sich angesichts des geringen Rückhalts bei der Bevölkerung nicht durch Wahlen die Legitimität für die Errichtung einer austrofaschistischen Diktatur holen, sondern nur durch einen Staatsstreich. Entsprechend gering blieb von Anfang an die emotionale Bindung der Österreicher an sie. Auch verfügten weder Dollfuß noch sein Nachfolger Schuschnigg über die kompromisslose Demagogie eines Adolf Hitler. Dass von diesem die wahre Gefahr sowohl für Sozialdemokraten als auch für Christlichsoziale drohte, war den beiden Fraktionen lange nicht bewusst, vielmehr sahen sie nur einander gegenseitig als Feind an.

An besagtem Sonntag referierte Dollfuß in Villach bei einer Delegiertentagung des Bauernbundes und verhöhnte unter allgemeinem Jubel das Parlament – »Wenn das Parlament sich selbst unmöglich macht, dann darf man nicht der Regierung die Schuld daran geben«, sie habe diese Entwicklung »nicht gesucht und nicht gewünscht«. Gleichzeitig trafen die wichtigsten christlichsozialen Funktionäre – Bundesparteiobmann Vaugoin, Klubobmann Buresch und dessen Stellvertreter Leopold Kunschak – in Groß-Enzersdorf im Haus von Buresch zusammen und beschlossen, für einige Zeit autoritär zu regieren und die Geschäftsordnung des Nationalrates sowie die Verfassung zu reformieren. Das wäre an sich schon ein Staatsstreich gewesen, allerdings hing jetzt alles von Bundespräsident Wilhelm Miklas ab. Doch dieser versagte auf der ganzen Linie und tat wider besseres Wissen nichts zur Rettung der Demokratie. Welches wären gemäß Verfassung von 1929 seine Optionen gewesen?

- Der Bundespräsident hätte den Nationalrat auflösen und Neuwahlen ausschreiben können; dazu hätte es freilich eines Regierungsantrages bedurft, und der wäre nicht zu bekommen gewesen.
- Der Bundespräsident hätte mittels Notverordnung den Nationalrat reaktivieren können, aber diese Notverordnung war an die Zustimmung der Bundesregierung gebunden, welche ihrerseits die Zustimmung zu dieser Notverordnung vom ständigen Unterausschuss des parlamentarischen Hauptausschusses hätte einholen müssen.
- Der Bundespräsident hätte die Regierung entlassen und eine neue Regierung ernennen können, ja müssen, die dann den Antrag auf Auflösung des Nationalrates und auf Neuwahlen stellen würde. Dies wäre in der damaligen Situation wohl der einzig gangbare Weg gewesen.

Für Bundeskanzler Dollfuß hatte sich durch die angebliche »Selbstausschaltung« des Parlaments ein unerwarteter Glücksfall ergeben, den er sogleich zu nutzen verstand. Am Dienstag, den 7. März, bot er dem Bundespräsidenten formell seinen Rücktritt an, denn er wusste wohl, dass Miklas zu unentschlossen, ja eigentlich zu schwach war, um diesen anzunehmen. Erwartungsgemäß lehnte dieser auch ab. Für den Kanzler galt dies als Bestätigung seiner Politik, sodass sich damit die Chance zu der von ihm angestrebten autoritären Regierungsform öffnete. Zu diesem Zeitpunkt war ihm aber noch nicht klar, wie weit er gehen würde und könnte, um eine Kanzlerdiktatur zu verwirklichen. Denn anders als Adolf Hitler in Deutschland hatte Dollfuß keine Bevölkerungsmehrheit hinter sich und musste vielerlei Rücksichten auf sich nehmen: Außenpolitisch sah er in Mussolini einen Verbündeten, der ihn ins diktatorische Fahrwasser drängte, innenpolitisch musste er die Heimwehren bei der Stange halten und sie daran hindern, zum Nationalsozialismus abzugleiten. Er selbst musste sich ebenfalls vom Nationalsozialismus distanzieren, zugleich aber dessen antimarxistischen Kurs einhalten. Jedenfalls setzte die Regierung Dollfuß noch an diesem 7. März mithilfe des Kriegswirtschaftlichen Ermächtigungsgesetzes die ersten diktatorischen Maßnahmen: Aufmarsch- und Versammlungsverbot sowie Vorzensur für die Zeitungen. In einem Aufruf, der in der amtlichen *Wiener Zeitung* und auch in anderen Tagesblättern am 8. März abgedruckt wird, heißt es:

» *Der Nationalrat, die gesetzgebende Versammlung Österreichs, ist gelähmt und handlungsunfähig. Wie ist dies gekommen? Infolge schwerer Meinungsverschiedenheiten über die Gültigkeit einer Abstimmung am Samstag, den 4. d., legten alle drei Präsidenten ihre Stellung nieder. Dieser Fall ist in der Verfassung und in der Geschäftsordnung nicht vorgesehen, es besteht daher zur Zeit eine schwere Krise des Parlaments. […] Die Führung des Staates liegt aber nicht allein bei der Gesetzgebung, sondern ebenso beim Staatsoberhaupt und der Regierung. Die vom Herrn Bundespräsidenten ernannte, gesetzmäßige Regierung ist im Amte, […] es gibt daher keine Staatskrise. […] Um in dieser aufgeregten Zeit die Ruhe und Ordnung zu sichern, hat die Bundesregierung bis auf Weiteres alle Aufmärsche und Versammlungen verboten und durch eine Verordnung des Kriegswirtschaftlichen Ermächtigungsgesetzes zum Pressegesetz die Möglichkeit geschaffen, staats- und volksschädliche Missbräuche der Pressefreiheit sowie Verstöße gegen die öffentliche Sittlichkeit zu verhindern und zu bestrafen. […]*[24]

Entsprechend wütend lautete der Kommentar auf der Titelseite der *Arbeiter-Zeitung* vom 8. März. Das sozialdemokratische Parteiblatt hatte womöglich noch früher als die Regierung selbst erkannt, dass mit diesem, vom Bundespräsidenten tolerierten Verfassungsbruch der Weg zur Diktatur tatsächlich eingeschlagen wurde.

» *Um ½ 1 Uhr nachts erfahren wir, dass die Regierung gestern eine umfangreiche Verordnung beschlossen hat, die unter anderem das österreichische Versammlungsgesetz und das Pressegesetz wesentlich abändert, die grundlegenden Freiheitsrechte der Staatsbürger angreift. Die Verordnung stützt sich auf das Kriegswirtschaftliche Ermächtigungsgesetz vom Jahre 1917 […].*

Wie die Regierung mit der Verfassung umspringt, geht schon daraus hervor, dass sie für Zeitungen, die ihre Verordnung übertreten, die Pflicht vorschreiben will, die Zeitung zwei Stunden vor Erscheinen dem Staatsanwalt vorzulegen. Das bedeutet nicht weniger als die Wiedereinführung der Zensur für Zeitungen, die durch die Verfassung […] ausdrücklich verboten ist. Die Regierung hat zunächst durch eine generelle Weisung angeordnet, bis auf Weiters alle Versammlungen und Kundgebungen, auch in geschlossenen Räumen, zu verbieten. […] In der vermetternichten Republik sollen politische Demonstrationen ›unzulässig‹ sein. […]

All das ist offener Verfassungsbruch, ist die Aufhebung von staatsbürgerlichen Rechten, die durch die Verfassung gewährleistet sind, ist ein Staatsstreich der Regierung. Diese Verordnung ist der erste Schritt zum Faschismus in Österreich. Mit ihr ist ein schwerer Verfassungskonflikt eröffnet. «[25]

Die bürgerlich-liberale *Neue Freie Presse* warnte am 9. März 1933 vor einer defekten Staatsmaschinerie, die sich des »Sturmes aus Deutschland« nicht mehr erwehren würde können:

» *Die Theorie, es existiere kein Nationalrat deswegen, weil die Präsidenten demissioniert haben, steht natürlich auf schwachen Füßen, denn diese Demissionen sind vorläufig einseitige Akte, die noch nicht vom Parlament zur Kenntnis genommen wurden […]. Wenn man gültig vom Staate behauptet: Er muss leben, er darf nicht zerschmettert werden, weil das Parlament nicht funktioniert, so kann man ebenso gut sagen: Auch das Parlament gehört zu den existenzwichtigen, zu den unentbehrlichen Bestandteilen des Staates, und wenn ein Defekt an der*

Maschinerie eingetreten ist, dann ist es nicht Sache des Staates, diese Verlegenheit zu vergrößern, im Gegenteil, man sollte glauben, der Staat müsste alles aufbieten, um die Lücke zu schließen, um der Volksvertretung wieder jene Rolle zu geben, die sie haben muss, wenn wir dem Sturme, der aus Deutschland weht, wirksam Widerstand, wirksame Hemmungen entgegenstellen wollen. [...]«[26]

Nicht nur Sozialdemokraten, sondern auch Großdeutsche und Nationalsozialisten protestierten gegen diese Regierungsverordnung, gleichzeitig streckten die Sozialdemokraten ihre Fühler zur Regierung aus, um eine Wiedereinberufung des Parlaments zu erreichen. Doch hatten sie damit keinen Erfolg. Der ehemals dritte Präsident, Dr. Straffner, ergriff nun die Initiative und lud alle Abgeordneten für Mittwoch, den 15. März, 15 Uhr zur Neuaufnahme der unterbrochenen Parlamentssitzung ein. Auch versuchte er, den Bundespräsidenten für eine Wiederbelebung des Nationalrates zu gewinnen, doch er blitzte ab. Miklas warnte ihn in einem Schreiben, nicht den inneren Frieden zu gefährden und daher die Abgeordneten nicht einzuladen, zumal er, der zuletzt demissioniert hätte, zur Weiterführung der Geschäfte und auch zur Einberufung des Hauses gar nicht berechtigt wäre. Straffner ließ sich aber von seinem Vorhaben nicht abhalten. Laut Ministerratsbeschluss erging daher an den Polizeipräsidenten (damals Dr. Franz Brandl) folgendes Schreiben: *»Da die von Nationalrat Dr. Straffner an die Abgeordneten zum Nationalrat gerichtete Einladung, sich im Parlamentsgebäude heute Nachmittag um 3 Uhr zu versammeln, ungesetzlich ist, erteile ich Ihnen hiemit den Auftrag, diese nicht nach den Vorschriften des Versammlungsgesetzes angemeldete Versammlung zu verhindern.«*[27] Brandl tat wie ihm geheißen, aber er informierte Bürgermeister Seitz von der geplanten Polizeiaktion, sodass sich die oppositionellen Abgeordneten bereits eine halbe Stunde vor dem angegebenen Zeitpunkt einfanden. Brandl wurde daher umgehend von Dollfuß gefeuert (und trat der NSDAP bei).

Der schicksalhafte 15. März wurde in allen Tageszeitungen ausführlich kommentiert, hier sei eine einigermaßen objektive Darstellung aus der *Vorarlberger Landes-Zeitung* wiedergegeben:

» *Im Laufe des gestrigen Morgens wurden vor dem Parlament die rot-weiß-roten Fahnen aufgezogen als Zeichen dafür, dass darinnen eine Sitzung abgehalten wird. Die verschiedenen Nationalratsabgeordneten haben sich schon um 10 Uhr im Parlamentsgebäude eingefunden, auch die Christlichsozialen, die aber um 10.30 Uhr das Haus wieder verließen. Um etwa 14 Uhr besetzten hundert Kriminalbeamte in Zivil die Eingänge in den Sitzungssaal. Die Abgeordneten der oppositionellen Parteien waren schon vorher in den Sitzungssaal hineingeführt worden, sodass sich die überwiegende Zahl darin befand. Lediglich 4 Abgeordnete, darunter Seitz und Danneberg, wurden nicht mehr eingelassen, weil die Eingänge schon abgesperrt waren. Dass es sich um ein abgekartetes Spiel handeln dürfte, ging im Wesentlichen daraus hervor, dass die Besetzung der Saaleingänge erst in dem Augenblick erfolgte, als Straffner den Sitzungssaal schon betreten hatte. […] Die Sitzung wurde um 14.30 Uhr eröffnet, also zu früherem Termin als angegeben (15 Uhr), sodass die Regierung in der offiziellen Verlautbarung erklären konnte, dass sie nicht termingemäß abgehalten und deshalb überhaupt nicht als abgehalten anzusehen ist. Um 14.45 Uhr war die Sitzung wieder beendet, und die Parlamentsfahnen wurden niedergeholt.*

Vor dem Parlamentsgebäude hatte sich um diese Zeit eine Menge von etwa 1500 Personen versammelt, der sich zwar wegen des Fahneneinholens einigermaßen Nervosität bemächtigte, doch traf es sich, dass gerade in diesem Augenblick einige Überfallautos der Polizei vor dem Parlament in schnellem Tempo vorbeifuhren, die mit Stahlhelmen, Karabinern und Revolvern bewaffnet waren, sodass alsbald wieder Ruhe eintrat. Unmittelbar darauf erfolgte der Aufmarsch der alarmierten Garnison, welche ebenfalls bis an die Zähne bewaffnet vor dem Parlament paradierte. Gegen 16 Uhr war der Platz vor dem Parlament wieder geräumt und trug er das gewohnte Bild. «[28]

Der Tag verlief tatsächlich ohne bewaffnete Zusammenstöße, obgleich Heimwehr und Schutzbund mobilisiert worden waren. Die Heimwehren, namentlich Emil Fey, wären durchaus zum Losschlagen bereit gewesen, doch pfiff sie Vaugoin zurück, denn die Regierung wollte es zu keinem Heimwehrputsch und auch zu keinem Bürgerkrieg kommen lassen – der Gegensatz von Fey und Vaugoin trat nun offen zutage. Das Parlament hatte sich nicht, wie es die Regierung wissen machen wollte, selbst ausgeschaltet, vielmehr war es gezielt und unter Aufbietung der gesamten exekutiven Macht durch die Regierung ausgeschaltet worden.

Die Sozialdemokraten sprachen in ihren Medien von »Erfolg«, um wenigstens vor ihrer eigenen Klientel das Gesicht zu wahren, in Wahrheit aber hatten sie jetzt ihre letzte Chance verpasst, durch Ausrufung eines Generalstreiks und durch demonstratives Auftreten des Schutzbundes ihre wahre Stärke zu zeigen und der endgültigen Entmachtung vorzubeugen. Allein in Wien verfügte der Schutzbund weit über 40.000 gut ausgebildete und ausgerüstete Bewaffnete. Allerdings sah sich die Parteileitung in einer scheinbar unentwirrbaren Zwangslage: Sie wollte einerseits keinen Bürgerkrieg riskieren und fand sich andererseits von Christlichsozialen ebenso wie von den Nationalsozialisten in die Enge getrieben. So setzte sie auf Proteste und – ergebnislose – Verhandlungen.

Bundespräsident Wilhelm Miklas hätte es in der Hand gehabt, die Regierung zu entlassen – und tat es nicht, trotz seiner rechtlichen Vorbehalte gegen die Vorgangsweise des Bundeskanzlers. Der christlichsoziale Parteigänger Miklas versagte in seiner »Kontrollfunktion«, ein Beispiel dafür, wie sehr es in entscheidenden Momenten auf Durchsetzungsvermögen, politischen Weitblick und Integrität ankommt.

Bleibt noch zu erwähnen, dass auch der Verfassungsgerichtshof nicht mehr eingreifen konnte – er wurde durch die Abberufung der christlichsozialen Mitglieder einfach lahmgelegt.

2. TEIL

Februaraufstand 1934: Leichte Feldhaubitze des Bundesheeres vor den Gemeindebauten in Wien-Heiligenstadt.

FALSCHE FREUNDE – WAHRE FEINDE

Die Etablierung des Dollfuß-Schuschnigg-Regimes

Der Weg zum autoritären Staat

Bundeskanzler Engelbert Dollfuß und Heimwehrführer Starhemberg bei einem Besuch der Theresianischen Militärakademie in Wiener Neustadt.

Nach der Ausschaltung des Parlaments ging es nun Schlag auf Schlag gegen die Sozialdemokratie. Sie hatte sich in den Augen von Dollfuß und den Heimwehren als handlungsunfähig erwiesen. Tatsächlich befand sich die Partei in einer schweren Vertrauenskrise – was sich ab März 1933 im dramatischen Mitgliederschwund von 29 % binnen acht Monaten manifestierte. Auch im Republikanischen Schutzbund, bis dato hoch motiviert und durch militärisch anmutende Großmanöver gut geschult, machte sich Resignation breit – erstmals wanderten einige Mitglieder zu den Nationalsozialisten ab. Angesichts der von nun an wie ein Platzregen auf die Sozialdemokraten niederprasselnden Notverordnungen leisteten diese nur mehr verbalen Widerstand, weil sie bis zuletzt hofften, von der Regierung doch noch zu Gesprächen, eventuell über eine Verfassungsreform, eingeladen zu werden. Aber Dollfuß verfolgte nun eindeutig das Ziel, die niedergehende SDAP endgültig zu vernichten. Dabei ging er taktisch äußerst klug vor, indem er einerseits eine scheinbare Kompromissbereitschaft andeutete, aber nur, um Zeit zu gewinnen, andererseits Stück für Stück den Rechtsstaat aushebelte, jedoch nie so ungestüm, um nicht doch noch einen bewaffneten Kampf zu provozieren. Systematisch wurde der Polizeistaat auf-, der Sozialstaat jedoch abgebaut.

Noch am 16. März 1933 verbot der Tiroler Landeshauptmann, Dr. Franz Stumpf (1876–1935), den Republikanischen Schutzbund in seinem Bundesland – eine Maßnahme, die den Nationalsozialisten entscheidend in die Hände spielte: Anlässlich der Gemeinderatswahlen in Tirol am 23. April 1933 gewannen die Nationalsozialisten 41 % der Stimmen.

Am 30. und 31. März wurde der Schutzbund in ganz Österreich verboten und aufgelöst, seine Waffen, sofern man ihrer habhaft werden konnte, beschlagnahmt. Er blieb allerdings in der Illegalität weiter bestehen, und um den Schein des Offiziellen zu wahren, wurde er, wie erwähnt, in Ordnerorganisation umbenannt. Der Versuch des Wiener Bürgermeisters, Karl Seitz, die Heimwehr in Wien zu verbieten, wurde durch ein Veto der Bundesregierung vereitelt. Wenig später leistete sich diese die nächste Kraftprobe, als sie für den 1. Mai den traditionellen Maiaufmarsch verbot. Um sicherzugehen, ließ sie die Innenstadt hermetisch abriegeln. Die regierungsnahe *Reichspost* beschreibt diesen Tag folgendermaßen:

» *Dank der ausgezeichneten Vorbereitung der Sicherheitsbehörden, des rechtzeitigen Einsatzes von Polizei und Bundesheer ist der 1. Mai in Wien, von kleinen lokalen Zwischenfällen abgesehen, in Ruhe verlaufen. Im Widerspruch zu dem klaren Verbot hatten die Sozialdemokraten durch ihre Parteipresse und durch Millionen von Flugzetteln ihre Anhänger bestimmt, auf den großen Radialstraßen in die Innere Stadt zu ziehen und dort unter Umgehung des Aufmarschverbotes eine Demonstration zu veranstalten. Die Absperrung des Ringes und der Inneren Stadt war von lückenloser Wirkung. [...] Die Innere Stadt war durch Polizei und Bundesheer vollkommen abgeriegelt. [...] Sämtliche in das abgesperrte Gebiet führende Straßen und Gassen waren mit Spanischen Reitern und Drahtverhauen gesichert. Maschinengewehrposten und Wachen mit Gewehren hielten dahinter Posten. […] Der 1. Mai als Demonstrationstag des Marxismus ist gewesen. […] Das ist die große geschichtliche Bedeutung des gestrigen Tages für unser Vaterland, dass ein Stein des Anstoßes aus dem Weg geräumt und wieder ein ganz besonders ärgerlicher Revolutionsschutthaufen endgültig entfernt wurde.«*[29]

Während die *Reichspost* diesen Tag als großen Erfolg der Regierung Dollfuß feierte, schrieb die *Arbeiter-Zeitung* auf der Titelseite von einem überwältigenden Sieg der Sozialdemokraten:

» So haben wir noch keinen Ersten Mai gefeiert wie diesen! […] An diesem 1. Mai war Wien in zwei ungleiche Teile zerlegt: Innerhalb des Drahtverhaues, der die Innere Stadt absperrte, die Bankpaläste und Nobelhotels, die Gewehrpyramiden und die Maschinengewehre. Außerhalb dieser Stacheldrahtgrenze – das arbeitende Volk von Wien. Und dieses Volk hat, ohne dass ein Schuss fiel, ohne dass es zu einem größeren Zusammenstoß kam, die Schlacht gewonnen – den Tag gewonnen. Von einer Straße haben sie uns ausgesperrt: Und ganz Wien ist gestern zur Aufmarschstraße geworden. Die Ringstraßenkundgebung haben sie uns verboten: In acht Hauptstraßen gab es gestern Vormittag Kundgebungen so gewaltiger Massen, dass nach den Urteilen aller Sachkundigen die Zahl der Teilnehmer einer normalen Maidemonstration weit übertroffen war. Da es keine geordneten Reihen gab, ließ sich die Masse der Teilnehmer nicht zählen. Aber es gibt ein Mittel, sie zu schätzen: Der Weg, den gestern die ›Spaziergänge‹ der Wiener Arbeiterschaft erfüllten, ist vierzig Kilometer lang. […]«[30]

Die Weltwirtschaftskrise und mit ihr die Not und Arbeitslosigkeit waren an ihrem Höhepunkt angelangt. Gerade in dieser Situation setzte die Regierung auf eine völlig verfehlte Budgetpolitik, die sich eng an den Bedürfnissen des seinerseits ins Trudeln geratenen Kapitalmarktes orientierte. Daneben förderte sie auch durch protektionistische Maßnahmen ausgewählte Sektoren, wie Landwirtschaft oder Gewerbe. Im Bereich der Sozialpolitik hingegen gab es drastische Einschränkungen.

Die Sozialdemokratie soll »zum Krüppel geschlagen werden« (Heeresminister Carl Vaugoin): Das Verbot der Maifeier 1933 ist ein erster Schritt – die Satirezeitschrift *Der Kuckuck* dokumentiert die militärischen Maßnahmen.

Im Mai 1933 zählte man in Österreich 365.000 unterstützte Arbeitslose – just in dieser Situation wurde die Arbeitslosenunterstützung von bisher 30 auf 20 Wochen herabgesetzt. Die Zahl der Hilfsbedürftigen verringerte sich jedoch nicht, im Gegenteil: Im Jänner 1934 wurden 440.000 vorgemerkte und 350.000 unterstützte Arbeitslose registriert. Verringerungen der Sozialleistungen trafen die Ärmsten der Armen aus allen politischen Lagern – und trieben diese der NSDAP zu. Auch die Eingriffe in das Kollektivvertragsrecht sowie in die Kranken- und Unfallversicherung brachten den Massen nicht nur empfindliche Lohnverluste, sondern auch arbeitsrechtliche Verschlechterungen. Die Wirtschaft sollte solcherart an Konkurrenzfähigkeit gewinnen, ein Großteil der Bevölkerung aber hatte das Nachsehen – die Arbeiterschaft lebte in drückenden sozialen Bedingungen. So ist es bezeichnend, dass es das Regime nie der Mühe wert fand, analog zu Deutschland eine Alters- und Invaliditätsversicherung für die einzelnen Berufsgruppen einzuführen. Am 21. April 1933 erließ die Regierung das Verbot von Streiks in allen öffentlichen Betrieben und in solchen, »die für die allgemeine Wohlfahrt von Bedeutung« sind (womit fast alle Betriebe betroffen waren), weiters schränkte sie die Mitbestimmungsrechte der Arbeitnehmervertretungen ein.

Hand in Hand mit den neuen Sozialbestimmungen erfolgte die Einschränkung des Rechtsstaates, da viele Maßnahmen verfassungsrechtlich nicht gedeckt waren. Den Anlass für die Lahmlegung des Verfassungsgerichtshofes bot eine Beschwerde der Wiener Landesregierung: Im April 1933 kürzte die Regierung mittels Notverordnung den der Gemeinde rechtlich zustehenden Anteil an den Steuererträgen; andere Bestimmungen dienten ebenfalls der finanziellen Austrocknung der Stadtfinanzen, sodass der soziale Wohnbau, das wichtigste Aushängeschild der Sozialdemokratie, eingestellt werden musste. Bei Anrufung des Verfassungsgerichts wäre Wien zu seinem Recht gekommen, doch wusste der findige Sektionschef Robert Hecht einen für die Regierung gangbaren Ausweg: Da das Verfassungsgericht nur dann beschlussfähig war, wenn außer dem Vorsitzenden noch mindestens acht weitere Mitglieder anwesend waren, veranlasste die Regierung einen der ihr treu ergebenen Höchstrichter zum »freiwilligen« Rücktritt. Sodann veränderte sie mittels Notverordnung vom 23. Mai 1933 das Verfassungsgerichtsgesetz (§ 6, Absatz 3): »Die auf Vorschlag des Nationalrates oder auf Vorschlag des Bundesrates ernannten Mitglieder und Ersatzmitglieder dürfen nur dann an Sitzungen und Verhandlungen teilnehmen und hiezu eingeladen werden, wenn und solange dem Verfassungsgerichtshof sämtliche Mitglieder angehören, die auf Grund solcher Vorschläge ernannt worden sind.«[31] Da aber Verfassungsrichter nur vom Parlament berufen werden konnten und das Parlament ausgeschaltet war, konnte der Gerichtshof nicht mehr zusammentreten. Bundespräsident Miklas ließ sich zwar diesen rechtswidrigen oder zumindest rechtsbeugenden Vorgang genau berichten, sah aber davon ab, Konsequenzen zu ziehen. Schritt für Schritt wurde in der Folge durch weitere Notverordnungen der Rechtsstaat ausgehöhlt. Die einzig positive Maßnahme betraf ein schon lange von den Christlichsozialen erhobenes Desideratum, nämlich die Reform des Geschworenengerichts (fortan

»Schwurgericht«) hinsichtlich einer Minderung der Befugnisse der Laienrichter. Die anderen Veränderungen dienten jedoch durchwegs der Etablierung eines Polizeistaates, der den Menschen das Gefühl der Rechtlosigkeit vermittelte: So wurden am 13. Juni 1933 in den Bundesländern Sicherheitsdirektoren eingesetzt, welche direkt dem Bundeskanzler unterstanden und somit den Landeshauptleuten (inklusive dem Wiener Bürgermeister) die Befehlsgewalt über die Exekutive nahmen. Ferner wurden die Strafbefugnisse der Polizei- und Verwaltungsorgane erweitert: Ohne Gerichtsurteil durften sie bis zu sechs Wochen Haft oder bis zu 1.000 Schilling (ca. 2.800 Euro) Strafe verhängen. »Glied um Glied«, so äußerte sich Heeresminister Carl Vaugoin in einer Ministerratssitzung, »ist die sozialdemokratische Partei durch die Auflösung des Schutzbundes, das Verbot der Maifeier und die sonstigen Verfügungen der Regierung zum Krüppel geschlagen worden.« Dabei wusste man im CS-Parteivorstand durchaus, dass die eigene Partei ebenso am Ende war, dass ihr die Anhänger scharenweise davonliefen und dass sie ihren Bestand nur retten konnte, solange sie die Regierung und mit ihr die bewaffnete Macht behauptete. Indes tobte spätestens seit April 1933 ein permanenter innerparteilicher Konflikt im Führungsgremium der SDAP, wie weit man noch zurückweichen oder auf Verhandlungen setzen sollte, bis das Maß voll wäre und dem Schutzbund der Befehl zum bewaffneten Losschlagen erteilt werde. Otto Bauer plädierte wiederholt dafür, »eine Entscheidungsschlacht zu wagen, wenn wir nicht kampflos dem Faschismus unterliegen wollen«.

Der wahre Feind: die NSDAP

Dollfuß kämpfte an zwei Fronten: Sein Hauptaugenmerk richtete er auf die vollständige Vernichtung der Sozialdemokratie. Versuche von Karl Renner und von anderen Funktionären der SDAP, mit dem Kanzler doch noch ins Gespräch zu kommen und Kompromisse einzugehen, ja sogar eine Notverordnungsdiktatur zu akzeptieren, wurden ignoriert – wohl auch aus Angst, dass eine Zusammenarbeit mit der SDAP die

CS zerreißen könnte. Die SDAP lag ohnehin schon in Agonie, Dollfuß war sich seiner Sache bereits sicher – nicht zuletzt dank der Rückendeckung aus Italien (siehe unten). Er arbeitete zielstrebig darauf hin, der SDAP den Todesstoß zu versetzen. Ganz anders sein Verhalten gegenüber den Nationalsozialisten. Mit ihnen suchten die Heimwehrpolitiker und auch Kanzler Dollfuß wiederholt den Kontakt, sie scheiterten aber letztlich am seit 1931 amtierenden Landesinspektor der NSDAP, Theodor Habicht. Dieser forderte Neuwahlen und schlug eine Koalition von CS und NSDAP vor, wobei Dollfuß die Kanzlerschaft behalten würde. Beides lehnte der christlichsoziale Klubvorstand entschieden ab, sodass die Annäherungsversuche letztlich platzten. Eine direkte Kontaktaufnahme des Bundeskanzlers mit Hitler kam nicht zustande – Habicht wusste diese zu verhindern.

Nach den deutschen Reichstagswahlen vom 5. März 1933 begann in Österreich eine Phase intensiver, von Deutschland finanzierter NS-Agitationen mit Hunderten Großkundgebungen, in denen stets der Rücktritt von Dollfuß und die Bildung einer »nationalen« Regierung gefordert wurden. Die NS-Anhängerschaft wuchs rasch, nicht nur Arbeitslose und Jugendliche, sondern Angehörige aller sozialen Schichten strömten ihr zu. Wie sollte dieser übermächtigen Konkurrenz begegnet werden? Durch Arbeitsbeschaffungsprogramme: Diese ressortierten zum Staatssekretär für Arbeitsbeschaffung, Arbeitsdienst, Straßenverkehr und Fremdenverkehr, Odo Neustädter-Stürmer (1885–1938; Selbstmord). Die staatlichen Investitionen in die Infrastruktur erzielten wohl beeindruckende Ergebnisse: 1930–1935 Bau der Großglockner-Hochalpenstraße, 1934–1938 Bau der Wiener Höhenstraße, 1937 Eröffnung der Packer Höhenstraße und 1934–1937 Errichtung der Reichsbrücke (dieses einstige Wiener Wahrzeichen stürzte 1976 ein). Aber sie trugen fast nichts zur Verringerung der Arbeitslosigkeit bei.

Auf mehreren Wegen trachtete Dollfuß, Hitler mit dessen eigenen Waffen zu schlagen, ihn zu »überhitlern« – ein Begriff, den Odo Neustädter-Stürmer prägte. Er bemühte nun eine ähnliche, aggressive Rhetorik wie der deutsche Reichskanzler, trug wie dieser Uniform (ab Juni 1933 Wiedereinführung der k. u. k. Uniformen im Bundesheer) und versuchte durch Aufmärsche und mittels der »Vaterländischen Front« (VF; siehe unten) einen entsprechenden Führerkult aufzubauen. Als ein weiterer Versuch des »Überhitlerns« kann – analog zum »Reichsminister für Volksaufklärung und Propaganda«, Joseph Goebbels – die Installierung eines »Bundeskommissärs für Propaganda« gesehen werden.

Arbeitsbeschaffungsprogramme sollen den Zulauf zu den Nazis bremsen: Dollfuß besichtigt die Bauarbeiten zur Großglockner-Hochalpenstraße.

Im Mai 1933 eskalierten die Spannungen mit Deutschland: Der bayerische Justizminister und Reichsjustizkommissar, Dr. Hans Frank (1900–1946; hingerichtet), nachmaliger Generalgouverneur in Polen, war als Propagandaredner nach Österreich gekommen und attackierte anlässlich von NS-Kundgebungen in Wien und Graz offen die österreichische Regierung. Daraufhin wurde er am 15. Mai 1933 ausgewiesen, gleichzeitig wies Dollfuß darauf hin, dass er die wachsende Bedrohung durch die NS-Propaganda vor den Völkerbund bringen wolle. (Deutschland trat dann am 14. Oktober aus dem Völkerbund aus.) Die deutsche Reaktion ließ nicht lange auf sich warten: Am 27. Mai verhängte das Nachbarland per Reichsgesetz die »Tausendmark-Sperre«:

» *Die Reichsregierung hat das folgende Gesetz beschlossen, das hiermit verkündet wird. §1. Für jede Reise, die ein Reichsangehöriger mit Wohnsitz oder ständigem Aufenthalt im Inland in oder durch das Gebiet der Republik Österreich unternimmt, wird eine Gebühr von 1000 Reichsmark* [ca. 4.000 Euro] *erhoben. Die Gebühr ist vor Antritt der Reise bei der zuständigen Sichtvermerksbehörde zu entrichten, welche die Entrichtung im Pass vermerkt.* […] *Das Gesetz tritt am 1. Juni 1933 in Kraft.*«[32]

Von den Nazis gesprengte Eisenbahnbrücke bei Völkermarkt in Kärnten. Plakat der Vaterländischen Front.

Dies bedeutete eine empfindliche Schädigung der österreichischen Fremdenverkehrswirtschaft, dem größten Devisenbringer der Republik. Denn die deutschen Touristen stellten etwa 40 Prozent der Nächtigungen.

Die Monate Mai und Juni 1933 sind durch eine beispiellose Welle nationalsozialistischer Terrorakte gekennzeichnet: So lieferten einander am 29. Mai in Innsbruck Heimwehrangehörige und nationalsozialistische Studenten eine Straßenschlacht mit 43 Verletzten – das Bundesheer musste eingreifen. An jedem zweiten Tag im Monat Juni ereigneten sich Bombenanschläge und Brandstiftungen der Nazis. Hervorzuheben sind: der 12. Juni mit Sprengstoffanschlägen in ganz Österreich, der 19. Juni mit einem Handgranatenüberfall auf eine Gruppe christlich-deutscher Turner (Hilfspolizisten) in Krems mit einem Toten und 29 Verletzten, der 24. Juni mit Bombenanschlägen auf die Wiener Straßenbahn und die Südbahn bei Mürzzuschlag. Am 4. Juli explodierte eine Bombe an der Trisannabrücke der Arlbergbahn, ohne Schaden anzurichten. Daneben gab es gezielte, wenn auch erfolglose Mordanschläge gegen österreichische Politiker, so am 11. Juni auf den Tiroler Heimwehrführer Richard Steidle, am 23. Juli gegen Staatssekretär und Heimwehrführer Emil Fey (rechtzeitig aufgedeckt) und am 3. Oktober im Parlament auf Kanzler Dollfuß (siehe unten). Der steirische Landeshauptmann Anton Rintelen kam nur durch Glück bei einer Bombenexplosion in Bruck an der Mur mit dem Leben davon. Die österreichische Regierung beantwortete den NS-Terror mit Hausdurchsuchungen, Verhaftungen und Ausweisungen (z. B. von Theo Habicht). Der Handgranatenanschlag

Inszenierung einer heilen Gegenwelt: Engelbert Dollfuß mit seiner Frau Alwine und den Kindern Eva und Rudi. Propagandapostkarte, 1933.

vom 19. Juni bot den Anlass für ein Betätigungsverbot der NSDAP, ihrer Unterorganisationen (SA und SS) sowie des Steirischen Heimatschutzes, der von Konstantin Kammerhofer (1899–1958) geleitet wurde. Zudem wurden alle NS-Mandate aberkannt. Damals zählte die Partei 68.500 Mitglieder – Tendenz rasch steigend. An die zehntausend nunmehr illegale Nationalsozialisten flüchteten nach Deutschland und formierten sich im »Lager Lechfeld« (bei Augsburg) zur »Österreichischen Legion«, bereit für den bewaffneten Einmarsch in Österreich; die Legionäre wurden in SA-Uniformen eingekleidet, militärisch ausgebildet und ausgerüstet, waren aber nur teilmotorisiert.

Der deutsche Rundfunk strahlte nun regelmäßig österreich-feindliche Sendungen aus (mit Habicht als Hauptredner), gleichzeitig warfen deutsche Flieger Flugzettel über Österreichs Städten ab; nach Protest der Westmächte wurden zwar die Flüge eingestellt, die Propagandasendungen und Anschläge gingen aber weiter. Insgesamt forderte der nationalsozialistische Terror zwischen 1933 und 1938 an die 800 Opfer, davon 186 Tote.

Eine Kabinettsumbildung am 21. September beendete die Koalition mit dem Landbund und beließ nur mehr Christlichsoziale und Heimwehr in der Regierung. Damit war jene Koalition, die Dollfuß an die Macht gebracht hatte, zerbrochen – eine Rückkehr zum Parlamentarismus war jetzt, selbst wenn er von der Regierung gewollt worden wäre, nicht mehr möglich, denn Dollfuß verfügte über keine Mehrheit mehr. Der Landbund (Vizekanzler Winkler, Innenminister Schumy) schied vor allem wegen der unüberbrückbaren Gegensätze zu Staatssekretär Fey aus der Regierung, weil Letzterer angesichts der überfüllten Gefängnisse die Errichtung von Sammellagern für politische Häftlinge forderte. Im Mai 1934 löste sich der Landbund schließlich selbst auf.

Dass es innerhalb des christlichsozialen Klubvorstandes heftige Auseinandersetzungen über den Regierungskurs gab, sei nur am Rande erwähnt; ein Zeichen dafür war, dass Heeresminister und CS-Obmann Vaugoin abtreten musste, weil er ohne Wissen des Kanzlers mit Julius Deutsch eine Verstärkung des Grenzschutzes durch ehemalige Schutzbundangehörige erörtert hatte. Die Parteileitung war damit lahmgelegt worden. Am Ende aller internen Debatten stand aber die Erklärung sämtlicher Funktionäre, dem Bundeskanzler bedingungslos die Treue halten zu wollen. Der Weihnachtshirtenbrief vom 22. Dezember 1933 bestärkte sie darin, indem es hieß: »[…] Ja wir [Bischöfe] bitten geradezu alle unsere Gläubigen, der Arbeit der Regierung nicht nur keinen offenen oder geheimen Widerstand entgegenzusetzen, sondern sie vertrauensvoll und wirksam zu unterstützen zum beiderseitigen Wohle von Staat und Kirche.«[33]

Major Emil Fey, bisher Staatssekretär für Sicherheit, stieg am besagten 21. September zum Vizekanzler (ab 11. Jänner 1934 auch Sicherheitsminister) auf. Nur zwei Tage nach seiner Ernennung, am 23. September 1933, schritt Fey an die schon seit Längerem geplante Errichtung von Anhaltelagern und Notarresten (über das Bundesgebiet verteilt 24 Objekte bzw. Anlagen) zur Internierung politischer Häftlinge. Die sogenannte »Anhaltung« erfolgte durch Polizeieinweisung und ohne Gerichtsurteil auf befristete (einige Monate) oder auch unbefristete Zeit, sie ersparte der Regierung langwierige gerichtliche Prozesse mit ungewissem Ausgang. Jeder »Angehaltene« musste pro Tag 6 Schilling bezahlen und seine eigene Bekleidung mitbringen – aus Kostengründen verzichtete der Staat auf Sträflingskleidung. Dafür erhielt er täglich drei Mahlzeiten, davon eine mit Fleisch. Die großen Lager blieben ausschließlich Männern vorbehalten, Frauen brachte man in Notarresten unter. In den Jahren 1933 bis 1938 wurden in Anhaltelagern und Notarresten insgesamt etwas über 16.000 Personen inhaftiert. Das »prominenteste« und von den sanitären Einrichtungen am besten ausgestattete Anhaltelager in den ehemaligen Munitionswerken Wöllersdorf bei Wiener Neustadt wies eine Belegschaft von durchschnittlich einigen Hundert, im Oktober 1934 den Maximalstand von 4.767 Insassen auf. Andere, weniger gut ausgestattete Anhaltelager gab es anno 1934 in Kaisersteinbruch bei Bruck an der Leitha, wo einige Heeresbaracken adaptiert worden waren, sowie (nur 1934/35) in Messendorf bei Graz – hier erfuhren die Inhaftierten die schlechteste Behandlung.

Angehalten wurden »staatsfeindliche Personen«, insbesondere solche, die verdächtigt wurden, einer verbotenen Partei anzugehören. Und verboten waren seit 26. Mai 1933 die Kommunistische Partei, seit 19. Juni 1933 die NSDAP und ab dem 12. Februar 1934 die Sozialdemokratische Partei. Eine politische Zuordnung der Insassen von Wöllersdorf und Kaisersteinbruch ergab für Anfang Mai 1934: 503 Sozialdemokraten, 301 Nationalsozialisten und 40 Kommunisten. Die Angehaltenen ertrugen ihr Schicksal auf unterschiedliche Weise: Die Kommunisten, die ja schon an Verfolgung gewöhnt waren, konspirierten heimlich und schufen sogar geheime Parteistrukturen; die meist sehr jungen Nationalsozialisten sahen ihre Anhaltung als Opfer für ihre Überzeugung und erwarteten sich eine künftige Belohnung durch Hitler; für die im Durchschnitt viel älteren Sozialdemokraten aber war eine Welt zusammengebrochen, denn sie hatten keine politische Heimat mehr, an die sie noch glauben konnten, und waren der totalen Rechtswillkür ausgeliefert. Eine politische Umerziehung fand nicht statt, auch gab es keine Zwangsarbeit, die Angehaltenen blieben innerhalb eines streng geregelten Tagesablaufes sich selbst überlassen. Gewiss war das Leben im Lager deprimierend, daher beklagte man auch eine Reihe von Selbstmorden, aber es war den Angehaltenen in der Regel gestattet, Gesangs- und Theateraufführungen zu veranstalten, Geschichts- und Sprachkurse durchzuführen und Gottesdienste zu besuchen. Hungerstreiks, Tumulte, Demonstrationen und Fluchtversuche kamen bisweilen vor; den Rädelsführern solcher Aktionen drohte ein abgestuftes System von Strafen, angefangen von Essensentzug bis zu mehrtägiger Dunkelhaft. Grundsätzlich ließen sich die Anhaltelager oder Notarreste nicht mit den Schrecken eines KZ vergleichen – dies wusste man bereits in Österreich, daher verbot die Regierung die Verwendung des Begriffes »Konzentrationslager«. Denn hier wurden Menschen nicht vernichtet, sondern nur »verwaltet«. Die Angehaltenen konnten Petitionen einreichen, etwa für eine Besuchserlaubnis oder eine Anhalteunterbrechung (wichtig für Bauern während der Saat- und Erntezeit). Allerdings durchlief jede Eingabe bis zur Entscheidung durch die Behörde einen langen bürokratischen Weg; bisweilen traf der Bescheid erst ein, wenn der Antragsteller schon längst entlassen war.

Am 3. Oktober 1933 wurde der Bundeskanzler innerhalb des Parlamentsgebäudes Opfer eines Revolverattentats, das der ehemalige Bundesheergefreite und Nationalsozialist Rudolf Drtil verübte. Dollfuß wurde nicht schwer verletzt, musste sich aber einige Tage in Spitalsaufenthalt begeben. Der Attentäter wurde »unter Berücksichtigung geistiger Minderwertigkeit« lediglich zu fünf Jahren Kerker verurteilt. Obwohl es der Regierung – nicht erst seit diesem Anschlag – längst klar sein musste, dass ihr eigentlicher Feind unter den Nationalsozialisten zu suchen war, sah der Kanzler immer noch unter den Sozialdemokraten den Hauptgegner. Er reichte ihnen daher nicht die Hand zum gemeinsamen Vorgehen gegen die NSDAP, stattdessen versuchte er ebenso oft wie erfolglos, eine Gesprächsbasis mit der deutschen Reichsregierung herzustellen. Am 10. November wurde das Standrecht eingeführt. Für das außerordentliche Verfahren eines Standgerichts waren vorgesehen: ein Vorsitzender, zwei Richter, ein Staatsanwalt und ein Verteidiger; für den Verurteilten gab es keine Berufungsmöglichkeit, er durfte lediglich ein Begnadigungsgesuch einreichen, dem der Bundespräsident

– aber nur auf Antrag des Justizministers – stattgeben konnte. Die Todesstrafe sollte als Tod durch den Strang zwei Stunden nach dem Urteilsspruch vollstreckt werden, in Einzelfällen konnte das Gericht die Frist auf drei Stunden verlängern. Als Ort der Exekution war der alte Hinrichtungshof im Grauen Haus vorgesehen; für den Delinquenten sollte eine Armesünderzelle eingerichtet werden und die Bestellung eines Priesters garantiert sein. Vordergründig geschah dies wegen der andauernden Gewalttaten der Nationalsozialisten; tatsächlich aber konzentrierte sich Dollfuß auf die vollständige Zerschlagung der Sozialdemokratie und auf den wohl unvermeidlichen Bürgerkrieg hin.

Kundmachung

über die

Verhängung der Todesstrafe

wegen der Verbrechen des Mordes, der Brandlegung und der öffentlichen Gewalttätigkeit durch boshafte Beschädigung fremden Eigentums.

Der Bundeskanzler hat im Einvernehmen mit dem mit der Leitung des Bundesministeriums für Justiz betrauten Bundesminister gemäß § 430 St. P. O. das standrechtliche Verfahren in den Fällen der Verbrechen des Mordes (§§ 134 bis 138 St. G.), der Brandlegung (§§ 166 bis 168 St. G.) und der öffentlichen Gewalttätigkeit durch boshafte Beschädigung fremden Eigentums nach § 85 St. G. für das ganze Bundesgebiet angeordnet.

Dies wird mit dem Beifügen kundgemacht, daß jeder, der sich nach dieser Kundmachung eines der angeführten Verbrechen oder der Aufreizung hiezu oder der Teilnahme daran schuldig macht, standrechtlich gerichtet und mit dem Tode bestraft würde.

Diese Anordnung ist kundgemacht und daher in Kraft getreten.

Wien, am 10. November 1933.

Die Bundesregierung.

Die Wiedereinführung der Todesstrafe im Zuge standrechtlicher Verfahren soll das scharfe Vorgehen gegen die Nationalsozialisten erleichtern, richtet sich aber auch gegen die Sozialdemokraten.

Innerhalb der SDAP erahnte man diesen Plan vielleicht. So schrieb das Parteiorgan, die *Arbeiter-Zeitung*, am 12. November 1933:

> »*Es ist eine bedeutsame Tatsache, dass die Regierung es für notwendig befunden hat, am Tage vor dem fünfzehnten Geburts- und Staatsfeiertag der Republik durch Verkündung des standrechtlichen Verfahrens die Todesstrafe wieder einzuführen.* […] *Denn das standrechtliche Verfahren bedeutet ja keineswegs nur die Einführung der Todesstrafe für bestimmte Verbrechen. Es bedeutet zugleich eine Vereinfachung und Beschleunigung des gerichtlichen Verfahrens, den Ausschluss aller Rechtsmittel, die Beschleunigung des Strafvollzuges.* […]«[34]

Der damalige Justizminister (und ab 1934 Bundeskanzler), Dr. Kurt Schuschnigg, bestätigte später diese Befürchtungen: »Das Wesentliche und für uns Notwendige ist vielmehr der rasche und ohne jede Verzögerung erfolgende, insbesondere aber den Fährnissen des ordentlichen Schwurgerichtsverfahrens entzogene Verlauf der Verhandlung. [Es zeigt sich,] welcher Unterschied im Falle der standrechtlichen Aburteilung eines Bluttäters gegenüber dem normalen schwurgerichtlichen Verfahren, das möglicher Weise zu Freispruch [...] geführt hätte, besteht.«[35] Zu Ende des Jahres und Anfang Jänner 1934 gab es bereits zwei standrechtliche Verfahren, die beide mit dem Todesurteil endeten; das Gnadengesuch des in Wels verurteilten Frauenmörders wurde angenommen (Umwandlung der Todesstrafe in lebenslänglichen Kerker), jenes des in Graz verurteilten Brandstifters jedoch abgelehnt.

Unterstützer und Erpresser: Benito Mussolini

Die Alpenrepublik war zu klein und auch zu arm, um eine aktive Außenpolitik zu betreiben. Solange sie sich nach allen Seiten neutral verhielt und den Schwerpunkt auf gutnachbarliche Beziehungen legte, konnte sie dafür das innere Geschehen weitestgehend selbst gestalten. Eine aktive Bündnispolitik, wie sie dann Dollfuß betrieb, bewirkte hingegen fast zwangsläufig die äußere Einflussnahme auf die Innenpolitik. Es ist fraglich, ob es zu einer Entwicklung in Richtung Kanzlerdiktatur überhaupt gekommen wäre, hätte Wien den strikten Neutralitätskurs beibehalten. Rückwirkend urteilte Julius Deutsch in dieser Hinsicht: »Trotz alledem dürften die tieferen Gründe, die Dollfuß bewogen, das Odium des Bürgerkrieges auf sich zu nehmen, weit weniger in seinem eigenen Willen gelegen sein, als in seiner Abhängigkeit von Mussolini. Dieser drängte ihn immer mehr zur letzten Entscheidung.«[36] Nun wäre es wohl übertrieben zu behaupten, der Vernichtungskampf des Bundeskanzlers gegen die Sozialdemokratie wäre auf alleinigen Wunsch Mussolinis geführt worden; aber der Duce (und in seinem Gefolge auch Ungarn) stärkte der Regierung Dollfuß den Rücken und übte wohl auch einen progressiv anwachsenden Druck auf sie aus, indem er das energische Vorgehen gegen die SDAP und eine Verfassungsänderung im Hinblick auf ein autoritäres Regime einmahnte. Diese Einmischung in die inneren Angelegenheiten Österreichs gestaltete sich zunehmend als Erpressung, der sich freilich die Bundesregierung angesichts der eigenen Schwäche und der Bedrohung durch den nördlichen Nachbarn nur allzu gerne ergab; es war nahe liegend, sich dem mächtigen Nachbarn aus dem Süden in die Arme zu werfen. Zudem verhalf die geografische Lage Österreich insofern zu einem gewissen Bedeutungsüberschuss, als die Republik das Bindeglied zwischen Italien und dem mit diesem befreundeten Ungarn bildete und den Apenninenstaat vor der Kleinen Entente, insbesondere vor Jugoslawien, sicherte. Mussolini war zwar an einem selbstständigen Österreich interessiert, aber er wollte dort ein faschistisches System nach italienischem Vorbild errichtet wissen. Daher unterstützte er die faschistisch-affinen Heimwehren großzügig mit Geld und Waffen.

Österreich pflegte also mit Italien ebenso wie mit Ungarn offiziell ein betont gutes Verhältnis: Schon Bundeskanzler Schober konnte am 6. Februar 1930 mit Mussolini ein Übereinkommen treffen, indem er einerseits die Südtirolfrage als inneritalienische Angelegenheit definierte und andererseits dem Duce die Streichung des alliierten Generalpfandrechts abrang. Mit Ungarn schloss Bundeskanzler Ender am 26. Jänner 1931 einen Freundschaftsvertrag.

Das brüderliche Verhältnis zu Deutschland endete hingegen mit der Machtergreifung Hitlers und dem enormen Druck der Nationalsozialisten, welche die österreichische Regierung zu destabilisieren trachteten. Bis dato galt ja der Wunsch nach dem »Anschluss« Österreichs an Deutschland als immer wieder geäußertes Desideratum aller politischen Parteien in Österreich. Doch dreimal hatten die Alliierten der Alpenrepublik das Anschlussverbot aufgezwungen: das erste Mal 1919 durch den Staatsvertrag (»Friedensdiktat«) von Saint-Germain, das zweite Mal 1922 durch das Genfer Protokoll (Völkerbundanleihe), das dritte Mal 1932 durch den Vertrag von Lausanne (Völkerbundanleihe); 1931 scheiterten sogar die Pläne einer bloßen Zollunion am Einspruch der einstigen Siegermächte. Österreich erklärte damals, dass diese Zollunion keineswegs als Vorwegnahme eines »Anschlusses«,

Das Konkordat mit dem Heiligen Stuhl ist unterzeichnet: Dollfuß und Schuschnigg bei ihrer Rückkehr aus Rom am Asperner Flugplatz. Die katholische Kirche gewinnt damit mehr Einfluss auf Schule und Eherecht.

sondern ein erster Schritt zu einem vereinten Europa gedacht wäre. Doch seit 1933 war alles anders, der Anschlussgedanke war mit einem Mal obsolet geworden – so strichen die Sozialdemokraten auf ihrem letzten Parteitag (14.–16. Oktober 1933) den »Anschlussartikel« aus dem Parteiprogramm.

Dreimal begegneten einander Dollfuß und Mussolini persönlich: Beim ersten Staatsbesuch in Rom am 13. April 1933 gab Mussolini die mündliche Zusage, dass Italien nötigenfalls die Selbstständigkeit Österreichs mit Waffengewalt verteidigen werde. Am 5. Juni 1933 reisten Dollfuß und Schuschnigg nach Rom, um mit dem Heiligen Stuhl ein Konkordat zu unterzeichnen. Bei dieser Gelegenheit ergab sich ein abermaliges Treffen mit Mussolini, bei dem der Duce dem Bundeskanzler die feste Freundschaft versicherte (und den Südtirolern einige Zugeständnisse hinsichtlich des Sprachunterrichts gewährte). Ein persönlicher Brief Mussolinis an Dollfuß vom 1. Juli 1933 bekräftigt einerseits diese Freundschaft, zeichnet aber den von Rom gewünschten innenpolitischen Weg Österreichs unmissverständlich vor:

» *Herr Kanzler! Mit lebhaftem Interesse verfolge ich die Lage in Österreich, welche mir Gelegenheit gegeben hat, die Festigkeit und Geschicklichkeit zu schätzen, mit der Eure Exzellenz dieses Land leiten. – Ich habe Eure Exzellenz bereits wissen lassen, dass die italienische Hilfe, in was immer für einer Eventualität, sich nicht mindern werde […]. Ich halte den Gedanken der Schaffung der Vaterländischen Front* [gegründet am 20. Mai 1933] *für einen sehr Guten und glaube, dass, je größer die Erfolge derselben werden sein können, desto mehr sich die verschiedenen Parteien, welche das nationale Interesse Österreichs verfechten, verschmelzen werden.*

Ich bin auch froh, zu wissen, dass die Heimwehren, auf die Eure Exzellenz, wie ich es immer geglaubt habe, hauptsächlich zählen sollten, ihrer Aufgabe gut entsprechen und sich vollkommen in die Politik, die Eure Exzellenz entwickeln, eingefügt haben. [...] *Ich bin mir vollkommen bewusst, dass Eure Exzellenz gegen die verbrecherischen Attentate, die in letzter Zeit in Österreich verübt und den Nationalsozialisten angelastet worden sind, in der energischsten Weise reagieren und die notwendigen Maßnahmen ergreifen müssen* [...]. *Wenn anstatt dessen auch weiterhin der Sozialdemokratischen Partei gegenüber mit Nachsicht vorgegangen wird, so erscheint mir die viel größere und konkretere Gefahr zu entstehen, dass damit den Nazi die Waffe des Antimarxismus in die Hand gegeben und ihnen gestattet wird, sich in einem gegebenen Moment als Retter der Lage aufzuspielen. Dass diese Waffe, die gefürchtetste, in ihren Händen sich abstumpfe und der Nazismus daher aus Österreich ganz und gar verschwinde, hängt von Eurer Exzellenz ab. Ich bin überzeugt davon, dass, sobald Eure Exzellenz an alle gesunden nationalen Kräfte Österreichs appellierend, der Sozialdemokratischen Partei in ihrer Felsenfestung Wien einen Schlag versetzen und ihre Säuberungsaktion auf alle Zentren ausdehnen würden, die im Gegensatz zum Autoritätsprinzip des Staates zersetzende Tendenzen verfolgen, dann auch viele, die heute in den Reihen der Nazi tätig sind, in den Kreis der nationalen Front herübergezogen werden würden.* [...][37]

Mussolinis Vorstellungen deckten sich mit denen von Dollfuß. Beide Staatsmänner begingen denselben verhängnisvollen Denkfehler, dass sie glaubten, zum Kampf gegen den Hauptfeind NSDAP nicht alle politischen Kräfte des Landes vereinen zu müssen, sondern vielmehr erst durch die Vernichtung der Sozialdemokratie und des ihr zugeschriebenen Austromarxismus den Nationalsozialisten den Wind aus den Segeln zu nehmen.

Das dritte Treffen Mussolini – Dollfuß fand am 19. und 20. August 1933 im Badeort Riccione statt. Der Duce drängte den Kanzler zum wiederholten Male zur Beseitigung der Sozialdemokratie und zur Errichtung eines autoritären Ständestaates. Direkter Ausfluss dieser Unterredungen war die oben zitierte »Trabrennplatzrede« vom 11. September 1933. Dollfuß konnte den nun vorgezeichneten Weg nicht mehr verlassen, aber er zögerte das vermeintlich Unvermeidbare möglichst hinaus, auch noch am 26. Jänner 1934, als ihn Italiens Unterstaatssekretär für Äußeres, Fulvio Suvich (1887–1939), nach einem Besuch in Wien in einem streng vertraulichen Schreiben mahnte, keine Zeit mehr zu verlieren, um die Vereinbarungen von Riccione zu erfüllen.

Das Konkordat vom 5. Juni 1933 trat am 1. Mai 1934 als Teil der neuen Verfassung (siehe unten) in Kraft. Neben einigen administrativen Bestimmungen – Einrichtung der Diözese Innsbruck-Feldkirch und des Vorarlberger Generalvikariats in Feldkirch sowie des bischöflichen Sitzes in Eisenstadt – ging es um den grundsätzlichen kirchlichen Einfluss auf den »christlichen Ständestaat«. Denn nicht nur die Besetzung kirchlicher Ämter, sondern auch der Einfluss auf die Schule und auf das Eherecht (kirchliche Eheschließung und Ehegerichtsbarkeit) sollten den kirchlich geprägten Alltag der katholischen Österreicher – nicht aber den der Nichtkatholiken – bestimmen. Der katholische Klerus war seinerseits von Dollfuß und dem christlichen Sendungsbewusstsein des Kanzlers begeistert. Im Weihnachtshirtenbrief vom Dezember 1933 hieß es, dass die Kirche »in unentwegter Treue zu dieser Regierung stehen« werde, ja, Kardinal Innitzer spricht ihr »vollstes Lob und freudige Anerkennung« aus: »Österreich steht heute sozusagen im Mittelpunkt des Weltinteresses als Vorbild und Beispiel einer christlichen Staatsordnung.«

Der Aufstand des Schutzbundes

Oft werden die Februarkämpfe des Jahres 1934 als Bürgerkrieg benannt, doch trifft diese Bezeichnung nicht zu. Denn unter Bürgerkrieg versteht man zwar die bewaffnete Auseinandersetzung verschiedener Gruppen in einem Staat, *per definitionem* muss sich aber eine breite

Bevölkerungsschicht daran beteiligen, und die Zahl der Opfer muss die Tausendermarke übersteigen. Beides traf damals nicht zu, vielmehr haben sich lediglich Teile des Schutzbundes erhoben, um aus einer Situation der Verzweiflung und im Bewusstsein der Aussichtslosigkeit ihres Unterfangens die Ehre der Arbeiterbewegung zu retten.

Auf dem oben erwähnten letzten Parteitag der SDAP vom 14. bis 16. Oktober 1933 hatten die Sozialdemokraten jene »rote Linie« festgelegt, bei deren Überschreitung durch die Regierung Widerstand geleistet würde: Ausschaltung der Wiener Gemeinde- und Landesverwaltung; Verkündung einer faschistischen Verfassung; Verbot der Partei; Auflösung der Freien Gewerkschaften. Dass dies alles mit einem Schlag im Februar 1934 geschehen sollte, überstieg dann doch ihre Vorstellungskraft. Die SDAP war Stück für Stück zurückgewichen, ihr gemäßigter Flügel um Karl Renner wollte aber der Regierung immer noch bis zur Selbstaufgabe entgegenkommen, indem er am 26. Oktober 1933 einen Verfassungsentwurf ausarbeitete, der den CS-Forderungen akzeptabel erscheinen müsste: Der Nationalrat wäre demnach zum »Volkshaus« mutiert, das mit gleich vielen Mandaten ausgestattete »Ständehaus« mit Vertretern der Länder und der Berufsstände hätte den Bundesrat ersetzt; die Notstandsgesetzgebung dürfte weiter bestehen, die Gewaltenteilung müsste aber weiterhin aufrecht bleiben. Bei Verhandlungen im Dezember 1933 und auch noch Anfang Februar 1934 boten die Sozialdemokraten sogar die Rückkehr zur Monarchie an, nur müsste die SDAP weiterhin existieren dürfen. Inzwischen bereitete sich der linke Flügel der SDAP insgeheim auf den Entscheidungskampf vor, nur blieb Otto Bauer, grundsätzlich ein Befürworter des bewaffneten Widerstandes, bis zuletzt entschluss- und hilflos. Denn analog zu den CS hatte auch die SDAP einen Zweifrontenkrieg zu führen: Die Sorge um den bereits in Deutschland erfolgreichen Nationalsozialismus hemmte die Parteispitze im Kampf gegen Dollfuß. Am 26. Oktober 1933 forderten sozialdemokratische Bundesräte Bundespräsident Miklas in einem Schreiben auf, er möge den Nationalrat zur Herbstsession einberufen. Miklas lehnte dies mit der fadenscheinigen Begründung ab, er könne den Nationalrat gar nicht einberufen, da dieser seine letzte Session noch gar nicht ordnungsgemäß geschlossen habe. Allerdings muss der Bundespräsident für eine solche Antwort schwer mit sich gerungen haben, denn er überlegte angesichts seines verletzten Rechtsempfindens, wie aus einem privaten Schriftstück vom 25. November hervorgeht, sogar den Rücktritt. Dazu ist es aber bekanntlich nicht gekommen.

Obwohl dank einer Weihnachtsamnestie zahlreiche inhaftierte Nationalsozialisten freigekommen waren, ist gerade der Anfang des Jahres 1934 wiederum durch eine Vielzahl nationalsozialistischer Terrorakte mit insgesamt 140 Sprengstoffanschlägen in nur einer Woche geprägt. Eine von Hitler genehmigte Reise des Reichstagsabgeordneten Theo Habicht zu Verhandlungen mit der österreichischen Regierung musste daher abgebrochen werden: Habichts Flugzeug wurde am 8. Jänner noch über österreichischem Luftraum – auf Weisung Hitlers – zum Rückflug umdirigiert. So zumindest die offizielle Lesart. Der wahre Hintergrund von Habichts Ausladung lag in einer heftigen Kontroverse zwischen dem Kanzler und dem Heimwehrführer Starhemberg, der Habicht als Verhandlungspartner für inakzeptabel erklärt hatte. Tatsächlich befürchtete Starhemberg nicht von ungefähr einen Bedeutungsverlust der Heimwehren bei einem Zusammengehen der Regierung mit den Nationalsozialisten. Dollfuß ließ sich also überzeugen und änderte seine Taktik, indem er alle Kontakte mit den Nationalsozialisten abbrach, um sich mit voller Energie auf den Entscheidungsschlag gegen die Sozialdemokratie vorzubereiten – in der irrigen Meinung, dadurch die illegalen Nationalsozialisten für den Regierungskurs zurückgewinnen zu können. Aber Dollfuß wollte nicht als Erster diesen Entscheidungsschlag führen. Vielleicht wollte er ihn auch gar nicht führen und ließ sich nur von den Heimwehren und von Mussolini gängeln? Jedenfalls überließ er Vizekanzler Fey und den Heimwehren die Initiative.

Am 18. Jänner 1934 richtete Dollfuß einen Appell an die »ehrlichen Arbeiterführer«, um der Unabhängigkeit Österreichs willen mit der Regierung zusammenzuarbeiten. Dass diese Aufforderung nicht ehrlich gemeint war und nur dem Zweck diente, die Sozialdemokratie zu spalten, wurde von der SDAP wohl erkannt. Die Parteiführung lehnte daher am 20. Jänner das Angebot des Kanzlers ab und begründete dies mit dem Verbot des öffentlichen Verkaufs der *Arbeiter-Zeitung* – man konnte sie nur mehr per Postzustellung erwerben. Wurde jetzt eine allerletzte Chance vertan, um das drohende Blutvergießen doch noch abzuwehren? Wohl eher nicht, vielmehr spitzte sich die Situation dramatisch zu, als am 28. Jänner der Heimatschutz-Bundesführer Starhemberg zum »Endkampf gegen den Marxismus« aufrief. Ultimativ forderte er eine Änderung der Regierung im Sinne des ständischen Gedankengutes. Wenig später erreichte der nationalsozialistische Terror einen neuen Höhepunkt, obwohl Hitler in einer Reichstagsrede am 30. Jänner versichert hatte, dass das Deutsche Reich den österreichischen Staat nicht »vergewaltigen« wolle. Angesichts der zahlreichen Sprengstoffanschläge in Wien, Linz, Innsbruck, in der Steiermark und in Vorarlberg unternahmen am 2. Februar hunderttausend niederösterreichische Bauern einen Protestmarsch nach Wien. Dieser richtete sich gegen die NSDAP, dennoch ging es in der Folge Schlag auf Schlag gegen die SDAP.

Ungeachtet der Tatsache, dass der Republikanische Schutzbund seit März 1933 verboten war, blieb er, wie erwähnt, unter dem Deckmantel der »Ordnerorganisationen« im Untergrund voll intakt. Über Waffen verfügte er in ausreichendem Maße, denn sobald welche von der Exekutive beschlagnahmt worden waren, trafen geheime Waffenlieferungen aus dem Ausland ein, insbesondere aus der ČSR, der Sozialistischen Internationale und den internationalen Gewerkschaftsverbänden. Major a. D. Alexander Eifler, der Stabschef des Schutzbundes, hatte wie erwähnt seit dem Pfrimer-Putsch 1931 konkrete Pläne für einen Aufstand ausgearbeitet. Diese sahen vor, dass ein unvermutet ausgerufener Generalstreik, der u. a. alle Verkehrsmittel, die Stromversorgung und das Telefonnetz lahmlegen würde, als Zeichen für den Operationsbeginn der Schutzbundeinheiten galt. Entscheidend wären das Überraschungsmoment und die lückenlose Durchführung des Streiks, sodass Regierung, Exekutive, Militär und Heimwehr weder miteinander kommunizieren noch ihre Kräfte bündeln könnten. Für Wien sah der Plan so aus, dass die neuen Gemeindebauten in den Vororten als Stützpunkte eingerichtet werden sollten. Die gut bewaffnete und mit dem Schutzbund verbündete »Wiener Gemeindewache« (Rathauswache) hätte mit Sandsäcken und Blechtafeln armierte Lastkraftwagen aus dem städtischen Fuhrpark bereitzustellen und etwa 2.000 bis 4.000 Schutzbündler überraschend in die Innere Stadt zu dirigieren.

» *Hat die Aktion gegen die Staatsgewalt begonnen, so müssen wir uns aus allen Kräften die Vorteile des Angriffs zunutze machen. Die bekannten Kasernen, Polizeikommissariate, das Heeresamt, das Bundeskanzleramt, das Justizministerium und das Gebäude der Polizeidirektion sind sofort zu sprengen. Post, Telegraph, Radio, Versatzämter und Druckereien besetzen. Nach den ersten Angriffserfolgen, die wir durch die plötzlichen Angriffe bestimmt erzielen, dürfen wir dem Gegner nicht Zeit lassen, sich in Kampfbereitschaft zu bringen.*«[38]
Richtung Innenbezirke anrückende Kräfte von Polizei und Bundesheer wären von Stoßtrupps aus den Außenbezirken in die Zange zu nehmen.
»*Die Stadt ist in eine Kriegsfalle zu verwandeln, um den Gegner zu vernichten.* [...] *Es ist zweckmäßig, Barrikaden an Straßenkreuzungen zu errichten, um den Zugang von verschiedenen Seiten her zu sperren. Die Feuerstellungen sind flankierend anzulegen. MG im 2. Stockwerk, vor den Sperrverhauen Kundschafter, die das Nahen des Gegners avisieren.* [...] *Die Hauptkräfte in den Häusern auf alle Stockwerke verteilt (Tarnung) unterbringen.* [...]«[39]

In den Vororten sollte der Schutzbund außerdem Polizeiwachstuben und Kasernen mithilfe der Wiener Kanalarbeiter sprengen sowie die Kontrolle über die Bahnhöfe und Donaubrücken übernehmen. Nach vorbereiteten Listen wären Politiker und hohe Beamte festzunehmen gewesen. Analoge Einsatzpläne gab es auch für die Landeshauptstädte und Industriezonen in den Bundesländern. Alle diese Pläne könnten aber nur funktionieren, wenn der Generalstreik eingehalten würde, weil durch ihn Bundesheer, Gendarmerie und Polizei am Heranführen von Verstärkungen gehindert wären.

Wiederholt hatten einige Schutzbundführer, insbesondere der oberösterreichische Landesleiter des Schutzbundes Richard Bernaschek (1866–1945, KZ Mauthausen), den Parteivorstand aufgefordert, endlich den Startschuss zum Losschlagen zu geben, aber die gemäßigten Kräfte wie Renner und Körner behielten die Oberhand – sie zögerten, weil sie

Februaraufstand 1934: Eine Bundesheereinheit bereitet sich auf ihren Einsatz gegen die Schutzbundkämpfer vor.

zu Recht das große Blutvergießen befürchteten. Der Bundesregierung blieben ihrerseits die Aufmarschpläne des Schutzbundes nicht verborgen – es hätte an sich gar nicht der Konfidenten und abgehörten Telefongespräche bedurft, um den Ballhausplatz über entsprechende Absichten des Schutzbundes zumindest in seinen wesentlichen Zügen zu informieren, denn diese waren völlig logisch und hätten kaum anders ausfallen können. Die Wiener Polizei übte daher schon seit Längerem das Szenario, Straßenrevolten zu bekämpfen, und beim Bundesheer wurde eine eigene »Dienstvorschrift für den Straßen- und Häuserkampf« herausgegeben. Der Einsatzplan von Heer und Polizei sah vor, die Wiener Innenstadt durch Stacheldrahtsperren hermetisch abzusperren, um die Regierungsstellen, Ministerien, Zentralen der militärischen und polizeilichen Behörden, die Direktionen von Post, Bahn und Geldinstituten, die Landesgerichte, das Polizeigefangenenhaus und andere wichtige Gebäude zu sichern. Vor allem ging es darum, alle Maßnahmen zu ergreifen, um den Schutzbund möglichst unauffällig, aber wirkungsvoll kampfunfähig zu machen: Diese Maßnahmen begannen ab 3. Februar 1934 mit einer Verhaftungswelle von wichtigen Schutzbundführern, wie dem Stabschef Alexander Eifler und dem Kommandanten der Wiener Gemeindewache, Hauptmann a. D. Rudolf Löw. Auch sozialdemokratische Parteilokale wurden durchsucht. Als am 8. Februar in sozialdemokratischen Parteiheimen Waffen des verbotenen Schutzbundes gefunden wurden, setzte die systematische Waffensuche ein.

Bundespräsident Miklas war zu diesem Zeitpunkt weder über die wahren Absichten der Regierung noch über den Druck, den Mussolini auf diese ausübte, voll informiert worden. Als er auf informellem Wege über die geplante Absetzung des Wiener Bürgermeisters erfuhr, war er bestürzt und verfasste am 6. Jänner einen persönlichen Brief an Dollfuß:

> »*Sehr geehrter Herr Bundeskanzler! Wie ich von mehreren Seiten höre, soll die Regierung beabsichtigen, schon in den nächsten Tagen durch Regierungsverordnung den Gemeindetag (Landtag) der Bundeshauptstadt Wien aufzulösen und den Bürgermeister (Landeshauptmann) durch einen Bundeskommissar zu ersetzen. – Ich kann es nicht glauben, denn ganz abgesehen von allgemein politischen Erwägungen, vermag ich* […] *keinerlei verfassungsmäßige Legitimation für einen solchen folgenschweren Schritt der Bundesregierung, der an die letzten Fundamente des Bundesstaates greift, zu entdecken.*
>
> *Mir bangt vor den innenpolitischen Folgen, aber auch vor den außenpolitischen Auswirkungen dieser anscheinend in ernster Erörterung stehenden Regierungsmaßnahme, falls sie zur Wirklichkeit werden sollte.* [… Sie werden] *die sozialdemokratischen Arbeitermassen nicht im Geringsten für ein Ihnen genehmes Staatsregime gewinnen, sondern vielmehr bei der Grundstimmung, die ich in Österreich wahrnehme, nur dem äußersten Radikalismus von links und rechts, dem Kommunismus und dem Österreichs Bestand bedrohenden Nationalsozialismus in die Arme getrieben haben.* […]«[40]

Die Warnung des Bundespräsidenten – falls sie den Kanzler überhaupt erreicht hat – blieb nichts als ein kraftloser Protest. Aber Miklas hätte auch jetzt und augenblicklich die Regierung entlassen oder selbst demissionieren können, freilich mit unabsehbaren Folgen. So aber blieb er endgültig nur mehr eine Marionette des Regimes. Dies war ja überhaupt das Problem des Bundespräsidenten gemäß Maiverfassung, dass er zwar eine ranghohe Stellung, aber in der Realität nur eine schwache Position innehatte: Miklas sah keine Möglichkeit, in die Tagespolitik einzugreifen, und hatte weder Einfluss auf die Bestellung von Staatsorganen noch auf den Beschluss von Gesetzen, die er lediglich durch seine Unterschrift beurkunden durfte.

Am 4. Februar rückte der Tiroler Heimatschutz unter Steidles Anführung in Innsbruck ein und erzwang die Umwandlung der Tiroler Landesregierung in einen autoritären Landesausschuss. Dasselbe versuchte am 6. und 7. Februar die Heimwehr mittels einer Demonstration vor dem niederösterreichischen Landhaus in der Herrengasse, hatte aber keinen Erfolg. Nichtsdestoweniger forderten die Tiroler und oberösterreichischen Heimwehren mehr oder weniger ultimativ einen strengen autoritären Kurs der Regierung. Am 10. Februar musste gemäß Ministerratsbeschluss der Bürgermeister von Wien alle ihm als Landeshauptmann zustehenden Rechte und Funktionen im Bereich der öffentlichen Sicherheit an den Wiener Polizeipräsidenten abgeben. Die Spannung stieg ins Unerträgliche durch gleichzeitigen NS-Terror, durch Machtdemonstrationen und Drohgebärden der Heimwehren sowie durch die neue Militarisierung des Schutzbundes. Die in Wien akkreditierten ausländischen Diplomaten rechneten bereits mit dem Bürgerkrieg.

Wo blieben Stimmen der Vernunft? In der letzten Sitzung des frei gewählten Wiener Gemeinderates am 9. Februar 1934 hielt der christlichsoziale Abgeordnete Leopold Kunschak eine dramatische Ansprache, die insbesondere an die eigenen Parteigenossen gerichtet war (Thema war ein Antrag der Gemeinderatsmehrheit auf Konvertierung der Dollaranleihe):

» […] *Der Feind unserer Stadt, unseres Heimatlandes und dessen in der Geschichte als deutsche Sendung verankerten Eigenlebens, das ist die Entartung des deutschen Geistes im Nationalsozialismus. Diesem entgegenzuwirken und positiv aufbauend zu wirken an der Seele unseres Volkes und ihm die wirtschaftlichen Bedingnisse des Lebens zu sichern, das ist der Weg, den uns die Stunde zu gehen heißt. Auf diesem Weg gibt es eine Weggemeinschaft, die über viele Gegensätzlichkeiten hinweg auch heterogene Elemente zu gemeinsamer*

Arbeit zusammenzuführen vermag. Als erste Voraussetzung hiefür gilt der reine Wille und die sittliche Kraft, das Trennende zu vermeiden, das Einigende zu suchen. [...] Gebe Gott, dass sich die Zerrissenheit des Geistes und der Seele von unserem Volke und seinen Führern bald hebe, ehe Volk und Land an Gräbern steht und weint. Wir wollen heute durch unser Verhalten ein Beispiel geben und in einer Frage, die geeignet ist, dem Leben der Stadt zu Hilfe zu kommen, Schulter an Schulter mit jenen stimmen, von denen uns sonst eine Welt trennt. Es gilt, in ernster Stunde eine ernste Tat zu setzen für unser Wien. Es lebe unsere Vaterstadt, es lebe unser Heimatland!«[41]

Kunschaks Verständigungsbereitschaft wurde nicht goutiert, vielmehr beschuldigte man ihn seitens der CS der »Packelei« mit dem Erzgegner. Dollfuß ging in einem Interview mit der *Reichspost* indirekt auf Kunschaks Rede ein und bewies damit seine unversöhnliche Einstellung: »Wir können und wollen mit den starren Anhängern der marxistisch-bolschewistischen Ideologie nichts zu tun haben, die so viel Unglück in unser Land gebracht haben. [...] Wenn hin und wieder ein Politiker in einer Weise spricht, die anders klingt, so hat das nichts mit meinem Konzept zu tun.«[42]

Aber es gab ohnehin längst kein Zurück mehr. Alle der Regierung zur Verfügung stehenden bewaffneten Kräfte bereiteten sich auf den entscheidenden Tag vor, den Emil Fey, der ideologische Scharfmacher jener Zeit, anlässlich einer Heimwehrversammlung vor dem Kriegerdenkmal in Langenzersdorf am 11. Februar 1934 vollmundig ankündigte:

» Ich will am Grabe altösterreichischer Soldaten keine politische Rede halten. Ich möchte Ihnen nur sagen, dass wir dieselbe Aufgabe und dieselben Pflichten haben wie die Helden des Großen Krieges: zu kämpfen für unser Vaterland und, wenn es gilt, für dieses Vaterland auch zu sterben. Ihr Heimatschützer habt brav gekämpft, und darum habt Ihr Anspruch auf Lob und Anerkennung, die Euch das Vaterland nicht versagen wird. Ich kann Euch beruhigen: Die Aussprachen von vorgestern und gestern haben uns die Gewissheit gegeben, dass Kanzler Dollfuß der Unsrige ist. Ich kann Euch noch mehr, wenn auch nur mit

kurzen Worten sagen: Wir werden morgen an die Arbeit gehen, und wir werden ganze Arbeit leisten für unser Vaterland, das nur uns Österreichern allein gehört, das wir uns von niemandem nehmen lassen und für das wir kämpfen wie jene Helden. Wir grüßen mit dem Gruß: Heil Österreich!«[43]

Über das tatsächliche Vorhaben des Vizekanzlers Fey gab es nur Mutmaßungen: Wahrscheinlich dachte er lediglich daran, die seit wenigen Tagen forcierte Suche nach Schutzbundwaffen noch zu intensivieren, und hoffte insgeheim, dass sich der Schutzbund derart zur Wehr setzte, dass er mit massivem Einsatz der Exekutive »losschlagen« konnte. Nur wollte er, ebenso wenig wie Dollfuß, den ersten Schritt setzen. Vielleicht war Dollfuß von den Ereignissen des 12. Februar zunächst überrascht, aber dann reagierte er als wahrer Techniker der Macht sehr entschlossen. Und wie verhielt sich der sozialdemokratische Parteivorstand? Die Lage der SDAP war verzweifelt: Viele Mitglieder waren bereits zur NSDAP abgewandert, die treu gebliebenen Parteianhänger fügten sich in das Schicksal, alles, woran sie geglaubt hatten, verloren zu haben. Aus demselben Grund waren auch die Gewerkschaften geschwächt, selbst auf die Eisenbahner, einst Stütze der Partei, konnte nicht mehr gezählt werden. Dem Republikanischen Schutzbund waren durch Verhaftungen etliche Führerfiguren abhandengekommen, außerdem hatte er durch planmäßige Suchaktionen bereits viele Waffen eingebüßt. All das war der Parteileitung bekannt. Vergeblich waren ihre – zu diesem Zeitpunkt nicht mehr realisierbaren – Überlegungen, der Bundesregierung Dollfuß nach deutschem Vorbild ein vierjähriges Ermächtigungsgesetz zu bewilligen, das den Bundeskanzler mit außerordentlichen Vollmachten zur Rettung der demokratischen Verfassung ausstatten würde. Jedenfalls riet sie den Schutzbundführern nachdrücklich vor Gewaltaktionen ab, zumal der Gegner über die besseren Waffen verfügte. Ein allfälliger Entscheidungskampf, so war man sich im Klaren, musste, abgesehen von den Opfern, zwangsläufig in die Niederlage und in die endgültige Zerschlagung der Partei führen.

Dennoch plante Richard Bernaschek, der Landesleiter des oberösterreichischen Schutzbundes, den bewaffneten Widerstand und handelte damit eindeutig gegen den Willen der Wiener Parteileitung. Zum zweiten Male, wie seinerzeit an jenem unglückseligen 15. Juli 1927 (siehe oben), würde am 12. Februar 1934 der Parteiführung ihre Basis entgleiten. Es gab allerdings einen wesentlichen Unterschied: 1927 mischten sich Kommunisten unter die Demonstranten und trugen Wesentliches zur blutigen Eskalation bei, 1934 waren es hingegen die Nationalsozialisten, die den Schutzbund bereits unterwandert hatten und diesen zum Putsch heimlich aufstachelten. Bernaschek wusste wohl nicht, dass illegale Nazis subkutan die Fäden zogen, hingegen wusste er, dass die SDAP dem Untergang geweiht war. Doch wollte er sie nicht kampflos untergehen lassen. Seinem Beispiel folgten andere Schutzbundführer und wagten sich in das aussichtslose Unterfangen eines gewaltsamen Widerstandes. Brieflich verständigte er am 11. Februar den Wiener Parteivorstand von seinem Vorhaben:

» *Ich habe mich heute Vormittag mit fünf gewissenhaften, der Partei völlig treu ergebenen Genossen besprochen und mit ihnen nach wirklich reiflicher Überlegung einen Beschluss gefasst, der nicht mehr rückgängig gemacht werden kann.* […] *In Durchführung dieses Beschlusses werden wir heute Nachmittag und diese Nacht sämtliche uns zur Verfügung stehenden Waffen, und zwar in ganz Oberösterreich so weit bereitstellen, dass die heute noch zum Widerstand entschlossene Arbeiterschaft sie sofort greifbar hat. Wenn morgen, Montag, in einer oberösterreichischen Stadt mit einer Waffensuche begonnen wird oder wenn Vertrauensmänner der Partei bzw. des Schutzbundes verhaftet werden sollten, wird gewaltsamer Widerstand geleistet und in Fortsetzung dieses Widerstandes zum Angriff übergegangen werden. Dieser Beschluss sowie die Durchführung ist unabänderlich.* […] *Wenn die Wiener Arbeiterschaft uns im Stiche lässt, Schmach und Schande über sie.* […] «[44]

In der Parteizentrale war man entsetzt, da eine Erhebung des Schutzbundes zweck- und sinnlos wäre, zumal für den 12. Februar in Wien eine Landeshauptleutekonferenz stattfinden sollte und die Möglichkeit bestünde, die Verfassung doch noch zu retten. Otto Bauer, der erst um Mitternacht von diesem Brief in Kenntnis gesetzt wurde, schickte ein

Telegramm nach Linz mit der Weisung, dass jedes Losschlagen unterbleiben möge, telefonisch erging an Bernaschek die Aufforderung, sogleich nach Wien zu kommen.

Die Ereignisse um die Parteizentrale der oberösterreichischen Sozialdemokraten, das sogenannte »Hotel Schiff«, setzten das Fanal für den am 12. Februar 1934 ausbrechenden Schutzbundaufstand: Um 6.30 Uhr näherten sich Polizeieinheiten dem Hotel Schiff, um dieses nach Waffen zu durchsuchen. Ein junger Schutzbundmann gab aus einem Fenster einen Schuss auf die Polizisten ab, das Feuer wurde erwidert und es entspann sich ein heftiger, auch mit Maschinengewehren ausgetragener Kampf. Erst dank Bundesheerunterstützung konnte das Parteiheim schließlich eingenommen werden. Ein Angehöriger der Sicherheitswache sowie ein Schutzbündler verloren das Leben, auf beiden Seiten gab es etliche Verwundete. Längst hatte Bernaschek alle Schutzbundführer in Oberösterreich alarmiert, als um 8 Uhr die Parteileitung in Wien von dem Vorfall in Linz erfuhr; sie reagierte langsam und unentschlossen: Erst um 11.30 Uhr rief sie zum Generalstreik auf,und um 12 Uhr mobilisierte sie den Schutzbund in ganz Österreich. Von einer generalstabsmäßig geplanten Initiative konnte längst nicht mehr die Rede sein, zumal Polizei, Gendarmerie, Bundesheer und zur Unterstützung herangezogene Wehrverbände schon zuvor in Stellung gebracht worden waren: Nicht der Schutzbund besetzte die Wiener Innenstadt und riegelte sie gegen die Vorstädte ab, vielmehr taten dies Militär und Exekutive; alle Ministerien, Post- und Polizeistellen blieben voll funktionsfähig. Die Parteileitung hingegen schien ratlos. Wohl richteten Otto Bauer und Julius Deutsch im Ahornhof (Teil des George-Washington-Hofes, nahe der Spinnerin am Kreuz) eine »Kampfleitung« ein, doch gelang es nicht einmal, den gesamten Schutzbund zu mobilisieren, denn viele Schutzbündler kamen gar nicht zu den Sammelpunkten; außerdem verursachten die vorangegangenen Verhaftungen ihrer Kommandanten in etlichen Fällen, dass die versteckten Waffen nicht gefunden werden konnten. So beschränkten sich die Aktionen des Schutzbundes auf viele Einzelaktionen, die großteils der Verteidigung eigener Stellungen dienten und nur selten zu aktivem Vorgehen führten. Das

Hauptproblem lag darin, dass die ausgegebene Streikparole nicht griff, denn die meisten Fabriken und auch die ÖBB funktionierten klaglos, vielleicht auch, weil Dollfuß unumwunden gedroht hatte, dass Streikende aus staatsnahen Betrieben fristlos und ohne Pensionsanspruch entlassen werden würden. Dennoch schalteten die Wiener Elektrizitätswerke den Strom ab, sodass die Wiener Straßenbahnen stillstanden. Zeitweise waren deshalb auch die Telefon- und Fernschreibleitungen unterbrochen. Aber gerade das erwies sich als kontraproduktiv, denn die somit von jeglicher Nachricht abgeschnittene »Kampfleitung« erhielt ihre Lageberichte nur durch Boten und konnte auch nur durch diese ihre Befehle erteilen. Für den Telefonbetrieb der Exekutive wurden hingegen Benzinaggregate eingesetzt.

Der Schutzbundaufstand dehnte sich bald auf Linz-Urfahr und die Industriestädte Steyr (Kampf um die Waffenfabrik), St. Pölten, Bruck an der Mur, Kapfenberg, Eggenberg bei Graz und Wörgl in Tirol aus, nicht aber auf Wiener Neustadt. In seinen Memoiren malte Kurt Schuschnigg folgendes Schreckensszenario aus: »Dass [...] bitterer Ernst die Führung des Aufstandes beseelte, geht daraus hervor, dass es nach aufgefundenen Plänen, die eine systematische Vorbereitung bezeugen, der Leitung der Revolte nicht etwa um eine Verteidigung, sondern um einen Angriff zu tun war, der aufs Ganze ging. Im Fall des Gelingens war beabsichtigt, eine Terrorherrschaft aufzurichten, mit vorbereiteter Sprengung von Amtsgebäuden, Einrichtung von bereits ernannten Revolutionstribunalen, vorbereiteten schwarzen Listen und all den Dingen, die aus der Erinnerung der Béla-Kun-Zeit in Ungarn [März bis August 1919] und des Kurt-Eisner-Putsches in München [November 1918] wohlbekannt sind. Insbesondere machte der staatlichen Exekutive die Überwindung der massiven militärischen Stützpunkte, die, seit langem vorbereitet, in den neuen Gemeindehausanlagen eingerichtet waren, die größten Schwierigkeiten [...]. Heute [1937] wissen wir, was nach allem menschlichen Ermessen die Folge gewesen wäre, wenn es nicht gelang, die Fieberschauer vom Februar 1934 rasch und heil zu überstehen. Was sich seit Juli 1936 in Spanien ereignet [Spanischer Bürgerkrieg], wäre für Österreich unausbleiblich gewesen.«[45]

Später sollte Otto Bauer den Schutzbundaufstand als »Aufstand der Arbeiter zum Schutz der Demokratie, die von Dollfuß und Fey beseitigt worden ist«, interpretieren. Aber wie hätte diese Demokratie bei einem Sieg des Schutzbundes aus dem Blickwinkel austromarxistischer Denkungsart aussehen sollen? Was wäre das Kriegsziel gewesen? Wohl die Errichtung einer Diktatur des Proletariats.

Vizekanzler Fey hatte sich als Leiter des Sicherheitswesens wohl gedanklich auf einen Gewaltausbruch vorbereitet, der Zeitpunkt des Aufstandes kam aber für ihn doch überraschend. Nichtsdestoweniger traf Fey nun unverzüglich die entsprechenden Maßnahmen: Wo immer sich der Schutzbund verschanzt hatte oder sogar aktiv Angriffe auf Fabriken, Wachstuben und Bezirkshauptmannschaften in die Wege leitete, wurden zur Verstärkung von Gendarmerie und Polizei Bundesheereinheiten sowie Angehörige der bürgerlichen Wehrverbände und insbesondere die Regimenter des »Freiwilligen Schutzkorps« in Marsch gesetzt. Die Bundesregierung verhängte über Wien, Niederösterreich, Oberösterreich, Steiermark und Kärnten das Standrecht.

In Wien schätzte man die Stärke des kampfbereiten Schutzbundes auf 15.000 bis 17.000 Mann; den Schutzbündlern standen auf Regierungsseite etwa 4.000 Bundesheersoldaten, 7.500 Polizisten und Gendarmen sowie vier Regimenter des »Freiwilligen Schutzkorps« mit 6.000 Mann gegenüber. Wie gesagt, riegelten die staatlichen Sicherheitskräfte die Wiener Innenstadt mit Stacheldrahtverhauen ab und besetzten die Donaubrücken. In den Außenbezirken umstellten Polizei- und Heimwehrverbände die Gemeindebauten, Arbeiterheime und sozialdemokratischen Parteilokale. Etwa um 13 Uhr begannen in der Bundeshauptstadt die Kampfhandlungen um den Sandleitenhof in Ottakring, dem folgten bald blutige Gefechte um die anderen großen Gemeindebauten in den Vororten, in denen sich die Schutzbündler zur Verteidigung eingerichtet hatten. Im Laufe des Nachmittags erteilte Dollfuß dem Bundesheer die Erlaubnis zum Artillerieeinsatz, weil ihm die Militärs glaubwürdig versichert hatten, dass der bloße Infanterieeinsatz gegen gut verschanzte Wiener Gemeindebauten und Arbeiterheime zu viele Menschenleben kosten würde. Das Geschützfeuer sollte aber mit schwacher Ladung und ohne Zündkopf erfolgen, sodass die Granaten nur durch die Wucht des Aufpralls, nicht aber durch die Explosion wirkten. Kanonenbeschuss auf Schutzbundstellungen gab es außer in Wien auch in den Städten Bruck an der Mur, Steyr und Eggenberg bei Graz. In vielen Fällen genügte jedoch der Aufmarsch des Bundesheeres und die deutlich sichtbar in Stellung gebrachten Geschütze, um die Aufständischen ohne Blutvergießen in die Flucht zu schlagen.

Am Abend des 12. Februar erklärte die Bundesregierung[46] die Sozialdemokratische Partei mit allen ihren Nebenorganisationen für aufgelöst. Prominente Sozialdemokraten wie Karl Renner, Theodor Körner, Karl Seitz oder der Schulreformer Otto Glöckel (1874–1935) wurden vorübergehend in Haft genommen und zum Teil in das Anhaltelager Wöllersdorf gebracht. Das Parteivermögen wurde vom Staat eingezogen (16. Februar). Die Landesregierungen wurden entsprechend den Forderungen der Heimwehr derart umgebildet, dass Sozialdemokraten und Landbündler ihre Mandate verloren und die Heimwehren einen Landesstatthalter erhielten. Desgleichen liquidierte die Regierung den Wiener Landtag; Bürgermeister Karl Seitz wurde durch den Regierungskommissar Richard Schmitz (1885–1954; ehemals Unterrichtsminister und Vizekanzler, ab 6. April Bürgermeister von Wien) ersetzt.

Am Morgen des 13. Februar ließ die Bundesregierung in den Medien folgenden Aufruf verbreiten:

» *An das Volk von Österreich! Eine jeder Verantwortung bare Führung der Sozialdemokratischen Partei hat den Versuch unternommen, sich mit Waffengewalt gegen die staatlichen Behörden aufzulehnen, außerdem einen Generalstreik anzuzetteln und den verbotenen Republikanischen Schutzbund zu mobilisieren. Dieser verbrecherische Angriff auf die Staatsautorität hat bereits Blutopfer gefordert. [...]*

Die Bundesregierung richtet nochmals an die irregeleiteten Elemente die ernste Aufforderung, von diesem wahnsinnigen Beginnen abzulassen und in Ruhe ihre Arbeit aufzunehmen. Wer mit Waffen in der Hand gegen die legale

Ordnungsgewalt Stellung nimmt, fällt unter die Bestimmungen des auf Aufruhr erweiterten Standrechts.

Die Bevölkerung Österreichs hat volle Ruhe und Besonnenheit bewahrt. Die Bundesregierung richtet an sie die Bitte, Gerüchten kein Ohr zu leihen. Die Regierung ist Herr der Lage und wird mit den von ihr aufgebotenen Machtmitteln des Staates den sozialistisch-kommunistischen Umsturzversuchen ein rasches und radikales Ende bereiten. Maßgebende Führer der Bewegung sind bereits verhaftet und alle Vorbereitungen getroffen, um die übrigen Urheber dieses verbrecherischen Attentats zur Rechenschaft zu ziehen. […]

Österreich über alles! Die Bundesregierung.«[47]

Die Kämpfe dauerten jedoch an diesem 13. Februar noch unvermindert an, insbesondere in Wien und Bruck an der Mur, wo Koloman Wallisch seine Schutzbündler kommandierte. Im jenseits der Donau gelegenen Wiener Bezirk Floridsdorf ergriffen Schutzbundeinheiten die Initiative und erstürmten Polizeiwachstuben, die Straßenbahnremise und die Hauptfeuerwache. Die Gefechte mit Polizei und Bundesheer gerieten blutig und dauerten zwei Tage, bis die Schutzbundstellungen im Schlingerhof, im Floridsdorfer Arbeiterheim, im Leopoldauer Gaswerk und in der Feuerwache niedergekämpft waren. Am Nachmittag des 13. Februar kam es zum aufsehenerregenden Kanonenbeschuss des Karl-Marx-Hofes in Wien-Heiligenstadt, der keine Todesopfer kostete. Heftige Schusswechsel erlebte Wien auch um die Gemeindebauten Reumannhof, Goethehof und Sandleitenhof sowie um die Arbeiterheime in Ottakring und Floridsdorf. Otto Bauer verließ seine »Kampfleitung« und setzte sich in die ČSR ab, tags darauf folgte ihm der leicht verletzte Julius Deutsch und mit ihm schlugen sich etliche Schutzbundmitglieder ins Nachbarland durch.

Am 14. Februar erlahmten die Kampfhandlungen allmählich, nur in Kaisermühlen, Floridsdorf und Meidling flammte der Aufruhr neuerlich auf; abermals setzte das Bundesheer Artillerie ein. Um 23 Uhr richtete Dollfuß via Rundfunk einen Appell an die Aufständischen, gegen Zusicherung des Pardons bis 15. Februar 12 Uhr die Waffen niederzulegen. Dieser Appell zeitigte seine Wirkung, die letzten Widerständler gaben auf bzw. wurden niedergerungen. Die Erhebung des Schutzbundes war zu Ende. Die Bilanz ergab 357 Tote und über 800 Verwundete, wobei beim Schutzbund 111 und bei der Exekutive 112 Tote zu beklagen waren; die restlichen 134 Toten waren zwischen die Fronten geratene unbeteiligte Zivilisten. Ein paar Schutzbundkämpfer waren auf der Flucht in den steirischen Bergen erfroren. Überall kam es zu schweren Übergriffen und Misshandlungen gefangener Schutzbundangehöriger: In Holzleithen bei Wolfsegg im Trauntaler Kohlerevier (Hausruckviertel) exekutierten Bundesheersoldaten nach einem Standgerichtsurteil sechs Schutzbündler (Sanitäter!) auf der Bühne des Arbeiterheimes; zwei Männer überlebten, weil der Gemeindearzt verhinderte, dass man nochmals auf die Schwerverwundeten schoss. Eine Gedenktafel am ehemaligen Arbeiterheim erinnert heute an die erschossenen Schutzbundmitglieder.

Aufseiten der Exekutive standen ungefähr 15.000 bis 17.000 Männer im Einsatz, aufseiten des Schutzbundes kämpften letztlich nur etwa 10.000. Die offiziellen Auslandsreaktionen bewegten sich zwischen Zustimmung (Italien, Ungarn), Zurückhaltung (England, Frankreich, Kleine Entente = ČSR, Jugoslawien, Rumänien) und Spott (Deutschland). Hitler wörtlich: Dollfuß habe »mit krimineller Dummheit auf sozialistische Arbeiter, Frauen und Kinder schießen lassen. […] Er wird bald fallen und durch eine NS-Regierung ersetzt werden«. Dass sich hingegen insbesondere London und Paris eher solidarisch mit dem Dollfußregime erklärten, ist nicht zuletzt aus der Sorge um ihre Investitionen in die Alpenrepublik zu verstehen. In diesem Sinne warb der Vertreter des Völkerbundes in Wien, Meinoud Rost van Tonningen, bei Briten und Franzosen erfolgreich um die Anerkennung des diktatorischen Regimes, denn nur dieses könnte das unruhige und von Deutschland bedrängte Land wieder stabilisieren. Inoffiziell gab es freilich in allen Ländern – außer in Deutschland, Italien und Ungarn – zahlreiche »antifaschistische« Kundgebungen und Sympathieerklärungen für die Februarkämpfer.

Das gerichtliche Nachspiel

Der steirische Schutzbundführer Koloman Wallisch wartet im Gefängnishof von Leoben auf seine Hinrichtung. Das Todesurteil ist gleichsam ein Auftrag des offiziellen Österreich.

Wie oben erwähnt, hatte im November 1933 die Regierung das standgerichtliche Verfahren eingeführt. Anlässlich der aufkommenden Unruhen wurde es am 12. Februar 1934 – erweitert durch die Bestimmungen des »Aufruhrs« – über die Bundesländer Wien, Niederösterreich, Oberösterreich, Steiermark und Kärnten verhängt. Am 14. Februar traten in Wien, St. Pölten, Graz, Leoben, Linz und Steyr die Standgerichte zusammen. Sie tagten bis zum 21. Februar, als das Standrecht wieder aufgehoben wurde und ordentliche Gerichte deren Aufgabe übernahmen. Insgesamt wurden 128 Personen vor ein Standgericht gestellt, gegen 21 wurde wegen »Aufruhrs« das Todesurteil ausgesprochen, gegen neun auch unmittelbar nach der Urteilsverkündung vollstreckt. Die anderen Angeklagten kamen mit teils schweren Freiheitsstrafen davon. Zu den Hingerichteten zählen: Josef Ahrer (Steyr); Anton Bulgari (Linz); der (schwer verletzte) Wiener Schutzbundkommandant Karl Münichreiter; ferner Josef Stanek, Sekretär der Grazer Arbeiterkammer; Koloman Wallisch, Nationalratsabgeordneter und Schutzbundkommandant der Obersteiermark; Ing. Georg Weissel, Feuerwehroffizier und Floridsdorfer Schutzbundführer; ferner die Schutzbundmänner Viktor Rauchenberger (Steyr) und Johann Hois (auch *Hoys,* St. Pölten). Justizminister Schuschnigg wollte ein Exempel statuieren und stellte den Grundsatz auf, dass eine Hinrichtung dann vollzogen werden musste, wenn der

Delinquent einen Exekutivbeamten getötet hatte; zumindest aber sollte es eine Hinrichtung pro umkämpfter Stadt geben. Dass bei einer derartigen Vorgabe weder Recht noch Gerechtigkeit walten konnten, liegt auf der Hand, zumal nachweislich auch Unschuldige (z. B. Koloman Wallisch in Leoben) gehenkt worden waren. Bundespräsident Miklas wollte die Verurteilten begnadigen, konnte dies aber ohne Antrag des Justizministers nicht tun. So klebt an den Händen von Dollfuß und Schuschnigg eine schwere Blutschuld, die im In- und Ausland nur Abscheu erregte. Wie weit die beiden dies mit ihrer christlichen Gesinnung vereinbaren konnten, bleibt zwar ihr Geheimnis, es ist aber anzunehmen, dass jeder für sich von der Richtigkeit seines Handelns derart überzeugt war, sodass er gar keine Bedenken aufkommen ließ. Später kommentierte Schuschnigg anlässlich eines TV-Interviews die Hinrichtung von Münichreiter als »Fauxpas«.

Wohl wurde eine außerordentliche Bischofskonferenz einberufen, der auch Bundespräsident Miklas beiwohnte und der dabei seine Gewissenskonflikte nicht verhehlte. Doch die Bischöfe teilten seine Bedenken nicht und beschlossen lediglich eine Kundgebung zur Versöhnung und Eintracht und sprachen den Familien der Opfer ihre Anteilnahme aus. Vom Ausland kamen eindeutigere Wortmeldungen: So sprach der französische Botschafter Gabriel Puaux am 15. Februar 1934 im Auftrag seiner Regierung bei Theodor Hornbostel (1889–1973), dem Leiter der politischen Abteilung im Außenamt, vor und bat darum, den Bundeskanzler um Milde gegenüber den Aufrührern zu ersuchen. Hornbostel versicherte Puaux, »dass der Herr Bundeskanzler bestimmt den Irregeführten größte Menschlichkeit und Schonung walten lassen werde; dies könne sich aber wohl kaum gegen die Drahtzieher und Leiter des Aufstandes beziehen«.[48] Der Botschafter sah dies zwar ein, sandte aber dennoch ein Telegramm an den Kardinalstaatssekretär Eugenio Pacelli (1876–1958) mit der Bitte um päpstliche Intervention. Hornbostel erarbeitete nun gemeinsam mit dem in Wien akkreditierten Nuntius (Enrico Sibilia, 1861–1948) ein Telegramm an Pacelli, in dem ausgeführt wurde, dass ein solcher Schritt des Heiligen Stuhls nicht nötig wäre, *»da die hohen menschlichen und christlichen Eigenschaften des Herrn Bundeskanzlers zur*

Genüge bekannt seien, um jeden Zweifel daran auszuschließen, dass er in irgendeiner Weise das notwendige Maß an Sühne überschreiten könne. Weiters wird angeführt, dass nach Auffassung des Nuntius ein solcher Appell des Heiligen Stuhls die Position des Herrn Bundeskanzlers in diesen schweren Zeiten schwächen könnte, da er von den Gegnern Österreichs doch als Kritik und Mahnung aufgefasst werden würde. Die Apostolische Nuntiatur bat, den Herrn Bundeskanzler hievon überhaupt nicht zu verständigen, um ihn ja nicht zu beirren«.[49] Zur selben Zeit richteten nicht nur der französische, sondern auch der ungarische, der tschechoslowakische und der rumänische Botschafter im Auftrag ihrer Regierungen an den Kardinalstaatssekretär ein Telegramm und baten ihn um Fürsprache für die inhaftierten und »verfolgten« Sozialdemokraten. Der Nuntius in Wien antwortete zum Ärger der Diplomaten, dass Bundeskanzler Dollfuß als frommer Katholik keinerlei Mahnung des Heiligen Vaters bedürfe. In diesem Zusammenhang muss festgehalten werden: Die katholische Kirche hat sich erst im Sommer 2018 auf Geheiß von Papst Franziskus zur Ächtung der Todesstrafe durchgerungen und diese aus dem Katechismus gestrichen.

In ganz Österreich wurden etwa 9.700 Sozialdemokraten – Männer und Frauen – verhaftet, allein in Wien zählte man 7.823. Angesichts solcher Zahlen war das Justizsystem völlig überlastet. Aber nicht nur deswegen, sondern auch mit Blick auf Auslandsreaktionen und in der – vergeblichen – Hoffnung, das Vertrauen der Arbeiterklasse zu gewinnen, wurden viele Häftlinge vorzeitig entlassen oder, vor allem zu Weihnachten 1935, vollkommen amnestiert. (2012 beschloss der Nationalrat mit den Stimmen aller Parteien die volle Aufhebung aller verurteilenden Entscheidungen der Sonder- und Standgerichte sowie der ordentlichen Strafgerichte.)[50]

Was geschah mit den besiegten Sozialdemokraten? Die Partei hatte in ihren besten Tagen immerhin 700.000 Mitglieder gezählt und 40 Prozent der Wählerstimmen auf sich vereinigt. Viele wandten sich nun den illegalen Nationalsozialisten zu, viele den ebenso verbotenen Kommunisten, andere blieben, wie Bruno Kreisky, ihrer Überzeugung treu, konspirierten in Kaffeehäusern und hielten durch Einzelaktionen (nächtliche Demonstrationen, Verteilung von Flugzetteln usw.) die Polizei auf

Trab. Sie nannten sich »Revolutionäre Sozialisten« (RS) und versuchten vor allem, die Verbindung mit der Arbeiterschaft und mit ehemaligen Parteikadern aufrechtzuerhalten. Ihr *spiritus rector* blieb Otto Bauer. Als die RS erkannten, dass selbst nach dem Juliputsch 1934 das System nicht zusammenbrach, bauten sie eine versteckte Kaderorganisation auf und trachteten danach, alle Institutionen des Staates und ihm nahestehende Organisationen zu infiltrieren. Eng mit den RS kooperierten die Illegalen Freien Gewerkschaften (IFG); sie fühlten sich weniger der Ideologie verpflichtet und richteten ihr Augenmerk auf praktische Bedürfnisse der Arbeiterschaft, meist im Rahmen der »Einheitsgewerkschaft«, die sie mit ihrer »Betriebszellenorganisation« unterwanderten; als Vertrauensmänner in den Betrieben erzielten sie sogar gegenüber der Regierung einige Verhandlungserfolge.

Einige Hundert Sozialdemokraten flohen in die ČSR und emigrierten weiter in die Sowjetunion; dort wurden sie bei ihrer Ankunft bejubelt und durften sogar an einer Militärparade auf dem Roten Platz teilnehmen, gerieten aber bald in die Mühlen des stalinistischen Terrors und landeten anlässlich der großen Säuberungswelle (1936–1938) im GULAG oder kamen gar ums Leben. Etwa zweitausend ehemalige Schutzbundangehörige beteiligten sich am Spanischen Bürgerkrieg (1936–1939) aufseiten der Internationalen Brigaden; nach ihrer Rückkehr wurden sie ausnahmslos in Konzentrationslager eingewiesen – es ging ihnen immerhin besser als den deutschen Reichsbürgern, die grundsätzlich mit dem Tod bestraft wurden. Richard Bernaschek gelang 1934 die Flucht nach Deutschland, mutierte dort zum Bewunderer des Nationalsozialismus, wurde nach wenigen Jahren dennoch verhaftet und starb 1945 im KZ Mauthausen. Otto Bauer, der am 13. Februar nach Brünn geflohen war, gründete dort das »Auslandsbüro der österreichischen Sozialdemokraten« (ALÖS). Nach dem deutschen Einmarsch in Österreich emigrierte Bauer nach Paris, wo er noch im selben Jahr starb – »an gebrochenem Herzen«, wie seine Freunde versicherten. Julius Deutsch war, wie gesagt, Otto Bauer ins Brünner Exil gefolgt und rief gemeinsam mit ihm die »Zentrale der revolutionären Sozialisten« ins Leben. Ab 1936 kämpfte er als General der Internationalen Brigaden (etwa 40.000 Mann) im Spanischen Bürgerkrieg, emigrierte 1939 nach Frankreich und anschließend in die USA; 1946 kehrte er nach Österreich zurück, betätigte sich aber nicht mehr politisch.

Am 25. Februar 1934, also nur zwei Wochen nach dem Ende des Schutzbundaufstandes, erschien die erste Ausgabe der *Arbeiter-Zeitung*, die in Brünn/Brno gedruckt (vorerst nur vier Seiten stark, in einer Auflage von 1.000 Exemplaren) und nach Österreich geschmuggelt wurde (z. B. in Gurkensäcken verpackt); von dort wurde sie anfangs noch an die Abonnenten verschickt, später war der Postweg zu gefährlich, sodass die Exemplare persönlich verteilt werden mussten. Auf dem Blattende stand daher in Fettschrift: »Von Hand zu Hand weitergeben. Achtung auf Naderer!« Es zeugt vom großen Organisationstalent und von der guten internationalen Vernetzung der exilierten Sozialdemokraten, dass sie die wöchentliche Ausgabe der *Arbeiter-Zeitung* möglich machen und die Auflage auf 10.000 bis 50.000 Stück erhöhen konnten. Als Herausgeber firmierte Václav Kovanda, als Chefredakteur Josef Schramek.

Die Brünner »Reichskonferenz der Revolutionären Sozialisten« am 28. Juni 1934 hatte für 25 österreichische RS-Funktionäre ein gerichtliches Nachspiel: Sie wurden im Jänner 1935 verhaftet und des Hochverrats angeklagt, allerdings im »Sozialistenprozess« (März 1936) von der Justiz eher milde behandelt – einerseits, weil die Regierung ein versöhnliches Zeichen setzen wollte, andererseits, weil ausländische Medien, wie der *Daily Herold* oder *The Times*, höchstes Interesse bekundeten. Die Urteile bewegten sich zwischen Freispruch (für neun Angeklagte) und maximal 20 Monate Haft (für den Hauptangeklagten Karl Hans Sailer, 1900–1957). Auf der Liste der Angeklagten finden sich auch die Namen des späteren Bundespräsidenten Franz Jonas und des nachmaligen Bundeskanzlers Bruno Kreisky. Letzterer, bereits juristisch geschult, verteidigte sich derart geschickt, dass das Gericht »nur« eine Strafe von 12 Monaten Kerkerhaft verhängte. Unter anderem führte der 24-jährige Kreisky aus:

» Die Anklage wirft uns vor, dass wir den Klassenkampf predigen. Wir haben das nie verheimlicht, wir sehen ihn als einziges Mittel zur Befreiung der Arbeiterklasse an. Man erzählt uns immer wieder, dass in Österreich der Klassenkampf abgeschafft sei […]. Die Anklage wirft uns Putschabsichten vor. Die sozialistischen Parteien aller Länder verurteilen das, und wir wissen, dass es unsinnig wäre, einen Staat, der für seine Exekutive 100 Millionen Schilling ausgibt, mit Krampen und Spitzhacken zu bekämpfen. Wir haben eine andere Ansicht. Es ist denkbar, dass in den großen, für Österreich wichtigen Ländern linke Regierungen ans Ruder kommen, die bereit wären, für die Unabhängigkeit Österreichs zu garantieren, wenn das heute herrschende Regime verschwindet und in Österreich die Demokratie und die Freiheitsrechte wieder hergestellt werden. Es kann einen Augenblick in Österreich geben, wo durch Bedrohung von außen ein großes Volksaufgebot notwendig wird, um die Unabhängigkeit des Landes zu verteidigen. Dieser Wille, das Land zu verteidigen, wird in Österreich nur vorhanden sein, wenn Österreich ein freies, demokratisches Land ist und wenn die Arbeiterschaft ihre Freiheiten verteidigt. Wir sind für die Unabhängigkeit dieses Landes. […]«[51]

Bundeskanzler Dollfuß machte tatsächlich Anstalten zur Versöhnungspolitik mit der Sozialdemokratie und ernannte zu diesem Zweck den Wirtschaftshistoriker und Soziologen Ernst Karl Winter (1895–1959) zum dritten Wiener Vizebürgermeister. Um das Vertrauen der Arbeiterschaft zu gewinnen, setzte sich dieser nun für die umfassende Amnestie der im Februar verhafteten Demonstranten ein (Weihnachtsamnestie 1934), auch die 21 zu hohen Kerkerstrafen Verurteilten wurden nicht zuletzt auf Winters Betreiben im Dezember 1935 ebenfalls amnestiert. Die »Aktion Winter« sah vor, ehemalige Sozialdemokraten zur Mitarbeit am Ständestaat einzuladen und »Aussprechabende« für Arbeiter zu veranstalten. Die ersten Versammlungen arteten allerdings in Arbeiterkundgebungen gegen das Regime aus, sodass solche Veranstaltungen bald verboten wurden. Die Masse der besiegten und gedemütigten Arbeiterschaft zeigte ohnehin kein Interesse, das Regime zu unterstützen. Wie hätte sie auch dafür motiviert werden können, wenn noch 1936 jeder vierte Österreicher keine Arbeit hatte und von diesen wiederum jeder Vierte keine Arbeitslosenunterstützung mehr erhielt. Schuschnigg blies die »Aktion Winter«, welche auch aus den eigenen Reihen des Regimes, namentlich seitens der katholischen Gewerkschaft und der Heimwehr, torpediert wurde, im Frühjahr 1935 ab. Nichtsdestoweniger blieb Winter bis zuletzt Vertrauensperson und Ansprechpartner der ehemaligen Sozialdemokraten – ebenso wie Wiens Bürgermeister Richard Schmitz (1885–1954).

In der Spätphase der k. u. k. Monarchie hatten sich Gewerkschaftsvereine gebildet, die sich teils den Christlichsozialen, teils den Sozialdemokraten zugehörig fühlten. 1892 schlossen sich die sozialdemokratischen Freien Gewerkschaftsvereine zusammen. 1921 erreichten sie ihren Höchststand mit 1,07 Millionen Mitgliedern, bis 1934 schrumpften sie auf die Hälfte zusammen. Neben den Freien Gewerkschaften gab es die nationalen, die christlichen und seit 1928 die den Heimwehren nahestehenden »Gelben Gewerkschaften«. Damit in den Freien Gewerkschaften nicht eine sozialdemokratische Tarninstitution aufrecht blieb, verordnete die Bundesregierung am 2. März 1934 die Errichtung der Einheitsgewerkschaft (»Gewerkschaftsbund der österreichischen Arbeiter und Angestellten«), ab 1. Juli durfte es dann keine anderen freien Gewerkschaften mehr geben, deren gesamtes Eigentum wurde der Einheitsgewerkschaft zugesprochen. Da alle Gewerkschaftsvorstände von der Regierung ernannt wurden, verloren Arbeiter und Angestellte jeglichen Einfluss auf diese. Laut Regierungserlass sollte der Gewerkschaftsbund »im christlichen, vaterländischen und sozialen Geiste« geführt werden. In der Praxis vertrat er die arbeitsrechtlichen, wirtschaftlichen und sozialen Interessen der Arbeiter und Angestellten. An die Spitze der Einheitsgewerkschaft trat 1934 der christliche Gewerkschafter Johann Staud (1882–1939; KZ Flossenbürg), ein entschiedener Gegner des Nationalsozialismus, aber auch der Sozialdemokraten. Unter seiner Leitung wuchs die Anzahl der Mitglieder von anfangs 250.000 bis auf 400.000 im Jahr 1938. Johann Staud wurde am 12. März 1938 verhaftet und mit dem ersten »Österreicher-Transport« nach Dachau gebracht, im Herbst 1939 verlegte man ihn in das KZ Flossenbürg.

3. TEIL

Großer »Frontappell« der Vaterländischen Front auf der Schmelz in Wien, 18. Oktober 1936. Die Rede von Bundeskanzler Schuschnigg klingt, wie *Der Morgen* berichtet, in »eine Symphonie des Vaterlandes, eine Verherrlichung der Jugend, der Arbeit und der Erde« aus.

EIN VERGEBLICHER APPELL: »SEID EINIG!«

Die Realität im »neuen Österreich«

Die Römischen Protokolle

Die Aufrechterhaltung der österreichischen Unabhängigkeit scheint gesichert: Unterzeichnung der »Römischen Protokolle« am 17. März 1934 in Rom.

Nachdem die Regierung Dollfuß den sozialdemokratischen »Feind« ausgeschaltet hatte, konnte sie darangehen, ihre Existenz außenpolitisch abzusichern – ein Vorhaben, das letztendlich nicht gelingen sollte. Wien hatte eine Protestnote an den Völkerbund wegen der andauernden Einmischungen Deutschlands in innerösterreichische Angelegenheiten gerichtet, worauf am 17. Februar 1934 die drei Mächte England, Frankreich und Italien eine Garantieerklärung für die Unabhängigkeit Österreichs abgaben. Genau einen Monat später unterzeichneten Österreichs Bundeskanzler Dollfuß, Ungarns Ministerpräsident (1932–1936) Gyula Gömbös und Italiens Ministerpräsident Benito Mussolini die »Römischen Protokolle«:

> **Protokoll 1:** *Der Bundeskanzler der Republik Österreich, der Regierungschef Sr. Majestät des Königs von Italien, der ungarische Ministerpräsident, in dem Bestreben, die Erhaltung des Friedens und den wirtschaftlichen Aufbau Europas auf der Grundlage der Achtung der Selbständigkeit und der Rechte jedes einzelnen Staates zu fördern, in der Überzeugung, dass die Zusammenarbeit in*

diesem Sinne zwischen den drei Regierungen die realen Vorbedingungen einer weiteren Kooperation mit anderen Staaten zu schaffen vermag, verpflichten sich zur Erreichung der obgenannten Ziele: Über jene Fragen, welche sie im Besonderen angehen [...] das Einvernehmen zu pflegen [...].
Protokoll 2: *Die Regierungen [...] in dem Bestreben, die wirtschaftlichen Beziehungen [...] dadurch zu entwickeln, dass dem Warenaustausch zur Überwindung ungesunder Autarkiebestrebungen ein neuer Antrieb gegeben wird und durch konkrete Maßnahmen das Werk des wirtschaftlichen Aufbaues der Donaustaaten gefördert wird [...], haben sich folgend geeinigt: Art. 1. Die Regierungen [...] verpflichten sich, die in Kraft stehenden Übereinkommen zu erweitern, den gegenseitigen Export zu erleichtern und so stufenweise die wechselseitige Ergänzung ihrer nationalen Wirtschaften zu steigern. [...] Art. 3. Die drei Regierungen verpflichten sich, den Transitverkehr über die adriatischen Häfen möglichst zu erleichtern und zu entwickeln [...].*
Protokoll 3: *Die königlich italienische Regierung und die österreichische Bundesregierung haben [...] beschlossen, einen Schritt nach vorwärts zu tun und die wirtschaftlichen Beziehungen zwischen den beiden Ländern weiter zu entwickeln. [...] Art. 2. [...] Die Einräumung eines Präferenzregimes* [Vorzugszölle] *zu Gunsten einer möglichst großen Auswahl von zur Einfuhr nach Italien bestimmter, in Österreich erzeugter und aus Österreich stammender Produkte [...].*[52]

Obwohl kraft der Römischen Protokolle die wirtschaftliche Zusammenarbeit zwischen Österreich, Ungarn und Italien besiegelt und dadurch auch die Aufrechterhaltung der österreichischen Unabhängigkeit gesichert schien und die regierungsfreundlichen Medien eine Jubelstimmung verbreiteten, war die nicht veröffentlichte Meinung der Bevölkerung geteilt: Einerseits konnten die Österreicher den Italienern den Verrat von 1915 (Kriegserklärung) und die Annexion Südtirols nur schwer verzeihen, andererseits herrschte unter den Ungarn eine eher negative Stimmung gegenüber Österreich, zumal Wien einst den verhassten bolschewistischen Diktator Béla Kun unterstützt hatte (1919). Ungarns Reichsverweser Admiral Miklós Horthy sympathisierte insgeheim mit Hitler und bot seine Hilfe im Falle eines »Anschlusses« an.

Auch Ministerpräsident Gyula Gömbös (1886–1936) behielt sich die Alternative eines Zusammengehens mit Deutschland offen. Die Römischen Protokolle schufen so vordergründig ein zweites Bündnisdreieck, das parallel zur Kleinen Entente (Tschechoslowakei, Jugoslawien, Rumänien) die politische Szene in Mittel- und Ostmitteleuropa prägte, die Realität dahinter war allerdings differenziert zu sehen.

Wien hatte einen interessanten Mann nach Rom geschickt, der die Vermittlerrolle zwischen Mussolini und dem Bundeskanzler spielte: Oberst Dr. Emil Liebitzky (1892–1961) diente von 1933 bis 1938 als Militärattaché und wirkte nach dem Zweiten Weltkrieg maßgeblich am Neuaufbau des Österreichischen Bundesheeres mit. Er genoss das Vertrauen des Duce und konnte daher die Bundesregierung mit viel Insiderwissen versorgen bzw. auch im Sinne der italienischen Politik beeinflussen. Im März 1934 meldete Liebitzky die vertrauliche Information nach Wien, dass Deutschland und Jugoslawien Verhandlungen aufgenommen hätten, deren Inhalt neue Grenzen für Österreich nach einem allfälligen Anschluss betrafen: Für sein wohlwollendes Verhalten würde Jugoslawien mit der Abstimmungszone in Kärnten und eventuell mit dem Hafen Fiume/Rijeka belohnt werden, Deutschland wollte im Gegenzug einen Korridor nach Triest beanspruchen. Dass sich Dollfuß umso intensiver um das Bündnis mit Italien bemühte, liegt nahe, zumal der Bundeskanzler viel auf die persönliche Freundschaft mit Mussolini setzte (und ihm in der Sterbestunde seine Kinder anvertraute). Aber ein Jahr später und nach dem Tod von Dollfuß bekam dieses Bündnis erste Risse (siehe unten).

Schon zuvor dürfte die Solidarität des Duce mit dem Bundeskanzler nicht über alle Zweifel erhaben gewesen sein, wie aus einem Gespräch im April 1934 hervorgeht, das Oberst Fabbri, der italienische Militärattaché in Wien, mit dem deutschen Militärattaché in Wien, Generalleutnant Wolfgang Muff (1880–1947), führte. Die beiden überlegten, statt Dollfuß den ehemaligen steirischen Landeshauptmann bzw. Unterrichtsminister und seit 1933 Gesandten in Rom, Anton Rintelen, als Bundeskanzler einzusetzen, weil dieser das Vertrauen nationaler Kreise genösse und besser zwischen Deutschland und Italien vermitteln könnte. Ein anderer interessanter Mann, den Österreich als Militärattaché gesandt hatte, war Oberst Lothar Rendulic (1887–1971); er bekleidete dieses diplomatische Amt 1933/1934 in Paris, wurde aber wegen seiner NS-Zugehörigkeit entlassen; im Weltkrieg zählte er als Generaloberst und Kommandant einer Heeresgruppe zu den ranghöchsten Offizieren der Wehrmacht. Rendulic besprach sich im Jänner 1934 mit dem ungarischen Militärattaché und erklärte ihm, dass das Vordringen des Nationalsozialismus in Österreich unaufhaltsam sei, zumal Polizei und Bundesheer bereits mehrheitlich nationalsozialistisch fühlten; seiner Meinung nach würden Dollfuß, Fey und andere wegen ihres politischen Standpunktes ihr Leben verlieren. Ein halbes Jahr später wurde diese Prophezeiung Wirklichkeit.

Anhand dieser Fakten lässt sich ermessen, wie labil die innen- und außenpolitische Lage der Alpenrepublik war; sie galt in den Augen der Nachbarstaaten lediglich als Manövriermasse, derer man sich je nach augenblicklichem Interesse bedienen, die man schützen oder auch bedenkenlos fallen lassen konnte. Einzig Deutschland spielte mit mehr oder weniger offenen Karten: Der Anschluss Österreichs war Berlins erklärtes Ziel, er sollte vielleicht nicht unmittelbar verwirklicht werden, sondern erst nach einer Übergangslösung, in der Österreich zunächst in einen nationalsozialistischen Staat umzuformen wäre.

Die Maiverfassung

Mit dem Verbot oppositioneller Parteien, der Einführung von Sicherheitsdirektoren, der Möglichkeit einer Doppelbestrafung (Summierung von Verwaltungs- und Gerichtsstrafen), der Errichtung von Anhaltelagern und Notarresten, der Verkürzung des strafgerichtlichen Prozesses durch das Standrecht, der Beseitigung der Pressefreiheit, der Auflösung der Freien Gewerkschaften usw. war die rechtsstaatliche Demokratie ausgehebelt worden. Die formale Konstituierung eines autoritären Regierungssystems brachte dann die neue Verfassung. Sie besiegelte das Führerprinzip ohne politische Kontrollinstanzen, die

Dollfuß ist am Ziel: Die Maiverfassung besiegelt das Führerprinzip ohne Kontrollinstanzen. Pompös inszenierte Spektakel am 1. Mai 1934 begleiten den Auftakt zum neuen »Ständestaat«. Die *Illustrierte Kronen-Zeitung* berichtet über den »Tag der Verfassung«.

Einparteienherrschaft, die Verschmelzung von Legislative und Exekutive, eine wesentliche, freilich nicht absolute Einschränkung der Grund- und Freiheitsrechte und die Gleichschaltung der Presse. Gegenüber Diktatoren vom Format eines Mussolini, Hitler oder Franco genoss der österreichische Bundeskanzler allerdings eine geringere Machtfülle. Wie bei Franco und Mussolini, aber im Gegensatz zu Hitler stützte sich die österreichische Kanzlerdiktatur auf die katholische Kirche. Auch wurden in der autoritär geführten Alpenrepublik keine Minderheiten, weder »rassisch«-ethnische noch religiös-ideologische, verfolgt, sehr wohl gehörten hingegen Antimarxismus und Antiliberalismus zur Staatsideologie. Das autoritäre Regime in Österreich stützte sich auf die konservativen Kräfte in der Bürokratie und in der

Armee. Der Aristokratie wurde wieder ein höherer Stellenwert eingeräumt, die Habsburgergesetze wurden rückgängig gemacht, und Otto von Habsburg erhielt sogar die Ehrenbürgerschaft in etwa 1.000 österreichischen Gemeinden und Teile seines Vermögens zurück, durfte aber, im Gegensatz zu seinen Geschwistern, nicht einreisen. Anders als dem NS-Regime gelang es der Austro-Diktatur nicht, die Gesellschaft vollständig zu durchdringen und den Einzelnen völlig zu kontrollieren. Gleichwohl jedoch, wie unten zu zeigen sein wird, förderte das Regime die Militarisierung des öffentlichen Lebens. Und nicht zuletzt blieben dem autoritären Österreich auf Grund seiner geringen Größe und Macht imperialistische Bestrebungen jedweder Art versagt.

Exkanzler Otto Ender (1930/31) hatte schon im Sommer 1933 von Dollfuß den Auftrag erhalten, eine neue Verfassung auszuarbeiten. Sein Entwurf wurde in etlichen Ministerratssitzungen Punkt für Punkt durchdiskutiert[53] und schließlich einstimmig beschlossen. Um den Schein eines legalen Aktes zu wahren, entschied man sich gemäß Vorschlag von Sektionschef Robert Hecht zu folgendem Vorgang: Am 24. April wurde von der Bundesregierung gemäß Kriegswirtschaftlichem Ermächtigungsgesetz die »Verfassung 1934« als Notverordnung erlassen. Ebenfalls per Notverordnung reaktivierte die Regierung das Parlament für den 30. April. Zu dieser letzten Nationalratssitzung der Ersten Republik, das Präsidium übernahm Rudolf Ramek, durften lediglich 76 Abgeordnete (von ursprünglich 165) erscheinen (Christlichsoziale, Landbund, Heimatblock, Großdeutsche). Ihnen wurden nicht weniger als 466 Notverordnungen, welche die Regierung seit 7. April 1933 beschlossen hatte, zur Abstimmung vorgelegt, unter ihnen auch ein »Verfassungsermächtigungsgesetz«, durch welches die Regierung die Vollmacht erhielt, Gesetze und Verfassungsgesetze zu erlassen. Hier hatte man sichtlich eine Anleitung bei Hitlers »Ermächtigungsgesetz« vom 24. März 1933 genommen. Jedenfalls spielte der Nationalrat in dieser Posse nur mehr den Erfüllungsgehilfen der Regierung und nahm ohne lange Debatten mit 74 Stimmen das Notverordnungskonvolut an, nur zwei Abgeordnete der Großdeutschen stimmten dagegen. Am 1. Mai 1934 wurde die neue Verfassung auf Grund des besagten Verfassungsermächtigungsgesetzes verkündet, am

2. Mai löste sich der Nationalrat endgültig auf – er hatte seine Existenzberechtigung schon längst verloren.

Grundsätzlich ist diese Verfassung gut durchdacht und logisch gegliedert. Sie verfügt auch – im Unterschied zur Verfassung vom 10. November 1921 – über einen eigenen Grundrechtskatalog (2. Hauptstück), sodass man von einer »rechtsstaatlichen Diktatur« des Dollfuß-Schuschnigg-Regimes sprechen kann. Allerdings werden die Grundrechte durch den bei den einzelnen Bestimmungen zugefügten Passus: »Ausnahmen verfügt das Gesetz« oft relativiert (das gilt z. B. für den Artikel 16/2: Gleichberechtigung der Frau; politische Ämter üben aber nur Männer aus). Die legislative Gewalt (4. Hauptstück, 1. Abschnitt) obliegt insofern der Bundesregierung, als sie zur Gesetzesinitiative berechtigt war, während die vier Gremien: *Staatsrat, Bundeskulturrat, Bundeswirtschaftsrat und Länderrat* lediglich zur unverbindlichen Beratung herangezogen wurden; eine bestimmte Anzahl von Mitgliedern (59 Männer) aus diesen vier Räten bildeten den Bundestag, der die Gesetze dann beschloss. Zu Debatten ist es in der Praxis nie gekommen, Gesetzesvorschläge der Regierung wurden stets durchgewinkt. Der Bundespräsident (Artikel 73–82) wurde nicht durch das Volk gewählt, sondern – sicherheitshalber – von den Bürgermeistern, die ja mehrheitlich christlichsozial eingestellt waren; er verfügte theoretisch über eine hohe Machtkompetenz, indem er den Bundeskanzler ernannte und mit der Regierungsbildung beauftragte; alle sonstigen Befugnisse, wie Amnestien oder Begnadigungen, bedurften jedoch des Vorschlags und der Gegenzeichnung der Bundesregierung, sodass ihm in Wahrheit alle Hände gebunden waren. In Artikel 100 wird zwar die Unabhängigkeit der Richter gewährleistet, der Grundsatz ihrer Unabsetzbarkeit und Unversetzbarkeit blieb aber in der Realität nicht gewahrt.

Das bequeme Notverordnungsrecht ließ sich die Bundesregierung natürlich nicht nehmen (Artikel 147), sodass es der Regierung jederzeit möglich war, Verfassungsbestimmungen zu umgehen. Das *berufsständische Element,* nach dem sich ja der »Ständestaat« benannte, kam weitestgehend zu kurz: Nur zwei von sieben geplanten Berufsständen, die den Bundeswirtschaftsrat bilden sollten, nämlich Land- und

Forstwirtschaft sowie Öffentlicher Dienst, wurden überhaupt organisiert. Hingegen überwog in dieser Verfassung bei Weitem das *autoritäre Element*: Da keine Wahlen vorgesehen waren und die Mitglieder der vier Räte (inklusive Bundestag) von der Regierung aus dem Kreis »verdienter, charaktervoller Bundesbürger« ernannt oder entsandt wurden, vereinte diese de facto in sich die legislative und die exekutive Gewalt. Ihr Chef, der Bundeskanzler und »Führer«, unterstand keiner politischen Kontrolle. Bemerkenswert ist die pathetische Präambel, die sich auf Gott beruft; religiöse Fundamentalisten mochte dies befriedigen, wer sich aber die Gedanken der Aufklärung zu Herzen nahm, musste auch damals erkennen, dass das Recht sicher nicht von Gott, sondern einzig und allein von Menschen ausgeht und hier für die diktatorischen Gesetze lediglich die religiöse Legitimation versucht wurde. Im Vergleich zur Maiverfassung beginnt die erste Bundesverfassung vom 1. Oktober 1920 mit dem Artikel 1: »Österreich ist eine demokratische Republik. Ihr Recht geht vom Volk aus.«

VERFASSUNG DES BUNDESSTAATES ÖSTERREICH (1. Mai 1934)[54]

Im Namen Gottes, des Allmächtigen, von dem alles Recht ausgeht, erhält das österreichische Volk für seinen christlichen, deutschen Bundesstaat auf ständischer Grundlage diese Verfassung.

Erstes Hauptstück. Grundsätzliche Bestimmungen.

Artikel 1. *Österreich ist ein Bundesstaat.*

Artikel 2. *Der Bundesstaat ist ständisch geordnet und besteht aus der bundesunmittelbaren Stadt Wien und den Ländern […].*

Artikel 7. *Die deutsche Sprache ist Staatssprache. Die den sprachlichen Minderheiten eingeräumten Rechte werden hierdurch nicht berührt. […]*

Zweites Hauptstück. Allgemeine Rechte der Staatsbürger.

Artikel 15. *1) Es besteht eine allgemeine österreichische Bundesbürgerschaft und in jedem Land eine Landesbürgerschaft. Mit der Bundesbürgerschaft wird die Landesbürgerschaft des Landes erworben, in dem der Bundesbürger sein Heimatrecht*

erwirbt. 2) Voraussetzung für die Verleihung der Bundesbürgerschaft ist die Zusicherung des Heimatrechtes in einer Ortsgemeinde; diese Zusicherung kann von der Gemeinde nur mit Zustimmung der Landesregierung erteilt werden. […]
Artikel 16. *1) Alle Bundesbürger sind vor dem Gesetze gleich. Sie dürfen in den Gesetzen nur soweit ungleich behandelt werden, als es sachliche Gründe rechtfertigen. Insbesondere sind Vorrechte der Geburt, des Standes oder der Klasse ausgeschlossen. 2) Frauen haben die gleichen Rechte und Pflichten wie die Männer, soweit nicht durch Gesetz anderes bestimmt ist. 3) Die öffentlichen Ämter sind allen vaterlandstreuen Bundesbürgern, die den vorgeschriebenen Erfordernissen entsprechen, gleich zugänglich. 4) Den öffentlichen Angestellten ist die ungeschmälerte Ausübung ihrer politischen Rechte gewährleistet, sofern nicht diese Verfassung selbst Ausnahmen enthält. 5) Für Personen, die in der bewaffneten Macht dienen oder berufsmäßig für sie Dienste leisten, ferner für Staatbedienstete, die im öffentlichen Sicherheitsdienste tätig sind, kann das Gesetz Beschränkungen politischer oder sonst verfassungsgesetzlich gewährleisteter Rechte einführen.*
Artikel 17. *Die Freizügigkeit der Person und des Vermögens ist allen Bundesbürgern im ganzen Bundesgebiet gewährleistet. Ausnahmen bestimmt das Gesetz.*
Artikel 18. *Die Auswanderung von Bundesbürgern kann nur durch Bundesgesetz beschränkt werden. […]*
Artikel 19. *1) Die Freiheit der Person ist gewährleistet. Eine Beeinträchtigung oder Entziehung der persönlichen Freiheit durch die öffentliche Gewalt ist nur auf Grund von Gesetzen zulässig. 2) Eine Person darf nur kraft eines richterlichen, mit Gründen versehenen Befehls verhaftet werden. […] Haftbefehle müssen dem Verhafteten längstens binnen 24 Stunden zugestellt werden. 3) Die zur Anhaltung berechtigten Organe der öffentlichen Gewalt […] müssen […] jeden, den sie in Verwahrung genommen haben, innerhalb 48 Stunden entweder frei lassen oder an die zuständige Behörde abliefern. […]*
Artikel 20. *Kein Bundesbürger darf einer ausländischen Regierung zur Verfolgung oder Bestrafung überliefert werden.*
Artikel 21. *Niemand darf wegen eines Verhaltens bestraft werden, das gegen keine rechtsgültige Strafandrohung verstößt und dessen Strafbarkeit nicht schon vorher gesetzlich bestimmt war.*
Artikel 22. *1) Die Wohnung jedes Bundesbürgers ist seine Freistatt. 2) Eine Hausdurchsuchung, das ist die Durchsuchung der Wohnung oder sonstiger zum*

Hauswesen gehörigen Räume, darf in der Regel nur kraft eines mit Gründen versehenen richterlichen Befehls vorgenommen werden. […] 3) Für Zwecke des strafgerichtlichen Verfahrens kann bei Gefahr im Verzug auch ohne richterlichen Befehl der Staatsanwalt oder die Sicherheitsbehörde eine Hausdurchsuchung anordnen. […] 4) Für Zwecke des strafgerichtlichen Verfahrens können die Sicherheitsorgane aus eigener Macht eine Hausdurchsuchung vornehmen, wenn gegen jemand ein Vorführungs- oder Haftbefehl erlassen oder wenn jemand auf der Tat betreten, durch öffentliche Nachteile oder öffentlichen Ruf einer strafbaren Handlung verdächtig bezeichnet oder im Besitz von Gegenständen betreten wird, die auf die Beteiligung einer solchen hinweisen. […]
Artikel 23. *Das Briefgeheimnis sowie das Post-, Telegraphen- und Fernsprechgeheimnis sind unverletzlich. Ausnahmen verfügt das Gesetz.*
Artikel 24. *Die Bundesbürger haben innerhalb der gesetzlichen Schranken das Recht, sich zu versammeln und Vereine zu bilden.*
Artikel 25. *Das Recht, sich mit Bitten und Beschwerden an die zuständige Behörde zu wenden, steht jedem Bundesbürger zu. […]*
Artikel 26. *1) Jeder Bundesbürger hat das Recht, seine Meinung durch Wort, Schrift, Druck, Bild oder in sonstiger Weise innerhalb der gesetzlichen Schranken frei zu äußern. 2) Durch Gesetz können insbesondere angeordnet werden: a) zur Verhütung von Verstößen gegen die öffentliche Ruhe, Ordnung und Sicherheit oder gegen die Strafgesetze eine vorgängige Prüfung der Presse, ferner des Theaters, des Rundfunks, der Lichtspiele und ähnlicher öffentlicher Darbietungen, verbunden mit der Befugnis der Behörde, solche Darbietungen zu untersagen; b) Maßnahmen zur Bekämpfung der Unsittlichkeit oder grober Verstöße gegen den Anstand; c) Maßnahmen zum Schutze der Jugend; d) Maßnahmen zur Wahrung sonstiger Interessen des Volkes und des Staates.*
Artikel 27. *1) Alle religionsmündigen Einwohner Österreichs genießen volle Glaubens- und Gewissensfreiheit sowie die Freiheit der häuslichen und öffentlichen Religionsausübung, sofern diese nicht mit der öffentlichen Ordnung oder den guten Sitten unvereinbar ist. 2) Durch das religiöse Bekenntnis darf den staatsbürgerlichen Pflichten kein Abbruch geschehen. Der Genuss der bürgerlichen und staatsbürgerlichen Rechte sowie die Zulassung zu öffentlichen Stellungen, Ämtern und Würden ist vom Religionsbekenntnis unabhängig. Für den Schuldienst können Ausnahmen von diesem Grundsatz durch Gesetz aufgestellt werden.*

3) Niemand kann zu einer kirchlichen Handlung oder zur Teilnahme an einer kirchlichen Feierlichkeit gezwungen werden. […]
Artikel 29. *Die katholische Kirche und die anderen gesetzlich anerkannten Kirchen und Religionsgemeinschaften genießen öffentlich-rechtliche Stellung. […] Jede gesetzlich anerkannte Kirche und Religionsgemeinschaft ist berechtigt, Abgaben einzuheben, die zur Erfüllung ihrer kirchlichen (religionsgesellschaftlichen) Aufgaben dienen. […]*
Artikel 31. *1) Der Staat pflegt und fördert die Wissenschaft und die Kunst. 2) Die Wissenschaft und ihre Lehre ist frei. […] 5) Jede gesetzlich anerkannte Kirche und Religionsgemeinschaft hat das Recht, ihren Angehörigen in den Schulen Religionsunterricht zu erteilen und die unmittelbare Aufsicht darüber zu führen. 6) Dem Staat steht rücksichtlich des gesamten Schul-, Erziehungs- und Volksbildungswesens das Recht der obersten Leitung und Aufsicht zu. […] Hierbei kommt dem Staat insbesondere die Aufgabe zu, darüber zu wachen, dass die Kinder religiös-sittlich erzogen und ihnen die Grundlagen des Wissens vermittelt werden, die für die Heranbildung zu tüchtigen Menschen und Bürgern erforderlich sind.*
Artikel 32. *1) Jeder Bundesbürger darf seinen Beruf frei wählen. 2) Den Berufsständen wird durch Gesetz die Selbstverwaltung ihrer berufseigenen Angelegenheiten unter Aufsicht des Staates ermöglicht. […]*
Artikel 33. *1) Das Eigentum ist unverletzlich. Eine Enteignung gegen den Willen des Eigentümers kann nur in den Fällen und in der Art eintreten, die das Gesetz bestimmt. 2) Jeder Bundesbürger kann Liegenschaften jeder Art erwerben und darüber frei verfügen. Ausnahmen kann das Gesetz zur Wahrung öffentlicher Interessen bestimmen. […]*

Viertes Hauptstück. Gesetzgebung des Bundes.

Erster Abschnitt. Die Organe der Bundesgesetzgebung.

Artikel 44. *Die Gesetzgebung des Bundes übt nach Vorberatung der Gesetzesentwürfe durch den Staatsrat, den Bundeskulturrat, den Bundeswirtschaftsrat und den Länderrat (vorberatende Organe) der Bundestag (beschließendes Organ) aus. […]*

Die vorberatenden Organe. […]

Der Bundestag.

Artikel 50. *1) Der Bundestag besteht aus 20 Abgeordneten des Staatsrates, 10 Abgeordneten des Bundeskulturrates, 20 Abgeordneten des Bundeswirtschaftsrates und 9 Mitgliedern des Länderrates. 2) Die Abgeordneten des Staatsrates, des Bundeskulturrates und des Bundeswirtschaftsrates werden von diesen Organen […] aus ihrer Mitte gewählt. […] Das zur Vertretung des Landes (der Stadt Wien) im Bundestag berufene Mitglied des Länderrates wird für jedes Land (für die Stadt Wien) vom Landeshauptmann (Bürgermeister der Stadt Wien) bestimmt. […]*

Fünftes Hauptstück. Vollziehung des Bundes.
Erster Abschnitt. Verwaltung.

A. Bundespräsident.
Artikel 73. *Der Bundespräsident wird von den Bürgermeistern aller Ortsgemeinden des Bundesgebietes auf Grund eines Dreiervorschlages der Bundesversammlung in geheimer Abstimmung gewählt. […]*
Artikel 78. *1) Der Bundespräsident vertritt den Bund nach außen, empfängt und beglaubigt die Gesandten […]. 2) Ferner stehen ihm – außer den ihm nach anderen Bestimmungen dieser Verfassung übertragenen Befugnissen – zu: a) die Ernennung der unter Diensthoheit des Bundes stehenden Staatsbediensteten […]; b) die Schaffung und Verleihung von Berufstiteln; c) die Erteilung allgemeiner Amnestien wegen gerichtlich strafbarer Handlungen; d) für Einzelfälle: die Begnadigung der von den Gerichten rechtskräftig Verurteilten, die Milderung und Umwandlung der von den Gerichten ausgesprochenen Strafen, die Nachsicht von Rechtsfolgen und die Tilgung von Verurteilungen im Gnadenweg, ferner die Niederschlagung des strafgerichtlichen Verfahrens bei den von Amts wegen zu verfolgenden strafbaren Handlungen; e) die Erklärung unehelicher Kinder zu ehelichen auf Ansuchen der Eltern. […]*
Artikel 80. *1) Alle Anordnungen und Verfügungen des Bundespräsidenten erfolgen, soweit nicht verfassungsgesetzlich anderes bestimmt ist, auf Vorschlag der Bundesregierung oder des von ihr ermächtigten Bundesministers. […] 2) Alle Anordnungen und Verfügungen des Bundespräsidenten bedürfen […] zu ihrer Gültigkeit der Gegenzeichnung des Bundeskanzlers oder der zuständigen Bundesminister. Durch die Gegenzeichnung wird die Verantwortung übernommen. […]*
B. Bundesregierung.
Artikel 82. *1) Der Bundeskanzler und auf seinen Vorschlag die übrigen Mitglieder der Bundesregierung werden vom Bundespräsidenten ernannt. […]*

Zweiter Abschnitt. Gerichtsbarkeit.

Artikel 98. *1) Alle Gerichtsbarkeit geht vom Bund aus.* […]
Artikel 99. *Die Justiz ist von der Verwaltung in allen Instanzen getrennt.*
Artikel 100. *1) Alle Richter sind in Ausübung ihres richterlichen Amtes unabhängig.* […]
Artikel 102. […] *4. Im Übrigen dürfen Richter nur in den vom Gesetz vorgeschriebenen Fällen auf Grund eines gerichtlichen Erkenntnisses ihres Amtes enthoben oder wider ihren Willen an eine andere Stelle oder in den Ruhestand versetzt werden.* […]
Artikel 105. *1) Die Verhandlungen in Zivil- und Strafrechtssachen vor dem erkennenden Gericht sind mündlich und öffentlich. Ausnahmen bestimmt das Gesetz. 2) Im Strafverfahren gilt der Anklagegrundsatz.*
Artikel 106. *Im Strafverfahren vor den ordentlichen bürgerlichen Gerichten nehmen Schöffen an der Rechtsprechung teil, wenn die zu verhängende Strafe ein vom Gesetz bestimmendes Maß überschreitet.* […]

Zehntes Hauptstück. Notrechte der Verwaltung.

Artikel 147. *1) Wenn zur Aufrechterhaltung der öffentlichen Sicherheit und Ordnung, zur Wahrung wichtiger wirtschaftlicher Interessen der Bevölkerung oder staatsfinanzieller Interessen des Bundes, insbesondere zur Sicherung des Bundeshaushaltes, die sofortige Erlassung von Maßnahmen, die verfassungsmäßig der Beschlussfassung des Bundestages bedürfen, notwendig wird, die sofortige Beschlussfassung des Bundestages aber nach den gegebenen Verhältnissen nicht zu erwarten ist, kann die Bundesregierung unter ihrer Verantwortlichkeit diese Maßnahmen durch vorläufige gesetzändernde Verordnungen treffen (Notrecht der Bundesregierung).* […] *2) Die im Absatz 1 bezeichneten Verordnungen dürfen nicht eine Abänderung verfassungsgesetzlicher Bestimmungen enthalten.* […] *5) Jede Notverordnung der Bundesregierung ist von der Bundesregierung unverzüglich dem Bundestag mitzuteilen. Die Verordnung ist von der Bundesregierung sofort außer Kraft zu setzen, wenn der Bundestag* […] *die Aufhebung verlangt.* […]
[13 Hauptstücke, 182 Artikel]

Wo blieb die so oft als Schlagwort gebrauchte Idee eines »Ständestaates«? Wie sollte der Klassenkampf überwunden werden? Zumal das

Dollfuß-Schuschnigg-Regime vorrangig ihre eigene Klientel bediente, indem sie die Interessenorganisationen von Finanzkapital, Industrie und Gewerbe, von Landwirtschaft und nicht zuletzt von der katholischen Kirche finanziell und ideologisch unterstützte, die Arbeiterschaft jedoch durch Kürzungen bei der Sozialversicherung, Einschränkungen im Arbeitsrecht und Abschaffung der Betriebsräte schwer benachteiligte – anstelle der Betriebsräte wurden 1934 so genannte Vertrauensmänner installiert. Von 1932 bis 1937 verringerten sich die Sozialausgaben von 23,5 % auf 17,2 % des Budgets. Die Hartwährungspolitik nützte vor allem jenen ausländischen Banken, welche die österreichischen Völkerbundkredite finanziert hatten, sie schadete aber der heimischen Wirtschaft. Die Völkerbundanleihen selbst dienten vornehmlich der Stützung österreichischer Banken, welche ins Straucheln geraten waren. Arbeitsbeschaffungsprogramme wie der Bau der Großglockner Hochalpenstraße, der Wiener Höhenstraße, der Packstraße oder der Wiener Reichsbrücke brachten nicht den gewünschten Effekt, die Arbeitslosenzahlen blieben erschreckend hoch: Sie erreichten 1933 mit 545.000 Arbeitslosen (davon nur 278.500 unterstützt) einen düsteren Höhepunkt und verringerten sich bis 1937 nur auf 464.000 (davon 231.300 unterstützt), die Arbeitslosenrate reduzierte sich in diesen Jahren lediglich von 26 auf 21,7 Prozent. Neidvoll blickten die Betroffenen auf das (vermeintliche!) Beschäftigungswunder im benachbarten Deutschland.

Der Zusammenschluss von Arbeitgeber- und Arbeitnehmerorganisationen kam nie zustande. Die Verfassung nannte sieben Berufsstände: Öffentlicher Dienst; Land- und Forstwirtschaft; Industrie; Gewerbe; Handel und Verkehr; Geld-, Kredit- und Versicherungswesen; Freie Berufe. Von diesen wurden nur die beiden ersten durchorganisiert, die restlichen fünf kamen nicht einmal ansatzweise zustande. Wobei der Sinn eines Gegenübers von Arbeitnehmer und Arbeitgeber im Bereich Öffentlicher Dienst schon an sich fraglich ist. Heute lebt das nie verwirklichte ständestaatliche Modell unter demokratischem Vorzeichen in der Sozialpartnerschaft fort.

Die Vaterländische Front

Die »Vaterländische Front« (VF) wurde am 20. Mai 1933 von Dollfuß ins Leben gerufen und sollte ein politisches Sammelbecken für »alle Österreicher, die vaterländisch denken«, sein. Ihr Hauptzweck, der anfangs noch nicht deutlich ausgesprochen wurde, bestand darin, damit nach und nach alle politischen Parteien – auch und vor allem die Christlichsozialen mit ihrem unkontrollierbaren Eigenleben – zu ersetzen. Analog zum NS-Symbol Hakenkreuz verwendete die VF ein markantes Symbol: das Kruckenkreuz. Beide Zeichen können auf eine lange Tradition verweisen, die bis in vorgeschichtliche Zeiten zurückreicht. Die im hinduistischen Kulturkreis noch heute gebräuchliche »Swastika« (Sanskrit, »Glücksbringer«) gilt als Heil bringendes Zeichen, in Deutschland wurde das Hakenkreuz seit dem 19. Jahrhundert oft von völkisch-deutschnationalen und antisemitischen Gruppierungen verwendet, bis es Hitler für die NSDAP instrumentalisierte. Das Kruckenkreuz ist seit der Jungsteinzeit nachweisbar und wurde im Hochmittelalter als Kreuzfahrerzeichen und als Wappen des Heiligen Grabes verwendet. Diese christliche Ausprägung fand nach dem Willen von Kanzler Ignaz Seipel Eingang in Österreichs Alltag: Seit 1922 prangte das Kruckenkreuz auf der Rückseite der 2-Groschen-Münzen, seit 1931 auch auf der 5-Groschen-Münze, seit 1922 formt es das »Ehrenzeichen für Verdienste um die Republik Österreich«. Das christlich konnotierte Kruckenkreuz wies unmittelbar auf den katholischen Charakter der Vaterländischen Front hin.

Beim Allgemeinen Deutschen Katholikentag in Wien (8.–12. September 1933) – er stand unter dem Motto »Christus und das Abendland« und feierte vor allem das 250-jährige Jubiläum der Befreiung Wiens von den Türken – wurde der Schulterschluss zwischen autoritärer Regierung und katholischer Kirche öffentlich bekundet. Bundeskanzler Dollfuß nahm den Katholikentag zum Anlass für eine Großkundgebung der Vaterländischen Front am 11. September 1933 auf dem Wiener Trabrennplatz. In dieser viel zitierten »Trabrennplatzrede« sprach er von der »göttlichen Mission und Sendung« Österreichs, das ein »Schutzwall der abendländischen Christenheit« sei, und legte das Programm für die Errichtung des »autoritären Ständestaates« fest:

» Unsere Politik richtet sich nicht gegen Menschen, mögen sie auch Irrwege gegangen sein, links oder rechts. Unsere Politik ist, dafür zu sorgen, dass Ruhe, Ordnung und Frieden in diesem Land jedermann gewährleistet bleibt. Und nun beginnt die Zeit des Neubaues! Ich wiederhole es, die Zeit des liberalen kapitalistischen Denkens, die Zeit liberaler kapitalistischer Gesellschafts- und Wirtschaftsordnung ist vorüber. Die Zeit marxistischer Volksführung und Volksverführung ist vorüber! Die Zeit der Parteienherrschaft ist vorüber, wir lehnen Gleichschalterei und Terror ab. Wir wollen den sozialen, christlichen, deutschen Staat Österreich auf ständischer Grundlage unter starker, autoritärer Führung dieses Staates. – Ein Land, ein Volk, in dem keine Autorität herrscht, kann nicht vorwärts und aufwärts kommen. Autorität heißt nicht Willkür, Autorität heißt geordnete Macht, heißt Führung verantwortlicher, selbstbewusster, zu Opfern bereiter Männer. So wie wir vor Jahren selbstlos, ohne falsches Heldengefühl, jeder auf dem Platze, auf den man uns gestellt hat, unsere Pflicht erfüllt haben, ebenso wollen wir heute in der Führung des österreichischen Staates nichts anderes als unsere Pflicht erfüllen.

Ständischer Neubau ist die Aufgabe, die uns in diesen Herbstmonaten gestellt ist. Der Berufsstand ist die Ablehnung klassenmäßiger Zusammenfassung des Volkes. Berufsauffassung besagt die gemeinsame Arbeit, den gemeinsamen Beruf, der die Menschen einigt. Wir wollen dafür in den Organen des öffentlichen Lebens die Voraussetzungen schaffen. […] Ständische Auffassung verpflichtet den Herrn so wie den Knecht. Wir werden daher wieder zurückgreifen auch in mancher äußeren Form auf Formen, die in unserer Heimat durch Jahrhunderte bestanden haben. Es muss uns zum Bewusstsein kommen, dass die Arbeit einigt. […]

Dann richtet der Kanzler einen Appell an alle kleinen und großen Betriebe:

Denkt daran, dass hunderttausend Menschen um Arbeit bitten und beten. Nehmt Arbeiter in eure Betriebe – dann wird dieser Appell wahrlich in unserem Volke Gehör finden. […]

Ja, wir sind deutsch, so selbstverständlich deutsch, dass es uns überflüssig vorkommt, das eigens zu betonen. Dass unsere Alpen- und Donauländer seit mehr als einem Jahrtausend von guten Deutschen bewohnt werden, das ist doch nicht bestritten, und dass wir diesem deutschen Volke ehrlich und treu dienen wollen, das können wir erklären. […]

Wir Österreicher sind Deutsche und haben ein deutsches Land. Wir haben uns mit diesem Bekenntnis in der Welt Freunde erworben. Ich erkläre auch heute, manche verstehen nicht, warum wir in dem Kampfe, der in sehr übler Weise von einer Partei über die Grenzen hereingetragen wird, warum wir nicht schärfer darauf reagieren. Ich kann nur eines sagen: Wir sind uns immer bewusst, dass wir Deutsche sind, und wenn uns auch der große Bruder absichtlich oder unabsichtlich missversteht, wir haben uns immer nur gewehrt, wir haben niemals angegriffen! Wir haben aber auch die Bereitschaft, Wege zur Zusammenarbeit zu finden, immer betont. […]

Die Auseinandersetzungen mit einzelnen Gruppen unseres Volkes und unserer Bevölkerung sind eine innerpolitische Angelegenheit, die kann man ruhig uns überlassen. Ich will heute in dieser Frage nicht bitter werden. Aber es geht auch schon weit über das Maß dessen hinaus, was selbst unter sonst fremden Menschen möglich ist, was sich hier zwischen Brüdern abspielt. Weil wir klein sind, weil wir ein armes Volk sind – deshalb haben wir auch ein Recht! – Liebe Freunde! Heute haben wir den ersten großen Generalappell der Vaterländischen Front. In hunderten Versammlungen ist das Wort, das ich erstmals in Innsbruck ausgesprochen habe: Österreich erwache! Aufgegriffen worden und uns zur Fahne geworden […], und so ist die Vaterländische Front heute eine Bewegung, nicht eine Addition von zwei oder drei Parteien, sondern eine eigene, unabhängige, große, vaterländische Bewegung. […] Die Zugehörigkeit zur Vaterländischen Front, das Tragen des gemeinsamen Abzeichens ist ein Bekenntnis des Willens zur Mitarbeit am Aufbau unserer Heimat auf christlicher und ständischer Grundlage, ist ein Willensbekenntnis zur Überwindung des Parteienstaates. […][55]

Wenn man von einer »Ideologie des Dollfuß-Schuschnigg-Regimes« überhaupt sprechen kann, so finden sich ihre Grundzüge in obiger Trabrennplatzrede: Überwindung des Klassenkampfes durch Organisation ständischer Vertretungen, durch gemeinsames Vorgehen der Arbeitgeber und Arbeitnehmer, also durch die Überwindung des Gegensatzes von Kapital und Arbeit. Daher darf weder den liberal kapitalistischen noch den marxistischen Einflüssen weiter Gehör geschenkt werden. Das Parlament und alle politischen Parteien sind zugunsten einer starken, autoritären Führung abzuschaffen. Zur Legitimierung des Regimes diente die Vorstellung einer gesamtdeutschen Idee, wobei Österreich im Vergleich zum nationalsozialistischen Deutschland das wahre und bessere Deutschtum verkörperte. In diesem Sinne galt auch die Betonung des Christentums – gemeint war das katholische Christentum – als historische Sendung, die Österreich zur moralischen Instanz in Mitteleuropa erheben würde. Eine solche katholische Mission sollte auch die Gesellschaft innerhalb der Republik prägen. Dazu gehörte die Rollentrennung von Mann und Frau, welche *de facto* eine Diskriminierung der Frauen bedeutete: Da sie nach offizieller Lesart ihren Wirkungskreis in Haushalt und Familie zu suchen hatten, wurden sie weder im politischen Bereich noch in der sozialen Absicherung noch auf dem Arbeitsmarkt den Männern gleichgestellt; so traf das Doppelverdienerverbot im öffentlichen Dienst die verheirateten Frauen.

Der jüdische Jurist Robert Winterstein, 1940 im KZ Buchenwald ermordet, war 1935/36 Justizminister – ein Ausnahmefall. Die Diskriminierung von Juden ist alltägliche Praxis.

Ein Wort zum endemischen österreichischen Antisemitismus in der Zwischenkriegszeit: Von Regierungsseite genossen Juden – auch gemäß Maiverfassung (siehe oben) – die völlige Gleichstellung hinsichtlich ihrer bürgerlichen Rechte und Ausübung ihrer Religion. In höhere politische Positionen gelangten sie allerdings nach 1933 nur mehr in seltenen Ausnahmefällen. Zu diesen zählte der Jurist Robert

Winterstein (1874–1940, KZ Buchenwald), der von 1935 bis 1936 das Amt des Justizministers bekleidete und davor und danach als Generalprokurator amtierte. Das Dollfuß-Schuschnigg-Regime distanzierte sich zwar deutlich vom aggressiven Nationalsozialismus, schritt aber nicht ein, wenn Juden gesellschaftlich diskriminiert wurden – und das war tagtäglich der Fall. Die Ausgrenzung der Juden betraf die Personalpolitik im öffentlichen Bereich genauso wie die Geschäftspolitik auf privater Ebene. Im alltäglichen Antisemitismus konnten beispielsweise ungestraft Kampagnen gegen jüdische Kaufleute propagiert werden, wie etwa jene, die unter dem Motto »Christen kauft bei Christen« standen. Schwer zu leiden unter antisemitischen Angriffen hatten nicht zuletzt auch jüdische Lehrerinnen und Lehrer (siehe dazu unten).

Nach den Februarkämpfen taten sich Gegensätze zwischen der staatlichen Exekutive und der Heimwehr auf, es kam zu Exzessen und sogar bewaffneten Konfrontationen der Heimwehr mit dem Bundesheer. Der Heimwehr ging es grundsätzlich um die Etablierung eines »wirklichen« faschistischen Systems anstelle der Diktatur von Kanzler Dollfuß. Daher strebte sie nach der gesamten Macht. Vizekanzler Fey wollte sogar das Bundesheer seinem Einflussbereich unterstellen und Dollfuß ganz zurückdrängen. Sein Gegensatz zu Starhemberg, dem Bundesführer des Heimatschutzes, erleichterte jedoch dem Kanzler die Behauptung seiner Führerrolle nach dem Prinzip: *Divide et impera!* Am 1. Mai 1934 bestellte er Starhemberg zum Vizekanzler; Fey blieb Sicherheitsminister.

Sehr bald stellte sich heraus, dass Angestellte, Beamte oder Arbeitssuchende nur dann ihren Arbeitsplatz behielten oder einen solchen bekamen, wenn sie Mitglied der VF waren; dies ging später so weit, dass in den Schülerkatalogen der Gymnasien Mitgliedsnummer und Eintrittsdatum des Schülervaters zur VF vermerkt wurden (siehe unten). Den öffentlichen Angestellten aller Kategorien wurde das Tragen des rot-weiß-roten VF-Abzeichens in und außer Dienst zur Pflicht gemacht. Solcherart wuchs die Mitgliederzahl der VF sprunghaft an und erreichte bis zum Jahr 1937 die 3,3-Millionen-Marke, freilich ohne emotionelle Bindung der Masse an sie, denn Sozialdemokraten, Kommunisten und

Nationalsozialisten lehnten sie innerlich ab. Otto Bauer brachte es auf den Punkt, indem er einmal bemerkte, dass die eine Hälfte der VF-Angehörigen Nationalsozialisten und die andere Hälfte Sozialdemokraten wären und alle aus purem Opportunismus beigetreten wären. Von Karl Renner stammt folgende Anekdote:

» *Ein Führer der Vaterländischen Front erscheint in einer Gemeinde, fragt, wie die Einwohnerschaft gesinnt sei und erhält die Antwort: ›Die Hälfte ist braun.‹ – ›Und die andere Hälfte?‹ – ›Rot!‹ – ›Und wer ist dann in der Vaterländischen Front?‹ – ›In ihr sind wir alle!‹* «[56]

Ab Mai 1934 war die Vaterländische Front *die* politische Einheitsorganisation des Regimes, welche binnen Kurzem alle politischen Parteien ersetzte bzw. in sich aufsog. Entscheidend war der Beitritt der Heimwehren in die VF, dem Starhemberg – gegen den Willen Feys – zustimmte, sodass Dollfuß anschließend darangehen konnte, auch seine eigene Partei, die CS, aufzulösen – eine Aufgabe, die dem letzten Parteiobmann und Niederösterreichischen Landesschulrat Emmerich Czermak (1885–1965) zufiel. Nachdem zuletzt auch Landbund und Großdeutsche der VF beigetreten waren, gab es in Österreich keine politischen Parteien mehr – wohl aber immer noch deren Wehrverbände (Schutzbund ausgenommen). Bundesführer der VF war zunächst Kanzler Dollfuß (bis 25. Juli 1934), dann (bis zum 14. März 1936) Heimwehrführer Starhemberg und seit 1936 Bundeskanzler Schuschnigg, der sich ab 1937 »Frontführer« nannte, womit klar war, dass die VF keine politische Eigenständigkeit entwickeln konnte und stets auf Regierungskurs blieb. Sie war hierarchisch in neun Landesleitungen, 31 Gauleitungen, 267 Bezirksleitungen und 4.740 Ortsführungen gegliedert und verfügte über etliche Unterorganisationen, wie Betriebsorganisationen für Privatbetriebe, Dienststellenorganisationen für öffentliche Betriebe, eine Organisation für das Österreichische Jungvolk (»Junges Leben«, mit 120.000 Mitgliedern), ein Mutterschutzwerk (Starhembergs neue Aufgabe), ein Frauenreferat (Leitung: Fanny Starhemberg), ein Kulturreferat, ein volkspolitisches Referat für national Gesinnte, eine

Es gibt keine Parteien mehr. Zu den Organisationen der Vaterländischen Front zählt auch das »Österreichische Jungvolk« (ÖJV), gegründet am 28. August 1936 durch den Zusammenschluss von »Jung-Vaterland« und »Ostmarkjugend«.

»Soziale Arbeitsgemeinschaft« für ehemalige Sozialdemokraten und ab 1936 eine »Frontmiliz« anstelle der aufgelösten Wehrverbände. Es existierte bald kein Bereich im öffentlichen und privaten Leben, der nicht von der VF erfasst wurde. Der »Machtfaktor« der VF war nicht unerheblich: So wirkte sie bei der Bestellung politischer Funktionäre mit, unterstützte Bewerbungen für privatwirtschaftliche oder öffentliche Posten, kontrollierte Firmen, insbesondere, wenn es um Entlassungen ging. Und vor allem überwachte sie mittels eines weitverbreiteten Spitzelwesens die »vaterländische Gesinnung« des Einzelnen. Innerhalb dieser Körperschaft öffentlichen Rechts gab es naturgemäß zahlreiche Intrigen und oft ein heftiges Gerangel um die Funktionärsposten.

Eine messerscharfe und daher schonungslose Analyse des autoritären Regierungssystems und der Vaterländischen Front gab Sektionschef Robert Hecht:

» *Was immer die Autoritätsregierung unternimmt, sie kann die Tatsache, dass sie sich evolutionär aus einer parlamentarischen Regierung entwickelt hat, nicht beseitigen. Sie kann nicht politisch-revolutionären Charakter gewinnen, wie die nationalsozialistische Regierung in Deutschland oder das faschistische*

Regime in Italien, die ihn von ihrem Ursprung besitzen. [...] Man kann wohl noch außerordentlich viel tun, um die einzelnen Teile der Vaterländischen Front enger miteinander zu verknüpfen, man kann sie noch weitaus einheitlicher organisieren; aber sie wird, ihrer ganzen Entwicklung und Zusammensetzung nach, niemals ihren österreichischen Vereinscharakter mit ihrer spezifisch wienerischen Kaffeehausfärbung verlieren. Es ist ausgeschlossen, dass etwa die christlichsoziale Partei, Heimwehren, die einzelnen Teile der nationalständischen Front wirklich in ihr aufgehen, dass aus ihr sich eine einzige, einheitliche österreichische, mächtige Volksbewegung bildet. [...] Trotz des Bestehens der Vaterländischen Front beruht die Autorität der Regierung nicht auf einem Massenmandat zur Führung, sondern auf dem Willen, das Maß an Macht, das sie besitzt, bis zur Grenze des Möglichen zu gebrauchen.«[57]

Eine neue Identität für »Neuösterreich«

Etwa zehn Jahre hatte es gedauert, bis die Debatte über die vermeintliche Lebensunfähigkeit der Alpenrepublik allmählich verstummte. Ab 1928, dem wirtschaftlich besten Jahr in der Zwischenkriegszeit, begannen die Österreicher, ihren Staat zu bejahen und als zweiten deutschen Nationalstaat zu akzeptieren. Mit seiner leidenschaftlichen »Rede über Österreich« verfocht der Dichter und Burgtheaterdirektor Anton Wildgans (1881–1932) anno 1930 die Eigenständigkeit der Republik: *»[...] Jetzt aber, da wir wieder von vorne beginnend, eine Erbschaft an Kultur übernommen haben, wie sie bedeutsamer nicht sein kann, jetzt aber, da wir im Begriff sind, dieses kostbare Inventar in unser neues, wenn auch kleineres Haus einzubauen und es zu verwalten, nicht als engherzige Eigentümer, sondern gleichsam als Treuhänder der gesamten kultivierten Menschheit, in diesem wichtigen und hoffnungsvollen Augenblick ist es an der Zeit, der Unart falscher Bescheidenheit und allzu unbedenklicher Selbstpreisgabe zu entsagen und in uns allmählich ein anderes heranzubilden, nämlich das historische Bewusstsein und den Stolz des Österreichers!«*[58] Durch die Rückbesinnung auf die Vergangenheit und die Beachtung von kulturellen Leistungen der Gegenwart sollte ein neuer nationaler Mythos gefestigt werden. Damit ließen sich allerdings nur die Bildungsbürger ansprechen. Nichtsdestoweniger versuchte Kanzler Dollfuß, den Österreichern wieder eine Identität zu geben, die sie nach dem Zusammenbruch der Monarchie verloren hatten. Auf kulturellem, wissenschaftlichem und sportlichem Weg sollte die verarmte Alpenrepublik internationales Ansehen gewinnen und den Staatsbürger emotional an seine Heimat binden. Das Wort »neu« wurde zu einem Schlüsselbegriff: Man sah sich auf dem Weg in eine »neue Zeit«, zu einem »freien« und »neuen Österreich«, für das Schuschnigg auch den Begriff »Neuösterreich« prägte. In seiner Rede zum Jahrestag der Ermordung von Engelbert Dollfuß am 25. Juli 1935 gab er den unverrückbaren Kurs vor: »Wir werden immer auf der Engelbert-Dollfuß-Straße bleiben, von der wir wissen, daß sie zum sozialen Recht und zum sozialen Frieden, zur Volksgemeinschaft der Stände im freien Österreich führt.«[59]

Mit grandios organisierten Massenveranstaltungen wie der pompösen »Türkenbefreiungsfeier« im Mai 1933 oder dem »Allgemeinen Deutschen Katholikentag« im September 1933 inszenierte sich die Regierung nicht nur selbst, sondern versuchte, ein kollektives Österreichbewusstsein zu schaffen. Kundgebungen, Appelle und Paraden und immer wieder kirchliche Feste mit den entsprechenden Prozessionen gaben einen glanzvollen Rahmen, in dem sich die politischen Funktionäre und die geistlichen Würdenträger der Öffentlichkeit präsentierten. Rudolf Henz (1897–1987), Dichter, Kulturfunktionär und Schöpfer des Schulfunks, formulierte die Diskrepanz zwischen machtpolitischer Bedeutungslosigkeit und kulturellem Bedeutungsüberschuss wie folgt: *»Wohl jeder weiß, dass die Geltung Österreichs in der Welt, die Achtung, die man dem Österreicher in der Welt entgegen bringt, vor allem in der kulturellen Leistung des Österreichers begründet ist. Österreichische Musik und Kunst, österreichische Forschung geben dem kleinen Staate an der Donau den Rang einer Großstadt der Kultur. Für Österreicher bedeuten Kunst und Wissenschaft entscheidende, ja lebenswichtige Güter seines Volkstums, die Pfeiler seiner Weltgeltung.«*[60] Henz selbst exerzierte vor, was er unter diesen »Gütern des Volkstums« verstand: Den Höhepunkt der Feierlichkeiten zum Katholikentag bildete das von ihm selbst verfasste Mysterienspiel *St. Michael führe uns!*, das unter

Ein neuer nationaler Mythos soll gefestigt werden, der 1. Mai 1934 wird zum »Geburtstag des neuen Österreich« stilisiert. Bericht der Zeitschrift *Wiener Bilder* über die Festveranstaltungen.

Mitwirkung von 900 Priestern und Mönchen – mit Kardinal Innitzer an der Spitze – im Wiener Praterstadion zur Aufführung kam. Das Lied »Heiliges Kreuz, sei hoch verehret« und Gemeinschaftsgebet triumphierten über die »Internationale« und die »roten Klassenkampfarbeiter«. Weitere Massenfestspiele wurden etwa von Hans Nüchtern (1896–1962, *Rot-Weiß-Rot*) oder Max Stebich (1897–1972, *In hoc signo vinces*) verfasst.

Um das »Wir-Gefühl« zu stärken, wurde der 1. Mai umgedeutet: Vom »Kampftag des proletarischen Klassenwahnes«, wie Dollfuß in einer programmatischen Radiorede am 1. Mai 1934 formulierte, sollte er zum Feiertag des »neuen Österreich« werden. Der religiöse Bezug durfte auch hier nicht fehlen: Der 1. Mai, der Tag der Verkündigung der neuen Verfassung, sollte als Festtag der Muttergottes gefeiert werden, als »Tag der edelsten und reinsten Mutter«, gewidmet der neuen Verfassung, der Jugend und »allen Müttern«.[61] Zugleich sollte der 1. Mai als »Gedenktag der österreichischen Geschichte« verankert und die Verbundenheit mit den heroischen Gestalten der Vergangenheit und den österreichischen Geschichtsmythen gestärkt werden. Die *Reichspost* kommentierte diese Ausführungen des Kanzlers enthusiastisch mit »Österreichs Wiedergeburt«: »Ein anderes Österreich, als wir es seit vielen Jahren gewohnt waren, präsentierte sich gestern, ein neues Österreich, das ein neuer Geist beseelt. Österreich ist wieder, Österreich ist wiedergeboren.«[62]

Burgtheater, Staatsoper, Musikverein und insbesondere die Salzburger Festspiele, 1920 von Max Reinhardt (1873–1943) durch seine Aufführung des *Jedermann* auf dem Domplatz von Salzburg ins Leben gerufen, erfreuten sich internationaler Aufmerksamkeit. Als in Salzburg neben dem Sprechtheater auch Konzerte und Opern mit den berühmtesten Interpreten und Sängern ihrer Zeit gegeben wurden, kam das Publikum aus aller Welt an und machte die Festspielzeit zu einem bedeutenden internationalen gesellschaftlichen Ereignis. Damit konnte sogar dem Einbruch des österreichischen Fremdenverkehrs nach der Tausend-Mark-Sperre etwas gegengesteuert werden, eine erfreuliche Entwicklung, die von den Nationalsozialisten jenseits der Grenze mit Missfallen gesehen wurde – man reagierte mit heftiger Polemik gegen die »verjudeten« Festspiele.

In Anlehnung an das von Joseph Goebbels geleitete »Reichsministerium für Volksaufklärung und Propaganda« – allerdings ohne dessen Machtbefugnisse – wurde in Österreich am 24. November 1933 der Landesführer der Tiroler Heimwehr Richard Steidle zum »Bundeskommissar für Propaganda« bestellt. Seine Aufgabe bestand darin, »den Sinn des österreichischen Volkes für seine Heimat und Geschichte zu stärken und seine Eigenart und Unabhängigkeit in allen Teilen des politischen, kulturellen und wirtschaftlichen Lebens zum Ausdruck zu bringen. Die Erreichung dieses Zieles wird auf politisch-kulturellem Gebiete durch Einflussnahme auf das öffentliche Leben, insbesondere auf kulturelle Organisationen [...] zu sichern sein«.[63] Die verordnete Feier- und Festkultur sollte grundsätzlich die gesamte Bevölkerung, insbesondere die Schuljugend (siehe unten) für eine vaterländische Gesinnung gewinnen. Die Bildungsbürger mochten die weit über die Staatsgrenzen hinaus wirkenden Leistungen auf den Sektoren von Theater, Film, Musik, Literatur und Wissenschaft mit Stolz erfüllen, es ist allerdings anzunehmen, dass der Dollfußkult, der nach der Ermordung des Bundeskanzlers buchstäblich »jeden Herrgottswinkel« erfasste, nicht von allen goutiert wurde.

Womit sollten jene Bevölkerungsschichten angesprochen werden, denen der Genuss der Hochkultur verwehrt war und die mit den verordneten patriotischen Feiern nichts anzufangen wussten? Insbesondere jene Kreise, denen ihre Identität stiftende Partei verboten worden war? Für sie konnten bestenfalls die sportlichen Erfolge eine gewisse Österreich-Gesinnung erwecken. In den Jahren 1931 und 1932 sorgten die grandiosen Triumphe der österreichischen Fußball-Nationalmannschaft, des sogenannten »Wunderteams«, das 14 Spiele hintereinander gewann, für Furore. In Erinnerung geblieben sind das 5:0 gegen Schottland, besonders aber die Torfestivals gegen Deutschland mit 6:0 und 5:0, aber auch die Siege gegen die Schweiz (8:1) und gegen Ungarn (8:2). Bei der Weltmeisterschaft 1934 in Italien belegte Österreich den vierten Platz, im Spiel um Platz drei verlor das ÖFB-Team gegen Deutschland etwas unglücklich 2:3, schon zuvor hatte man im Halbfinale, das gegen Italien 0:1 verloren ging, Pech mit den Schiedsrichterentscheidungen. Berühmtester Spieler, ja geradezu ein »Volksheld«, war Austrias Goalgetter Matthias Sindelar (1903–1939). Der »Papierene«, der durch die Eleganz seines Spiels bestach. In 43 Spielen in der Nationalmannschaft erzielte Sindelar 27 Tore, im Mitropacupfinale 1933 schoss er die Austria mit drei Toren zum Sieg gegen Inter Mailand. Sindelars früher Tod am 23. Jänner 1939 – er starb offiziell an einer Kohlenmonoxidvergiftung – ist bis heute Anlass für Spekulationen.

Hugo Meisl (1881–1937), der langjährige Verbandskapitän des Österreichischen Fußballbundes, betreute die Nationalmannschaft 1913/14 und von 1919 bis zu seinem Tod 1937. Meisl, der ab 1926 auch ÖFB-Generalsekretär war und Österreich mit viel Geschick in der FIFA vertrat, schuf nicht nur das Wunderteam, sondern initiierte 1927 auch den

Fußballerfolge schaffen Identität: Wunderteam-Stürmer Matthias Sindelar, genannt der »Papierene«, in Aktion.

Mitropacup (Mitropapokal), eine in der Zwischenkriegszeit begehrte Trophäe für Klubmannschaften, in dem die Wiener Vereine regelmäßig große Erfolge erzielten. Rapid (1930) und die Vienna (1931) konnten diesen Bewerb jeweils einmal für sich entscheiden, die Wiener Austria (1933 und 1936) sogar zweimal.

Noch bevor sich der Skisport zum Massenphänomen entwickelt hatte, gründete der Skipionier Hannes Schneider (1890–1955) anno 1922 die weltberühmte Skischule in St. Anton am Arlberg. 1928 wurde am Arlberg die weltweit erste »Alpine Kombination«, das legendäre Kandahar-Rennen, bestehend aus Slalom und Abfahrt, durchgeführt. Damit gewann das Arlberggebiet seinen Ruf als internationales Skisportzentrum, auch Schneiders berühmte Skifilme – unter ihnen *Der weiße Rausch* (1931) mit Leni Riefenstahl (1902–2003) in der weiblichen Hauptrolle – trugen zu dieser Entwicklung bei. Wegen seiner »Judenfreundlichkeit« wurde Schneider nach dem »Anschluss« verhaftet, konnte aber im Jänner 1939 in die USA emigrieren und baute sich mit einem Ski-Resort am Mount Cranmore in New Hampshire eine neue Existenz auf.

Rasch etablierten sich weitere Skiorte: 1931 wurden auf der »Streif« in Kitzbühel die ersten Hahnenkammrennen ausgetragen, österreichische Wintersportorte zogen fortan zahlreiche skibegeisterte Touristen an. Ende der 1920er-Jahre kamen die ersten Schulschikurse auf, man versuchte damit, in breiteren Bevölkerungsschichten Interesse für den Wintersport zu gewinnen und den Inlandsfremdenverkehr anzukurbeln. Der Tiroler Skirennläufer Anton Seelos (1911–2006)

Bei den Dreharbeiten zum legendären Schifilm *Der weiße Rausch:* links Leni Riefenstahl, hinter ihr Gustav »Guzzi« Lantschner (1910–2011), der 1932 Weltmeister in der Abfahrt wird. Rechts Schilegende Hannes Schneider. Bericht in der Zeitschrift *Die Bühne*.

entwickelte mit den von ihm demonstrierten Parallelschwüngen die moderne Skitechnik weiter und wurde 1933 und 1935 jeweils Weltmeister im Slalom und in der Kombination, bei den Olympischen Winterspielen 1936 betreute Seelos, der als Skilehrer den Amateurstatus verloren hatte und nicht mehr an den Bewerben teilnehmen durfte, die deutsche Mannschaft.

Skisport und nationale Identität fügten sich so zueinander, der Schnee und die Berge wurden zu Markenzeichen der »Heimat«, die allerdings nicht für alle da war: Schon 1923 hatte der Österreichische Skiverband den berüchtigten Arierparagrafen eingeführt und die Funktionäre des traditionell deutschnationalen Alpenvereins standen dem in nichts nach: 1933 forderten sie alle Sektionen zur »antisemitischen Endsäuberung« auf.

Weltgeltung besaß ferner der österreichische Eiskunstlauf; zwischen 1891 und 1939 gelangen den heimischen Eisakrobaten 4 Olympiasiege, zudem eroberten sie 30 Welt- und 25 Europameistertitel. Zum Liebling der Fans wurde Eiskunstläufer Karl Schäfer (1909–1976). Der elegante Läufer aus Wien-Hernals siegte achtmal bei Europameisterschaften, siebenmal bei Weltmeisterschaften und gewann 1932 und 1936 Olympiagold. Anno 1927 galt die Kunsteisbahn des Wiener Eislaufvereines als größte in Europa.

Die Olympischen Spiele 1936 eigneten sich hervorragend dazu, das österreichsche Selbstbewusstsein zu stärken und sich vor allem im Vergleich zum feindseligen deutschen Nachbarn zu profilieren: In Garmisch-Partenkirchen gewann Österreich Gold (Karl Schäfer) und Bronze im Eiskunstlauf, Silber im Paarlauf und Bronze im Eisschnelllauf. Bei den Sommerspielen in Berlin erreichten Österreichs Athletinnen und Athleten 5 Gold-, 25 Silber- und 6 Bronzemedaillen – das erfolgreichste Abschneiden aller Zeiten. Der Kremser Kanute Gregor Hradetzky (1909–1984), nach dem Krieg als erfolgreicher Orgelbauer tätig, holte im Kajak-Einer Gold über 1.000 und 10.000 Meter, beim olympischen Feldhandball-Turnier musste sich Österreich im entscheidenden Spiel um die Goldmedaille der Mannschaft des Deutschen Reichs 6:10 geschlagen geben.

Nach dem Vorbild der NS-Organisation »Kraft durch Freude« und des italienischen »Dopo lavoro« schuf Generalsekretär Guido Zernatto im Rahmen der Vaterländischen Front 1936 die Freizeitorganisation »Neues Leben«, deren Ziel es war, die »Seele des Volkes zu sanieren« und »der arbeitenden Bevölkerung in Österreich um geringeres an Mitteln mehr an Gutem, Schönem und Beglückendem bieten zu können, als es bisher möglich war«.[64] Mitglied in dieser freien Organisation, die nicht nur Arbeitnehmer umfasste, konnte jeder werden, der kulturell interessiert war, man musste nicht zwangsläufig Mitglied der Vaterländischen Front sein. Das breite Angebot des »Neuen Lebens« reichte von Vorträgen bis zu Ausstellungen, vom Volkstanz bis zum Musikwettbewerb, von der Wanderbühne bis zum Wachauer Frühlingsfest. Im März 1938 konnte Zernattos Schöpfung, in der inzwischen das 1933 geschaffene Kulturreferat des VF aufgegangen war, auf immerhin 500.000 Mitglieder verweisen. Das Kulturreferat hatte ursprünglich die

Die Sporthelden der 1930er-Jahre: Karl Schäfer, siebenfacher Weltmeister und zweifacher Olympiasieger im Eiskunstlauf (links), der Kanute Gregor Hradetzky, Doppelolympiasieger in Berlin 1936 (Mitte) und Rudolph »Rudi« Matt, Weltmeister im Slalom 1936 (rechts).

Arbeitskreise Bildende Kunst, Buch, Schrifttum, Film, Musik, Theater und Volkserziehung vorgesehen, zu den wichtigen Maßnahmen zählte die Einführung der Österreichischen Staatspreise für Literatur und Bildende Kunst. Erster Preisträger in der Kategorie Literatur wurde 1934 der Salzburger Erzähler Karl Heinrich Waggerl (1897–1973), 1935 zeichnete man den Kärntner Josef Friedrich Perkonig (1890–1959) mit dem Staatspreis aus – eine problematische Entscheidung, denn Perkonig war zu diesem Zeitpunkt bereits ein erklärter NS-Sympathisant und Mitglied des »Kampfbundes für deutsche Kultur«. Nach dem »Anschluss« wurde er Landesobmann der Kärntner Schriftsteller in der Reichsschrifttumskammer – Landesobmann für die Salzburger Schriftstellerkollegen wurde übrigens Waggerl, der sich 1938 erfolgreich um die Mitgliedschaft in der NSDAP bewarb. So wie Perkonig und Waggerl agierten zahlreiche andere Autoren, Musiker und Künstler: Man nahm gerne Auszeichnungen entgegen und ließ sich vom »Ständestaat« hofieren, politisch hatte man insgeheim schon eine andere Entscheidung getroffen, hielt sich aber vielfach bedeckt. Die Kulturpolitik des Regimes tappte so immer wieder in die Falle: Man förderte Leute, die nur darauf warteten, ihr Bekenntnis zum »Führer« auch öffentlich zu demonstrieren. Das berüchtigte *Bekenntnisbuch österreichischer*

Dichter, 1938 nach dem »Anschluss« vom »Bund deutscher Schriftsteller Österreichs« herausgegeben, wurde zum beschämenden Manifest einer Autorengeneration, die nur allzu gern bereit war, Österreich für Hitler zu opfern.

Umbrüche im Schulwesen

Auch für die Pädagogen gibt es nun Gewehre: »Lehrereinführungskurs« in der Bundeserziehungsanstalt in Breitensee. Soldaten des Bundesheeres zeigen, wie man schießt.

Einst hatte der k. k. Unterrichtsminister Leopold Hasner Ritter von Artha (1818–1891) die Weichen für ein nachhaltiges Schulwesen gestellt, indem er 1869 durch das Reichsvolksschulgesetz eine interkonfessionelle, staatliche, achtjährige Pflichtschule vorsah; diese wurde entweder als achtjährige Volksschule oder als fünfjährige Volksschule und dreijährige Bürgerschule geführt. Die religiös-sittlichen Werte wurden ebenso hervorgehoben wie die Erziehung zur Untertänigkeit und Fügsamkeit. Dieselben Unterrichtsprinzipien galten ebenso für die Mittelschulen – so hießen die Gymnasien, Realgymnasien und Realschulen – und wurden auch in die Zwischenkriegszeit tradiert. Ab 1919 mutierte jedoch die Schule zum ideologischen Exerzierfeld der Parteipolitik. Namentlich erhitzte der sozialdemokratische Schulreformer Otto Glöckel (1874–1935) die Gemüter. Als Unterstaatssekretär für Unterricht (1919–1920) und Wiener Stadtschulratspräsident (1922–1934) setzte er völlig neue Maßstäbe mit einer grundlegenden Neubewertung des Schullebens: Der Unterricht sollte schülerorientiert, die Lehrbücher kindgerecht gestaltet werden; die bisherige »*Lernschule*« sollte einer »*Arbeitsschule*« mit erlebnishaftem Unterricht weichen, bei dem die Schüler das Neue selbst entdecken und erarbeiten müssten. In den 1926 geschaffenen »*Schulgemeinden*« würden den Schülern demokratische Verhaltensweisen beigebracht werden. Seine Schlagworte wie: »Entrümpelung der Lehrpläne« oder: »Abbau von Bildungsbarrieren« durch die gemeinsame Schule der Zehn- bis Vierzehnjährigen wirken bis in die Gegenwart fort. Letzteres wurde bekanntlich nicht verwirklicht, führte aber immerhin zum 1927 verabschiedeten »Hauptschul-Mittelschulgesetz«: Statt der »Allgemeinen Mittelschule« der 10- bis 14-Jährigen gab es (nach vier Jahren Volksschule) die vierjährige Hauptschule ohne Aufnahmsprüfung, aber mit einer inneren Differenzierung durch die beiden Leistungsgruppen A-Zug und B-Zug. Daneben blieb in den meisten Landgemeinden die achtjährige Volksschule bestehen (hier wurden aus Gründen der Sparsamkeit oft jeweils zwei Jahrgänge zusammengefasst und von einem Lehrer unterrichtet). Unverändert blieb auch die achtjährige Langform der Gymnasien (mit Aufnahmsprüfung und einheitlicher Stundentafel aller Unterstufenklassen).

Für heftigste politische Auseinandersetzungen sorgte der sogenannte »Glöckel-Erlass« vom 10. April 1919, weil er den kirchlichen Einfluss auf die Schule völlig ausschaltete, den Zwang zur Teilnahme an religiösen Übungen (unter Aufsicht der Lehrer) untersagte und auch das tägliche Schulgebet abschaffte. Der Glöckel-Erlass hatte freilich nur in Wien Geltung und wurde mit der Ausschaltung des

Parlaments umgehend aufgehoben. Ab 1934 wurde den Schülern die Teilnahme an kirchlichen Feiern zur Pflicht gemacht, die Klassenvorstände mussten den Besuch der Sonntagsmesse durch ihre Schüler überwachen.

Das Jahr 1934 brachte weitere umfangreiche Veränderungen im Schulalltag: Die Schulgemeinden wurden wieder abgeschafft, ein Erlass verpflichtete die Schulen, den Schülern »vaterländische Bildungsgüter« näherzubringen, ja die »vaterländische Erziehung« wurde zum Unterrichtsprinzip erhoben. Schuschnigg schrieb dazu in seinen Memoiren, dass er zur »Entgiftung der mit Hochspannung geladenen Atmosphäre« und »Sicherung des inneren Friedens« vor allem die Jugend erfassen müsse, »[...] um sie zur Erkenntnis des Vaterlandes und zum Verstehen Österreichs zu bringen, für seine Ideale zu begeistern und um in ihr das Wissen um die Tatsache zu wecken, dass Österreich-Glaube und wahre nationale Gesinnung durchaus vereinbar sind, dass der deutsche Junge und das deutsche Mädel in Österreich ihrem Volkstum dann am besten dienen, wenn sie sich stolz und frei als Österreicher bekennen«.[65] Dies bedeutete in der Praxis, dass bei jeder sich bietenden Gelegenheit Schulfeiern mit Österreichbezug abzuhalten waren. So wurde am 1. Mai 1934 unter Beisein des Bundeskanzlers im Praterstadion ein pompöser »Kinderhuldigungszug« veranstaltet, das Thema der Feier war die Geschichte Wiens und Österreichs. Die *Reichspost* berichtete: »Und nun zieht unter Mitwirkung von 1500 Personen Österreichs große Vergangenheit in grandiosen Aufzügen über den grünen Plan des Stadions. Während der Chronist liest, formt sich das jeweilige Bild auf dem Spielplatz.«[66] Am 5. Oktober fand eine Trauerkundgebung für den ermordeten Bundeskanzler statt.

Ab 1934 sollten alle Gymnasiasten das vaterländische Schulabzeichen – ein rot-weiß-rotes Dreieck mit dem Spruch: »Seid einig!« – tragen. Auch die Lehrer hatten ein ähnliches Zeichen anzustecken und einen neuen Diensteid hinsichtlich ihres Einsatzes im »vaterländisch-österreichischen Sinn« abzulegen. Ein schulinternes Schreiben der Direktion des Mädchengymnasiums Rahlgasse (Wien 6), das an alle Klassen gerichtet und von den Klassenvorständen vorzulesen war, illustriert beispielhaft, wie sich die Regierung um eine gleichgeschaltete Gesinnung der Jugend bemühte:

» Das Bundesministerium für Unterricht macht durch den Erlass vom 8. Jänner 1934, Z. 466, neuerlich aufmerksam, dass dem Tragen des vaterländischen Schülerabzeichens große Bedeutung zukommt. Den Schülerinnen wird nochmals in Erinnerung gerufen, dass das vaterländische Schülerabzeichen kein Parteiabzeichen ist; das Tragen von Parteiabzeichen welcher Art immer und aller sonstigen Abzeichen bleibt strengstens verboten; das Tragen des vaterländischen Schülerabzeichens hingegen ist lediglich der Ausdruck der Verbundenheit der österreichischen Jugend mit dem Vaterlande, dem wir alle in inniger Liebe zugetan sind. Die Schülerinnen mögen insbesondere bedenken, dass sie ihrem Vaterland zu großem Dank auch dadurch verpflichtet sind, dass es ihnen durch Gewährung von staatlichen Subventionen und Zuweisung von Bundeslehrkräften den Bestand der Schule sichert und ihnen das Studium zu erschwinglichen Preisen ermöglicht. [...] .«[67]

Franz Hubalek (1917–2000), später Leiter der Bundesstaatlichen Hauptstelle für Lichtbild und Bildungsfilm sowie Universitätslehrer, erinnert sich an die Situation in der Schule: »*Ich bin damals auch zur Vaterländischen Front gegangen, habe heute noch den Ausweis, bzw. die Sturmscharen haben damals begonnen. Und wir mussten in der Schule so ein Abzeichen ›Seid einig!‹ tragen. Das ist aber nicht kontrolliert worden. Vielleicht waren die Lehrer da nicht sehr engagiert. Also von unserer Seite, auf der christlichsozialen Seite, wenn ich das so ausdrücken darf, nur wir haben damals nicht bewusst gesagt, wir sind Christlichsoziale, sondern wir sind etwa so eben dem religiös-katholischen Lager angehörig, war das durchaus sehr positiv. Aber vielleicht nicht überzeugend für die Gesamtheit der Klasse und schon gar nicht der Lehrer. Die Lehrer, glaube ich, haben sich da eher so ein bisschen zurückgehalten.*« *(Zitiert nach doew.at/erinnern/biographien/erzaehlte-geschichte/staendestaat.)*

Nicht unterschätzt werden darf das Ausmaß der Repressalien gegen sozialdemokratische und jüdische Lehrer, deren Zahl im »Ständestaat« deutlich zurückging – allein in Wien wurde etwa ein Fünftel von 500 Schuldirektoren von ihren Posten verdrängt. Nicht selten mischten auch die Eltern mit und intrigierten gegen jüdische Lehrer, dazu kam, dass die Lehrerverbände antisemitisch eingestellt waren und jüdische Lehrer kaum eine Chance auf Einstellung hatten. Wer Jude und Sozialdemokrat war, sah sich bald in aussichtsloser Lage.

Alle Schulgegenstände erhielten 1934 neue Lehrpläne im Hinblick auf eine Gesinnungserziehung: So sollten im Fach Geschichte vornehmlich Taten und Verdienste österreichischer »Helden« behandelt werden, für die achte Gymnasialklasse wurde zusätzlich das Fach »Vaterlandskunde« eingeführt. Gleichzeitig wurden aus Gründen der Sparsamkeit andere Fächer gekürzt, das Schulgeld erhöht, die Klassenschülerzahlen vergrößert und die Lehrer durch eine vermehrte Stundenverpflichtung *de facto* schlechter bezahlt. Mit Beginn des Schuljahres 1934/35 setzte an allen Schulen Österreichs von der fünften Schulstufe an die vormilitärische Erziehung ein: Der Turnunterricht für Knaben bot nun (wie während des Ersten Weltkrieges) Exerzieren, Marschieren und Scharfschießen an, wobei insbesondere bei außerschulischen Auftritten wie an Wandertagen oder bei Schulskikursen auf stramme militärische Ordnung Wert gelegt wurde. (Schulskikurse gab es in Gymnasien seit Ende der 1920er-Jahre.) Der Wandertag einer Oberstufenklasse ähnelte frappant dem Aufmarsch einer Bundesheerkompanie.

Die 1918/19 zögernd eingeführte koedukative Erziehung wurde wieder abgeschafft, Burschen und Mädchen wurden nun nach Klassen getrennt, weil – gemäß Verordnung – nur so auf die »weibliche Eigenart« Rücksicht genommen werden konnte. Darin offenbarte sich das traditionelle katholische Geschlechterverständnis: Die Aufgaben der Frauen sollten sich auf Familie, Haushalt und Kindererziehung konzentrieren. In den neu eingeführten Oberlyzeen und Frauenoberschulen galten daher die Fächer: Nadelarbeit, Schneidern und Kochen als obligat. In den Hauptschulen wurde der zweite Klassenzug abgeschafft, sodass nur begabte Schüler (nach Vorschlag des Volksschullehrers) die Chance erhielten, in die Hauptschule einzutreten – das betraf etwa 18 Prozent aller Schüler. Allen anderen blieb die achtklassige

Volksschule vorbehalten. Für den Eintritt in die Mittelschulen (Gymnasien) musste eine Aufnahmsprüfung abgelegt werden.

Ab 1936 war das »Lied der Jugend«, verfasst von Rudolf Henz, bei allen schulischen Festen gleich nach der Nationalhymne und mit derselben Ehrenbezeugung zu singen.

»Ihr jungen, schließt die Reihen gut!
Ein Toter führt uns an.
Er gab für Österreich sein Blut,
ein wahrhaft deutscher Mann.
Die Mörderkugel, die ihn traf,
die riss das Volk aus Zank und Schlaf.
Wir Jungen steh'n bereit
Mit Dollfuß in die neue Zeit
[…]
Zerschlagt, was uns noch hemmen mag
Und nach dem Gestern weist.
Die neue Zeit steigt in den Tag
Und will den neuen Geist.
Christlich, deutsch, gerecht und frei
von Klassenhass und Tyrannei.
Wir jungen steh'n bereit
mit Dollfuß in die neue Zeit-«

Der gescheiterte NS-Juliputsch

Selbst für die an gewaltsamen Umstürzen und Umsturzversuchen in Europa nicht arme Zwischenkriegszeit waren die Vorgänge in Österreich absolut außergewöhnlich. Wagten doch vom Ausland gesteuerte, allerdings gegeneinander rivalisierende und intrigierende nationalsozialistische Terrorgruppen den Versuch, die Staatsmacht an sich zu reißen. Deren unkoordiniertes Vorgehen erleichterte es der Regierung, die Oberhand über die Putschisten zu behalten. Die Vorgänge vom 25. bis 30. Juli 1934 kannten mehrere Schauplätze: In Wien ereignete sich der spektakuläre Putschversuch der SS-Standarte 89, in der Steiermark und in Kärnten versuchte die SA den Aufstand, Nebenrollen spielten der Steirische Heimatschutz, die NS-Landesleitung in Österreich, die in Bayern aus militanten NS-Flüchtlingen lagernde »Österreichische Legion« und nicht zuletzt Hitler und Mussolini.

Eine nicht enden wollende Serie von NS-Sprengstoffanschlägen auf österreichische Bahnanlagen im Mai und Juni 1934 bildete den düsteren Auftakt zum kommenden blutigen Geschehen. Zahlreiche Verhaftungen sorgten dafür, dass sich das Anhaltelager in Wöllersdorf füllte; wer über die Grenze flüchten konnte, schloss sich der »Österreichischen Legion« an. Als Folge des NS-Terrors wurde am 19. Juni die Todesstrafe wieder eingeführt, erweitert um das Delikt des Sprengstoffbesitzes, und erstmals am 27. Juli am 23 Jahre alten ehemaligen Schutzbundmann Josef Gerl vollstreckt. Die vielen Festnahmen von Bundesheeroffizieren und Polizeibeamten, welche man der illegalen NS-Mitgliedschaft überführt hatte, verzögerten wiederholt die bereits seit September 1933 angedachten Putschvorbereitungen. Letztlich besprachen am 31. Mai 1934 der Wiener Rechtsanwalt und nachmalige SS-Gruppenführer Dr. Otto Gustav Wächter (1901–1949) und der Berliner Ministerialdirektor Gerhard Köpke (1873–1953) die den aktuellen Gegebenheiten angepassten Umsturzpläne. Am 6. Juni wurde Hitler davon – freilich nur vage – informiert, als Theo Habicht in der Reichskanzlei bei ihm vorsprach. Am 25. Juni fand in Zürich eine geheime Besprechung statt, bei der das Putschvorhaben konkretisiert wurde. Zugegen waren bei dieser Konspiration: Theo Habicht als Verbindungsmann zur Berliner Regierung, sein Stellvertreter und NSDAP-Stabsleiter für Österreich, Dr. Rudolf Weydenhammer (1890–1972), Dr. Otto Gustav Wächter und nicht zuletzt Fridolin Glass (1910–1943; gefallen), Kommandant der illegalen SS-Standarte 89 und vorgesehener Anführer des Putsches in Wien. Gehofft wurde auf eine rege Mitwirkung von Sympathisanten seitens des Bundesheeres und der Polizei, gedacht war an eine Gefangennahme der gesamten Bundesregierung während einer

Ministerratssitzung am 24. Juli. Diesen Plan hatte erstmals der Kriminal-Bezirksinspektor Konrad Rotter (gest. 1936) ausformuliert. Die Durchführung oblag SS-Männern der Standarte 89. Hitler wusste also vom geplanten Putsch; wie weit er in die Details eingeweiht war, ist nicht bekannt. Vermutlich beschäftigten ihn um diese Zeit auch andere Probleme, als er zwischen 30. Juni und 2. Juli die ihm zu mächtig scheinende SA-Führung (SA: Sturmabteilung) durch die SS (Schutzstaffel) liquidieren ließ. Das angerichtete Blutbad ist unter dem Stichwort »Röhm-Putsch« in die Geschichte eingegangen. Die Gegnerschaft zwischen diesen beiden Parteiarmeen sollte drei Wochen später mit ein Grund für das Scheitern der NS-Machtübernahme in Österreich sein.

Der 24. Juli 1934: Die SS-Standarte 89 wollte losschlagen, aber der Ministerrat wurde auf den folgenden Tag verschoben. Zugleich vereitelte die Exekutive einen SS-Anschlag auf Bundespräsident Miklas, der in Velden am Wörthersee urlaubte. Wien war also vorgewarnt. Dennoch begann am Vormittag des 25. Juli die Ministerratssitzung. Gegen 12 Uhr Mittag trafen unauffällig etwa 150 Putschisten der SS-Standarte 89 in der Turnhalle des Deutschen Turnerbundes, 7. Bezirk, Siebensterngasse 11, zusammen und legten zur Tarnung Bundesheer- und Polizeiuniformen an. Doch ihr Vorhaben war verraten worden – dem Zufall spielte allerdings die Schlamperei in die Hände, denn die Informationskette funktionierte nur mangelhaft, sodass der Kanzler über die drohende Gefahr nur ganz unzureichend informiert wurde: Einen Mitverschwörer, ein gewisser Polizeirevierinspektor namens Johann Dobler (1893–1934; Selbstmord), hatte das schlechte Gewissen gepackt, sodass er in der Früh die geplante Aktion verriet, nicht aber an die Polizeidirektion, weil er zu Recht unter den hohen Beamten NS-affine Mitwisser vermutete und daher um sein Leben bangte, sondern an zwei Heimwehrmänner namens Fritz Mahrer und Ludwig Schaufler, welche ihrerseits dem Adjutanten von Minister Fey, Gendarmeriemajor Robert Wrabel (1900–1967), Mitteilung machten. Dieser aber beorderte lediglich zwei Kriminalbeamte zur Beobachtung in die Siebensterngasse und erstattete endlich um 10.45 Uhr auch seinem Chef die entsprechende Meldung ...[68] Minister Emil Fey war also exakt zwei Stunden vor dem

Anschlag über die Pläne der Putschisten informiert worden. Nun hatte aber der ehrgeizige Fey kurz zuvor die Kompetenz über das Sicherheitswesen an Dollfuß abgeben müssen und war darüber tief gekränkt. Der Posten eines Ministers »ohne Portefeuille« gab ihm nicht die erhoffte Machtfülle. Vielleicht hoffte er nun, als »Retter des Vaterlandes« auftreten zu können, indem er den Putsch vereitelte: Daher beorderte er das im Wiener Prater übende Schutzkorpsregiment Nr. 1 in seine Kaserne in der Teinfaltstraße, unweit des Bundeskanzleramtes, zurück. Weitere Befehle gab er aber verhängnisvollerweise nicht. Erst um 12.10 Uhr setzte er den Bundeskanzler in Kenntnis, der sofort die Ministerratssitzung unterbrach und alle Regierungsmitglieder in ihre Ministerien fortschickte. Im Bundeskanzleramt verblieben lediglich der Minister Emil Fey und drei Staatssekretäre: für Landesverteidigung Generalmajor Wilhelm Zehner (1883–1938; ermordet oder Selbstmord?), für das Sicherheitswesen Carl Karwinsky (1888–1958) sowie für Äußeres Ing. Stephan Tauschitz (1889–1970). Warum nahm Dollfuß die Warnung nicht allzu ernst und entfernte sich nicht ebenfalls aus dem Bundeskanzleramt? Freilich kursierten seit Frühjahr 1934 immer wieder Putschgerüchte und Konfidentenberichte, die sich dann als haltlos erwiesen hatten, sodass eine gewisse Sorglosigkeit eingekehrt war. Immerhin verließ Zehner knapp vor dem Eintreffen der Putschisten den Ballhausplatz, um vom Heeresministerium aus das Bundesheer zu alarmieren. Allerdings übte die Wiener Garnison just zu dieser Zeit auf dem Truppenübungsplatz Bruckneudorf und konnte frühestens nach drei bis vier Stunden vor dem Kanzleramt auftreten.

Um 12.45 Uhr saßen die Putschisten auf LKWs (zivile Gemüsetransporter) auf und fuhren los; nur der letzte Wagen der Kolonne, in dem sich ausgerechnet der militärische Anführer der SS-Standarte 89, Fridolin Glass, befand, wurde von den Kriminalbeamten aufgehalten; Glass konnte flüchten und ließ seine Kameraden allein. Acht Minuten später fuhr die Kolonne in den Hof des Bundeskanzleramtes ein. Dort standen die Tore weit offen, denn die 15 Mann starke (unbewaffnete) Ehrenwache des Bundesheeres war im Hof zur Dienstübergabe angetreten. Als die vermeintlichen Kameraden von ihren LKWs stiegen, dachten die Wachesoldaten an ihre Ablöse, sodass sie mühelos überrumpelt werden konnten. Nun durchsuchten einzelne Gruppen der Putschisten das Kanzleramt und trieben die etwa 150 Beamten im Hof zusammen. Als Dollfuß, Fey und Karwinsky die Gefährlichkeit der Situation erkannten, wollten sie in den dritten Stock des Kanzleramtes fliehen, doch der Amtsdiener, Eduard Hedvicek (1878–1947), überredete sie zur Umkehr und zur Benutzung eines Geheimganges, der von der Präsidentschaftskanzlei über eine kleine Wendeltreppe in das angrenzende Staatsarchiv (Minoritenplatz) führt. Im Ecksalon des Kanzleramtes, das neben dem Arbeitszimmer des Kanzlers liegt, kamen den dreien einige heraufstürmenden Putschisten mit gezückter Pistole entgegen. Es scheint, dass sich Dollfuß noch zur Wehr setzte, ehe ihn in dem Handgemenge zwei aus nächster Nähe abgegebene Schüsse niederstreckten. Die Schüsse kamen aus den Waffen von Otto Planetta (1899-1934, hingerichtet) und Franz Holzweber (1904–1934, hingerichtet). Ein Projektil, aus nur 10 cm Entfernung abgegeben, fügte dem Kanzler die tödliche Wunde zu: Es drang vom linken Ohr durch den Hals in die rechte Brusthöhle und trat durch die rechte Achselhöhle wieder aus. Holzweber, ein ehemaliger Wachtmeister, galt nach dem Ausfall von Glass als nunmehriger Anführer der Putschisten; er ließ sich mit seinem Pseudonym »Hauptmann Friedrich« anreden. Vermutlich stammte von ihm der tödliche Schuss; sein wahrer Name wurde aus Rücksicht auf das Prestige der Exekutive geheim gehalten und kam erst vier Jahrzehnte später ans Tageslicht. Otto Planetta nahm dann vor dem Militärgericht alle Schuld auf sich, da er wusste, dass er sein Leben auf jeden Fall verwirkt hatte. Beide wurden gemeinsam mit anderen Putschisten am 31. Juli hingerichtet.

Fey, Karwinski und Tauschitz wurden von den Putschisten im Sitzungssaal in Schach gehalten, während der schwer verletzte und durch den Schuss gelähmte Dollfuß 45 Minuten am Boden liegen blieb, bis man ihn endlich auf ein Sofa bettete. Erst gegen 13.45 Uhr gestatten die Putschisten zwei (zuvor entwaffneten) Polizeibeamten, dem Kanzler Erste Hilfe zu leisten. Deren Protokolle[69] geben einen Einblick in die Sterbestunde des Kanzlers. So bat dieser wiederholt, aber vergebens, um einen Arzt (der ohnehin nichts hätte ausrichten können) und um einen Priester, auch um die Anwesenheit des Ministers Schuschnigg. Auf die Frage eines Putschisten, warum sich der unbewaffnete Dollfuß gewehrt hätte, gab dieser zur Antwort. »Ich war doch Soldat!« Ein anderer forderte Dollfuß auf, keine Zeit zu verlieren und endlich Rintelen mit der Regierung zu betrauen; darauf ging der Kanzler gar nicht ein und erklärte vielmehr, als sein Nachfolger kämen nur entweder Schuschnigg oder Polizeivizepräsident (nachmaliger Polizeipräsident) Dr. Michael Skubl (1877–1964) infrage. Zu Fey, der mit bewaffneter Eskorte zu Dollfuß gebracht wurde, richtete Dollfuß die Bitte: »Sag' bitte dem Mussolini, er soll für meine Frau und meine Kinder sorgen.« Seine letzten Worte lauteten: »Ich lasse meine Frau und die Kinder schön grüßen!« Unmittelbar danach verlor er das Bewusstsein und verschied um 15.45 Uhr. Er war nur 42 Jahre alt geworden. (Tatsächlich hatte sich zwischen Alwine Dollfuß und Donna Rachele Mussolini eine echte Freundschaft entwickelt, die auch nach 1934 anhielt; der Diktator schenkte den Kindern von Dollfuß, Eva und Rudi, Fahrräder, 1938 ermöglichte er ihnen und ihrer Mutter die Flucht aus Österreich.)

Schauplatzwechsel: Knapp vor 13 Uhr erstürmten etwa 25 Putschisten unter der Führung von Johann Domes (am 31. Juli hingerichtet) das Gebäude der RAVAG (Wien 1, Johannesgasse 4b), drangen in die Senderäume ein und zwangen einen Rundfunksprecher zu der Durchsage: »Die Bundesregierung ist zurückgetreten, Dr. Rintelen übernimmt die Geschäfte.« Diese Meldung sollte das Signal für den NS-Aufstand in ganz Österreich sein (aber dieser begann nicht gleich, sondern erst am folgenden Tag). RAVAG-Generaldirektor, Oskar Czeija (1887-1958), verständigte indessen die Polizei, die bereits um 13.10 Uhr vor Ort eintraf und nach heftigem Schusswechsel bis 15.10 Uhr das Gebäude unter ihre Kontrolle brachte; vier Tote waren zu beklagen. Ab 15.30 Uhr lief wieder der normale Sendebetrieb. Der genannte Anton Rintelen hatte unter christlichsozialer Ägide bereits mehrere hohe politische Ämter bekleidet, so als Landeshauptmann der Steiermark und dann als Unterrichtsminister im Kabinett Ramek II. Weil es ruchbar geworden war, dass er mit den Nationalsozialisten liebäugelte, wurde er 1933 zum Gesandten

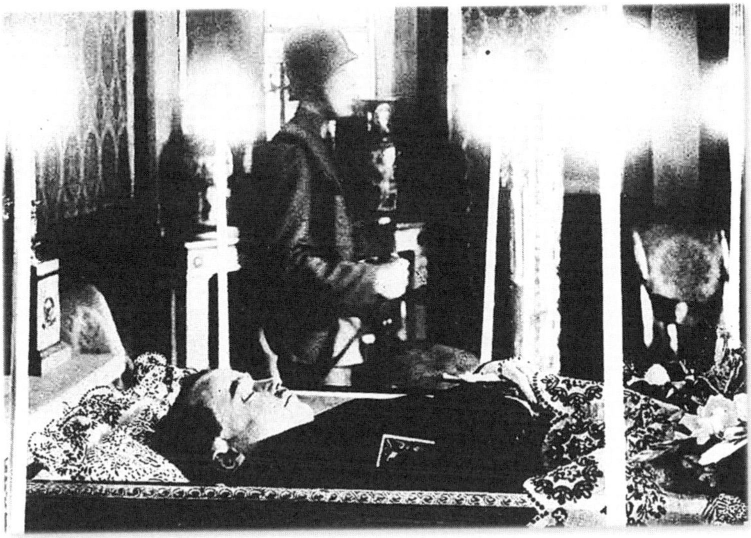

Der aufgebahrte tote Kanzler. Am 26. Juli 1934 ordnete die Vaterländische Front eine dreimonatige Trauer an, das Gedenken an den Ermordeten wurde zum patriotischen Bekenntnis.

in Rom ernannt und somit aus der Bundeshauptstadt »ehrenvoll« entfernt. Scheinbar zufällig weilte er just am 25. Juli in Wien und hielt sich während des Putsches im Hotel Imperial in der Erwartung auf, die Macht zu übernehmen. Daraus wurde bekanntlich nichts.

Eineinhalb Stunden nach Putschbeginn tagte im Regierungsgebäude (ehemaliges Kriegsministerium am Stubenring) im Arbeitszimmer von General Zehner der Ministerrat. Da Vizekanzler Starhemberg gerade in Italien weilte, übernahm Unterrichtsminister Schuschnigg als dienstältestes Regierungsmitglied den Vorsitz. Am Nachmittag wurde Rintelen vor den Ministerrat zitiert, wo er den Regierungsmitgliedern Rede und Antwort stehen musste und schließlich (ohne Haftbefehl) festgehalten wurde. Da an ihm keine Leibesvisitation vorgenommen worden war, konnte er in einem unbeobachteten Moment seine Waffe gegen sich richten, die Verwundung war aber nicht lebensgefährlich. Dieser Selbstmordversuch wurde später von den Nationalsozialisten propagandistisch als misslungener Mordanschlag umgedeutet. Ein

Gericht verurteilte Rintelen wegen Hochverrats zu lebenslanger Haft, Anfang 1938 kam er (noch unter Schuschnigg) frei und starb 1946 mit 70 Jahren.

Bundespräsident Miklas, der nach wie vor in Velden weilte, betraute Schuschnigg telefonisch mit der provisorischen Regierungsführung und erteilte ihm zugleich den Auftrag, »mit allen Machtmitteln des Staates die gesetzliche Ordnung wiederherzustellen«. Nun verhängte die Regierung über Wien das Standrecht und ließ mit Bundesheer (über 400 Mann), Polizei (200 Mann) und Heimwehr (500 Mann) das Bundeskanzleramt umstellen. Dieses gewaltige Aufgebot machte die Putschisten selbst zu Gefangenen. Nachdem Major Fey um 16.35 Uhr vom Kanzleramt aus meldete, dass die Verletzung von Dollfuß »schwer« wäre, verbreitete sich bald das Gerücht vom Tod des Bundeskanzlers. Ab 17.30 Uhr verhandelten Generalmajor Zehner und Sozialminister Neustädter-Stürmer mit den Putschisten. Da Letztere Emil Fey gestatteten (oder befahlen?), vom Balkon des Kanzleramtes aus die Verhandlungen zu führen und sich dabei selbst zum Sicherheitsminister zu ernennen, obwohl er doch eigentlich ein Gefangener bzw. eine Geisel war, wurden Vermutungen laut, er konspirierte heimlich mit den Aufständischen, ja die *Arbeiter-Zeitung* verstieg sich sogar zur Behauptung, Fey selbst hätte den tödlichen Schuss auf den Kanzler abgegeben. Dies ist freilich ganz unwahrscheinlich. Allerdings gab ein Putschist zu Protokoll, dass Holzweber Fey tatsächlich zum Sicherheitsminister einer NS-Regierung unter Rintelen ernennen wollte (wofür Holzweber aber gewiss kein Mandat gehabt hätte). Fey geriet jedenfalls in eine denkbar schiefe Optik – nicht zuletzt auch, weil just um diese Zeit Heimwehrabteilungen auf Befehl Feys sofort zur Stelle waren, als es galt, das Kanzleramt zu zernieren. Ging Fey auf Nummer sicher und wollte sich, falls der Putsch scheiterte, als Retter der Regierung gerieren?

Nach langen Verhandlungen zwischen Fey und Sozialminister Neustädter-Stürmer, bei denen die Putschisten drohten, das Kanzleramt bis zum letzten Mann zu verteidigen und alle Gefangenen zu töten, einigte man sich auf freien Abzug der Besetzer und auf deren Eskortierung nach Bayern, falls kein Todesopfer zu beklagen wäre. Um 19 Uhr öffneten sich die Tore des Bundeskanzleramtes, die Putschisten strömten ins Freie, zugleich drangen Exekutivbeamte in das Gebäude ein, und als sie den Tod des Kanzlers meldeten, widerrief Neustädter-Stürmer das freie Geleit: 154 Nationalsozialisten wurden verhaftet und in die Polizeikaserne in der Marokkanergasse gebracht: Einigen war allerdings in dem allgemeinen Durcheinander die Flucht gelungen.

Wien war am Abend dieses verhängnisvollen 25. Juli wieder ruhig, aber mit ein- bis zweitägiger Verspätung brach der Aufstand in den Bundesländern los – unkoordiniert und daher ineffizient, denn die NS-Organisation in Österreich folgte keiner einheitlichen hierarchischen Befehlsgebung, vielmehr wusste oft die eine Hand nicht, was die andere tat. Es gab abgesehen vom Putschvorhaben der SS in Wien, für das u. a. der von München aus die Fäden ziehende Theo Habicht verantwortlich zeichnete, auch geheime Putschvorbereitungen von der NSDAP-Landesleitung in Österreich, die gemeinsam mit SS-Kräften sowie dem Steirischen Heimatschutz einen Aufstand planten. Der Steirische Heimatschutz war längst zur NS-Bastion mutiert, seine Anführer traten nunmehr als SA-Kommandanten auf. An vorderster Front standen Hanns Baptist Rauter (1895–1949; hingerichtet), der schon am Pfrimer-Putsch beteiligt war und später als SS- und Polizeiführer in Holland wirkte, sowie Konstantin Kammerhofer (1899–1958), auch dieser ein nachmaliger SS-Führer. Ganz eigene Pläne verfolgte Hermann Reschny (1898–1971), der nach dem Scheitern des SS-Putsches in Wien die Chance witterte, mit der SA in Österreich die Macht zu ergreifen. Noch am Abend des 25. Juli gab er – entgegen den Weisungen Hitlers – die Aufstandsbefehle nach Österreich durch und alarmierte auch die Österreichische Legion. Hitler verbot dann deren Einmarsch.

Am 26. Juli fiel der Regierung ein geheimes Schreiben in die Hände, das ein mit gefälschtem Pass ausgestatteter deutscher Kurier bei seiner Verhaftung in Kollerschlag bei sich trug. Dieses »Kollerschlager Dokument« enthielt genaue Anweisungen für eine SA-Machtübernahme in Österreich, wäre aber, selbst wenn es nicht abgefangen worden wäre, reichlich spät nach Österreich gekommen. (Manche vermuten, es handle sich um eine österreichische Fälschung, um die SA in Misskredit zu bringen.)

» **1.)** *Es besteht die* [… Möglichkeit, dass] *die Regierung Dollfuß eines Tages zum Rücktritt gezwungen wird. Kennwort ›Sommerfest‹. Entweder wird eine neue Regierung ernannt, oder es entspinnt sich ein Kampf um die Nachfolge.* **2.)** *In jedem Falle entsteht eine gewisse Zeit, wenigstens einige Stunden, ein gewisses Vakuum, die Exekutive gehorcht nicht mehr der alten Regierung und ist infolgedessen in ihren Entschlüssen und in ihrer Tatkraft gelähmt.* **3.)** *Dieser tote Punkt muss ausgenutzt werden. Auf die Nachricht vom Rücktritt Dollfuß' unternimmt die SA überall sofort selbständig ›unbewaffnete‹ Propagandamärsche, offiziell, um für Neuwahlen zu demonstrieren, in Wahrheit, um sofort in den Landeshauptstädten und Bezirksamtssitzen die öffentlichen Gebäude und Ämter zu besetzen und die Macht zu ergreifen. Der zuständige SA-Brigadeführer erlässt in jedem Lande sofort eine Bekanntmachung, dass der Gauleiter als Landeshauptmann und der Brigadeführer als Sicherheitsdirektor die Macht übernommen haben, er gibt der Exekutive in dieser Richtung energische Befehle als ihr neuer Vorgesetzter. Das Motto lautet: ›Ein freies, selbständiges Österreich, ebenso unabhängig vom Reich wie von Italien, aber Wiederherstellung wahrhaft verfassungsmäßiger Zustände.‹* […] **5.)** *Es können nun zwei Möglichkeiten folgen: a) Die neue Regierung erkennt die nationalsozialistische Bewegung an und fügt sich, oder b): Es setzt ein mehr oder weniger planmäßig geleiteter aktiver Widerstand gegen uns ein, kurz, es entwickelt sich ein Kampf um die Macht. In diesem Falle darf sich die SA nicht mit ›Propagandamärschen‹ und friedlichem Besetzen der Regierungsgebäude begnügen, sondern es muss mit allen Mitteln um die Erringung der Macht gekämpft werden. Kurz gesagt, aus dem ›Sommerfest‹ entwickelt sich spontan das ›Preisschießen‹ mit ›Italienischer Nacht‹, wie es bereits vorbereitet ist.* […] **6.)** *Es kommt darauf an, dass die Bewegung scheinbar spontan aus dem Volke kommt, sie muss rein innerpolitisch aufgezogen sein und darf keinesfalls irgendwie von außen her geleitet erscheinen. Unbedingte Geheimhaltung vorher vor allen Stellen der SA, SS und HJ sowie unteren SA-Führung ist Vorbedingung. Der ganze Plan darf nicht über Brigadeführer und ihre Stabsführer hinaus bekannt werden.«* […][70]

Die Bundesregierung bot binnen kurzer Zeit das Schutzkorps (regierungstreue Wehrverbände, großteils Heimwehren) mit beachtlichen 52.820 Mann und vor allem das Bundesheer (ca. 30.000 Mann) und die Exekutive (15.322 Mann) auf, welche letztlich besser geführt und ausgerüstet waren als die maximal 25.000 bis 30.000 Aufständischen. Die heftigsten Kämpfe entspannen sich in Kärnten (Lavanttal, Feldkirchen, St. Veit an der Glan und im Mittleren Drautal) unter der Leitung von Hanns Rauter; sie dauerten bis zum 28. Juli an, eine Rückzugstellung an der jugoslawischen Grenze bei Rabenstein konnte sogar erst am 30. Juli genommen werden. Jugoslawien dokumentierte seine anti-österreichische Haltung, indem es einerseits eine Division an die Kärntner Grenze verlegte und andererseits die geflüchteten SA-Einheiten (etwa 2.000 Mann) wohlwollend aufnahm. Man verbrachte sie ins Lager Varasdin; hier hätte sogar die Möglichkeit bestanden, eine zweite »Österreichische Legion« aufzubauen – was dann allerdings nicht geschah, vielmehr wurden die Flüchtlinge alsbald nach Deutschland abgeschoben.

Heftig tobte der SA-Aufstand in der Steiermark (Leoben, Knittelfeld, Donawitz, im Ennstal und am Pyhrnpass); dieser sollte die Wiener (SS-zugehörigen) Putschisten unterstützen. Die Exekutive stellte bis zum 27. Juli die Ordnung wieder her. Kleinere Aktionen der Aufständischen gab es in Tirol am 25. Juli und in Salzburg bis 28. Juli. In Oberösterreich versuchten am 27. Juli einige Angehörige der Österreichischen Legion bei Kollerschlag im Mühlviertel den Grenzübertritt, wurden aber daran gehindert; die Schießerei kostete sechs Menschenleben.

Insgesamt kostete der Umsturzversuch der Nationalsozialisten auf beiden Seiten 229 Tote (105 Regierungskräfte, 113 Aufständische und 11 Unbeteiligte) und über tausend Verletzte. Am 26. Juli berief die Regierung Militärgerichte zur Aburteilung der Putschisten. Gemeinsam mit den gefangenen Anführern des Putsches wurden am 31. Juli auch einige aktive Angehörige der Polizei und des Bundesheeres, insgesamt 13 Personen, hingerichtet, über 11.000 kamen in Gefängnisse und ins Anhaltelager Wöllersdorf. Die wahren Drahtzieher des Putsches, unter ihnen Weydenhammer, Wächter und Glass, konnten rechtzeitig nach Deutschland entkommen.

Der Juliputsch in Kärnten: Junge Nationalsozialisten sammeln sich zum Kampf.

Heftig fielen die Reaktionen des benachbarten Auslandes aus, wobei sich Italien sogar als Beschützer Österreichs erwies: Mussolini veranlasste unmittelbar nach der Ermordung von Dollfuß, also bereits um 16 Uhr des 25. Juli, den Aufmarsch von Land- und Luftstreitkräften an der Tiroler und Kärntner Grenze. Diese Militäroperation galt als Warnung an Deutschland und wurde in Berlin auch entsprechend ernst genommen, sodass Hitler von allen Aktionen gegen Österreich Abstand nahm und, wie erwähnt, die Österreichische Legion zurückpfiff. Die Situation war trotzdem gefährlich, denn auf Italiens Truppenbewegungen am Brenner antwortete Jugoslawien entsprechend seiner Österreich-feindlichen und Deutschland-freundlichen Linie, indem es ebenfalls eine Division Richtung Kärntner Grenze in Marsch setzte. Es fehlte nicht viel, und Kärnten wäre zum Kriegsschauplatz zwischen Italien und Jugoslawien geworden. Später wurden im ungarischen Generalstab Überlegungen angestellt, das Burgenland zu besetzen, falls fremde Truppen in Österreich einmarschieren sollten. Zu all dem ist es bekanntlich nicht gekommen, weil Österreichs Machtmittel zur Niederwerfung des Aufstandes ausgereicht hatten. Der Nationalsozialismus hingegen hatte eine schwere

Niederlage erlitten. Hitler war total kompromittiert, weil niemand an seiner Mitwisserschaft zweifelte, zumal noch am 25. Juli mittags der Deutsche offizielle Nachrichtendienst herausgab, dass sich Deutschland mit dem Putsch identifizierte. Das wurde dann rasch dementiert und der Reichskanzler distanzierte sich vehement von den Vorgängen in Österreich. Um seine »Unschuld« zu beweisen, ernannte er schon am 27. Juli den Vizekanzler a. D., Franz v. Papen (1879–1969), zum Sondergesandten in Österreich und entließ den bisherigen Gesandten Kurt Rieth (1881–1969), weil sich dieser durch seine Verhandlungsbereitschaft mit den Wiener Putschisten desavouiert hatte. Hitlers Schreiben an Papen sollte den Willen Berlins zur Entspannung bezeugen und künftig freundschaftliche Beziehungen zwischen Wien und Berlin einläuten. Am 29. Juli verfügte Hitler die Auflösung der NS-Landesleitung; Habicht wurde aus allen Ämtern entlassen und die Österreichische Legion nach Norddeutschland abgeschoben. Bis auf Weiteres wurde jede Propaganda gegen Österreich eingestellt. In Wien wusste man allerdings, dass das versprochene gute Nachbarschaftsverhältnis nicht von Dauer sein und dass es sich wohl nur um eine befristete Entspannung handeln würde. Heute ist anzunehmen, dass der gescheiterte Putsch die NS-Machtübernahme in Österreich um ein paar Jahre verzögerte.

Die Anfänge der Regierung Schuschnigg

Bundespräsident Miklas hatte wie erwähnt Kurt Schuschnigg noch am Nachmittag des NS-Putschversuchs mit der provisorischen Führung der Regierung betraut. Nach dem feierlichen Begräbnis, bei dem Starhemberg vor dem Wiener Rathaus und Schuschnigg am Hietzinger Grab die Trauerreden hielten, ernannte Miklas Schuschnigg definitiv zum Bundeskanzler und forderte ihn zur Regierungsbildung auf. Der neue Kanzler übernahm die Ressorts Landesverteidigung, Unterricht und Justiz. Sein Rivale Starhemberg (Heimwehr) blieb Vizekanzler und Sicherheitsminister. Obwohl Starhemberg von Kreisen der Heimwehr heftig bedrängt worden war, selbst das Kanzleramt zu übernehmen, musste er sich dem Willen des Bundespräsidenten beugen. Man einigte sich auf den Kompromiss, dass er in der Regierung Stellvertreter des Kanzlers und dafür Bundesführer der Vaterländischen Front, Schuschnigg hingegen Regierungschef und Starhembergs Stellvertreter in der Führung der Front wurde. Nach außen schien damit die Macht im Staate geteilt. Im Kabinett wirkten von der Heimwehr Außenminister Egon Berger-Waldenegg (1880–1960), Innenminister Fey und Sozialminister Odo Neustädter-Stürmer mit; von den Christlichsozialen Finanzminister Karl Buresch, Handels- und Verkehrsminister Fritz Stockinger (1894–968) und Landwirtschaftsminister Josef Reither (1880–1950).

Der am 14. Dezember 1897 geborene Dr. Kurt (Edler von) Schuschnigg entstammte einer angesehenen Tiroler Offiziers- und Beamtenfamilie, die 1898 in den erblichen Adelsstand erhoben worden war. Großvater und Vater bekleideten den Generalsrang, als typisches Soldatenkind erblickte Kurt das Licht der Welt in Riva di Garda, wo sein Vater in Garnison lag. Das militärische Umfeld dürfte ihn ebenso wie der Besuch des Jesuitengymnasiums in Feldkirch für sein weiteres Leben geprägt haben und festigten in ihm die Kirchentreue, die Kaisertreue und die Staatstreue (nicht von ungefähr wurde er nach seiner Emigration in die USA zum Professor an eine Jesuitenuniversität berufen). Den Weltkrieg begann Schuschnigg als Offiziersanwärter an der Italienfront im Feldartillerieregiment 4, wo er auch zum Leutnant avancierte. Nach mehrmonatiger italienischer Kriegsgefangenschaft begann er an den Universitäten Freiburg im Breisgau und Innsbruck das Jus-Studium, bereits im ersten Studienjahr (1919) trat er der katholischen nicht schlagenden Studentenverbindung »AV Austria Innsbruck« bei. 1924 eröffnete der junge Doktor iur. seine eigene Rechtsanwaltskanzlei. 1926 heiratete er Herma, geb. Masera, im selben Jahr kam sein Sohn Kurt zur Welt. Diese erste Ehe endete 1935 abrupt, als Herma bei einem Autounfall ums Leben kam, den Schuschnigg mit leichten Verletzungen überlebte. (Schuschniggs zweite Ehe mit Vera, geb. Czernin v. Chudenitz, wurde 1938 während der Gestapo-Haft im Hotel Metropol geschlossen; Tochter Elisabeth.) Da sich Schuschnigg schon frühzeitig in der Christlichsozialen Partei engagiert hatte, zog er 1927 als jüngster

Abgeordneter in den Nationalrat ein. 1930 gründete er in Innsbruck den christlichen Wehrverband »Ostmärkische Sturmscharen«; sie rekrutierten sich aus Mitgliedern der katholischen Jugend, aus Gesellen- und Lehrerorganisationen und sollten ein Gegengewicht zu den Heimwehren bilden, erlangten aber mit ihren maximal 15.000 Mitgliedern nur geringe Bedeutung. Ignaz Seipel nahm den von den Christlichsozialen schon als »Kronprinz« gehandelten Schuschnigg 1932 als Justizminister in sein Kabinett auf, seit 1933 fungierte er auch als Unterrichtsminister. Als er das Kanzleramt übernahm, zählte er 37 Jahre. Seine unbedingte Treue zum Vermächtnis des ermordeten Vorgängers dokumentierte er dadurch, dass er dessen Totenmaske gegenüber seinem Schreibtisch aufstellen ließ.

Schuschnigg konnte nie in die Rolle eines leutseligen, charismatischen Politikers, wie ihn Dollfuß verkörpert hatte, hineinwachsen. Er war kultiviert, intellektuell, aber auch introvertiert, sodass er kaum persönlichen Kontakt, auch nicht zu seinen engsten Mitarbeitern, schloss. Bruno Kreisky beschreibt ihn wie folgt: *»Während Dollfuß starke Sympathien und bei seinen Anhängern geradezu eine Hingabe besonderer Art erweckte, war Schuschnigg ein frustrierter, verschlossener Mann ohne jegliche Popularität. Er war, mehr noch als Dollfuß, die Inkarnation des Kleriko-Faschismus. Weil er den Eindruck erweckte, österreichischer Patriot und Deutscher zu sein, hat er am Ende alles verloren.«*[71] Von seiner inneren Überzeugung blieb Schuschnigg (ebenso wie Bundespräsident Miklas und Heimwehrführer Starhemberg) Legitimist und gehörte der »Vereinigung katholischer Ehrenleute« und somit dem sog. »Eisernen Ring« an. Bei Gelegenheit bekannte er, seit 1920 für die Aufhebung der Habsburggesetze und für die Herbeiführung der Monarchie in Österreich zu kämpfen. Als er jedoch das Kanzleramt übernahm und Otto von Habsburg an ihn die Aufforderung richtete, das Habsburggesetz vom 3. April 1919 (betreffend die Landesverweisung und die Übernahme des Vermögens des Hauses Habsburg-Lothringen) aufzuheben, antwortete Schuschnigg ausweichend: Wohl wurde durch Bundesgesetz vom 12. Juli 1935 das Einreiseverbot aufgehoben und das beschlagnahmte Familienvermögen teilweise rückerstattet. Für die Einreise Ottos möge

Der Kanzler spricht: Auch Schuschnigg, rechts beim »Frontappell« auf der Schmelz am 18. Oktober 1936, schätzt die Führerpose.

hingegen ein (außenpolitisch) passender Moment abgewartet werden – dieser ergab sich freilich nie. Denn von den Staaten der Kleinen Entente und vor allem von Berlin musste mit einer militärischen Intervention für den Fall einer Habsburg-Restauration gerechnet werden. Jedenfalls durften nur die drei jüngeren Geschwister Ottos (Adelheid, Felix und Carl Ludwig) nach Österreich zurückkehren. Nichtsdestoweniger protestierten die Staaten der Kleinen Entente heftig gegen die Rückgabe des Habsburgvermögens, fürchteten sie doch, dass dies nur der Anfang einer Restauration wäre. Bundeskanzler und Kaisersohn – er wurde von Schuschnigg stets als »Eure Majestät« angesprochen – trafen einander mehrmals in Belgien (Schloss Steenokkerzeel) und in Frankreich, wobei beide recht divergierende innen- und außenpolitische Ansichten vertraten: Außenpolitisch wendete sich Otto entschieden gegen jede Art von Verständigung mit Hitler-Deutschland und auch gegen die einseitige Bindung an Italien. Innenpolitisch trat Otto für eine Versöhnung mit den Sozialdemokraten ein.

Der überraschende Tod von Engelbert Dollfuß hatte eine Baustelle hinterlassen, die Schuschnigg zu Ende bringen musste: Zunächst galt es, den stets so vollmundig gepriesenen »Ständestaat« zu verwirklichen und die Maiverfassung in das öffentliche Leben zu implementieren. Dies gelang nur unvollständig, allein die Organisation der Berufsstände erwies sich als nicht zu bewältigende Hürde. Und dann hatte Schuschnigg mit den Gegnern in den eigenen Reihen zu kämpfen und allen Intrigen und Doppelzüngigkeiten der politischen Akteure zum Trotz seine Führungsposition zu behalten und noch auszubauen. Es ging ihm – wie zuvor Dollfuß – um das Eindämmen von immer wieder losbrechenden Rivalitäten der verschiedenen Verbände und Gruppen innerhalb des »vaterländischen Lagers«. Der Chef des Generalstabes, Alfred Jansa, schildert dies anschaulich: *»In den […] Sitzungen des Führerrates der Vaterländischen Front konnte ich erkennen, wie unendlich schwierig die Arbeit des Kanzlers war, ohne politische Parteien und ohne Gewaltmittel der Diktaturen, nur mit geistigen Argumenten eine einheitliche Willensbildung im Sinne österreichischer Unabhängigkeit zu formen. Selbst unter den Gutwilligen strebten die Interessen der Stände vielfach auseinander, gar nicht zu reden von den Eitelkeiten und Strebereien einzelner Persönlichkeiten.«*[72] Wie konnte man in dieser vielfach frakturierten Gesellschaft die Bevölkerung zur Unterstützung der Regierungsarbeit motivieren? Die Mehrheit der Österreicherinnen und Österreicher stand jedenfalls nicht hinter dem Regime, seine Gegner fanden sich eben nicht nur unter den Sozialisten und Nationalsozialisten. Schuschniggs Position entsprach eben lediglich einem labilen Gleichgewicht – und darin unterschied sich seine Semidiktatur ganz wesentlich von den Diktaturen in Deutschland, Italien, Spanien oder der Sowjetunion. Hilfreich schien es, durch einen wahren Dollfuß-Kult der Bevölkerung die ungebrochene Kontinuität des Regimes zu suggerieren. Im ganzen Land wurden, wie erwähnt, zahlreiche Dollfuß-Denkmäler errichtet, Brunnen und Aussichtswarten nach ihm benannt, Reliefs und Porträts angefertigt und Sterbebilder verkauft. Der tote Kanzler sollte wie ein christlicher Märtyrer verehrt werden.

Die im Untergrund aktiven »Revolutionären Sozialisten« (RS) erhofften »in der Zukunft Fernen«[73] den revolutionären Umschwung, der sich freilich in absehbarer Zeit nicht abzeichnete, während die illegalen Nationalsozialisten nicht zu Unrecht auf ihre baldige Machtübernahme setzen. Die Gemäßigten unter diesen beiden oppositionellen Gruppen versuchten das Regime von innen zu unterwandern und traten der VF bei, die Radikalen hielten durch konspirative Treffen und Schmieraktionen die Polizei auf Trab. Die RS mussten äußerste Vorsicht walten lassen, denn zu ihrer Unterstützung bekannte sich lediglich die weit entfernte Sowjetunion, während die Tschechoslowakei nur sehr eingeschränkte Hilfe gewährte und Ende 1937 sogar den Druck der AZ verbot. Die Nationalsozialisten verfügten dagegen mit Deutschland über einen benachbarten »Anlehnungsstaat«.

Grundvoraussetzung für eine fortan friedliche Zukunft schien Schuschnigg die Vereinheitlichung der freiwilligen Wehrverbände zu sein, daher fasste er diese in einer dem Verteidigungsministerium unterstellten »Frontmiliz« zusammen. Kommandant wurde der einstige Anführer im Kärntner Abwehrkampf (1918/19), späterer Kärntner Landeshauptmann und zuletzt Vizekanzler, Feldmarschallleutnant Ludwig Hülgerth (1875–1939). Dass es hier erhebliche Widerstände geben würde, war vorauszusehen, aber für den Kanzler hatten sich die Heimwehrverbände nicht nur überlebt, sie schienen ihm ein erhebliches Sicherheitsrisiko zu sein. Vizekanzler Starhemberg erklärte am 20. Jänner 1935 anlässlich einer Führertagung der Heimwehr unumwunden, dass es fortan zu Auseinandersetzungen mit »anderen Gegnern« kommen werde, womit er Schuschnigg und den »politischen Katholizismus« meinte. Alles lief auf einen internen Machtkampf hinaus, den der Kanzler aber geschickt parierte, indem er seine Widersacher gegeneinander ausspielte, insbesondere Starhemberg und Fey. Geringere Probleme bereitete die Auflösung der Frontkämpfervereinigung (21. Juni 1935), die ohnehin nur mehr zum Teil loyal zur Regierung stand und einen starken nationalsozialistischen Flügel aufwies. Am 17. Oktober 1935 entließ Schuschnigg wegen fortdauernder sachlicher und persönlicher Meinungsverschiedenheiten den Innen- und Sicherheitsminister, Major Emil Fey, aus der Regierung – Fey wurde als Präsident der DDSG »weggelobt«.

Neuer Innen- und Sicherheitsminister wurde der Heimwehrpolitiker Eduard Baar-Baarenfels (1885–1967).

Die Entfernung Starhembergs aus dem Kabinett dauerte länger. Zunächst wurde er damit geködert, dass alle Wehrverbände, zusammengefasst als »Freiwilligen Miliz – Österreichischer Heimatschutz« seinem einheitlichen Kommando unterstellt wurden, bald aber erfolgte seine Entmachtung, indem die gesamte Miliz dem Bundesheer als nachgeordnete Verbände angegliedert wurde. Das endgültige Ende der Heimwehr zeichnete sich ab, als Schuschnigg über die Einführung der allgemeinen Wehrpflicht laut nachdachte und im Winter 1935 in London und Paris vorstellig wurde, um eine Revision des Staatsvertrages im Hinblick auf die militärischen Beschränkungen zu erwirken – vorerst ohne Ergebnis (Hitler hatte im März desselben Jahres die allgemeine Wehrpflicht eingeführt, ohne jemanden zu fragen). Fast schien es, als wollte der Kanzler nur einen günstigen Moment abwarten, um Starhemberg endlich loszuwerden. Und diesen Moment lieferte der Vizekanzler selbst, indem er im Mai 1936 ein Glückwunschtelegramm an Mussolini wegen seines Sieges bei Addis Abeba, gepaart mit Beleidigungen gegen die demokratischen Westmächte, schickte. Der solcherart desavouierte Schuschnigg forderte tags darauf seinen Vizekanzler zum Rücktritt auf. Neuer Vizekanzler wurde der oben erwähnte Baar-Baarenfels, Starhemberg ging 1937 in die Schweiz und 1940 nach Frankreich, 1942 emigrierte er

Noch wird Eintracht demonstriert: Schuschnigg mit Vizekanzler Starhemberg auf einem Plakat. 1936 entmachtet der Bundeskanzler den Heimwehrführer und löst dessen »Armee« auf.

nach Südamerika. Mit dem Sturz Starhembergs quittierten bald auch die anderen Heimwehrminister ihren Dienst, und am 10. Oktober 1936 wurde die Heimwehr aufgelöst, ihre Verbände in die Frontmiliz eingegliedert.

Außenpolitische Isolation

Österreich bot sich bald nur mehr als Objekt und nicht als Subjekt der europäischen Geschichte dar, denn rund um die Alpenrepublik fanden tektonische Veränderungen statt, die für Wien lediglich die Rolle eines bangen Zuschauers übrig ließen. Als Hitler am 26. Jänner 1934 mit Polen einen Nichtangriffspakt schloss, vermittelte er noch den Eindruck eines friedliebenden Politikers, dem Wien allerdings angesichts der Anschläge der Nazis in Österreich zu Recht misstraute. Der NS-Juliputsch von 1934 brachte Hitler einen vorübergehenden Prestigeverlust, doch bald danach durfte er mit der Saarabstimmung vom 13. Jänner 1935 seinen ersten außenpolitischen Erfolg feiern: Das Saargebiet wurde mit Deutschland wiedervereinigt. Drei Monate später (16. März 1935) verkündete Hitler die Wiedereinführung der allgemeinen Wehrpflicht sowie die Aufhebung der Rüstungsbeschränkungen und revidierte damit einseitig den Friedensvertrag von Versailles. England, Frankreich und Italien protestierten auf der Konferenz von Stresa (Provinz Novara; 11. bis 14. April 1935) ohne Erfolg. Die drei Großmächte vereinbarten eine gemeinsame Abwehr der deutschen Politik (»Stresa-Front«) und gaben (wie schon zuvor am 17. Februar und am 27. September 1934) auch eine Garantieerklärung für Österreichs Unabhängigkeit ab; Wiens Wunsch nach Einführung der allgemeinen Wehrpflicht wurde dabei nur ausweichend Rechnung getragen. Resolution vom 14. April 1935:

» *Die Vertreter der Regierungen Italiens und Frankreichs und des Vereinigten Königreichs haben in Stresa die allgemeine Lage geprüft […] sowie die Entscheidung, die am 16. März von der Deutschen Regierung gefällt wurde […].*

> *3.) Die Vertreter der drei Regierungen prüften von neuem die österreichische Lage: Sie bestätigten die englisch-französisch-italienischen Erklärungen vom 17. Februar und 27. September 1934, durch die die drei Regierungen anerkannten, dass die Notwendigkeit, die Unabhängigkeit und Unversehrtheit Österreichs aufrechtzuerhalten, auch weiterhin ihre gemeinsame Politik bestimmen werde.* […]
>
> *6.) Die Vertreter der drei Regierungen zogen den Wunsch der Staaten, deren Rüstungsstatus durch die Verträge von St. Germain, Trianon und Neuilly* [Österreich, Ungarn, Bulgarien] *bestimmt worden ist, in Betracht, die Revision dieses Status zu erreichen* [gemeint: Einführung der Wehrpflicht usw.]. *Sie beschlossen, dass die anderen hierdurch berührten Staaten* [gemeint: Kleine Entente] *auf diplomatischem Wege von diesem Wunsche unterrichtet werden sollen. Sie kamen überein, den anderen in Betracht kommenden Staaten die Prüfung dieser Frage zu empfehlen mit dem Ziel, sie durch gegenseitige Verständigung innerhalb des Rahmenwerkes allgemeiner Garantien regionaler Sicherheit zu regeln.* […]«[74]

Die Stresa-Front ließ sich aber alsbald von Hitler auseinanderdividieren: Scheinheilig erklärte er am 21. Mai 1935 im Deutschen Reichstag, dass Deutschland weder die Absicht noch den Willen hätte, sich in innerösterreichische Angelegenheiten einzumischen, um Österreich etwa zu annektieren oder anzuschließen. Dann konnte er am 18. Juni 1935 England durch das deutsch-britische Flottenabkommen für sich gewinnen (für 100 britische Kriegsschiffe durfte Deutschland 35 Kriegsschiffe gleicher Bauart besitzen, das Verhältnis der U-Boote würde 1:1 betragen). Das Abkommen sollte zwar der Eindämmung allfälliger deutscher Expansionsbestrebungen dienen, bestätigte aber indirekt das Auslaufen der Versailler Rüstungsbeschränkungen.

Als schließlich Mussolini am 2. Oktober 1935 Abessinien den Krieg erklärte und italienische Truppen in das afrikanische Kaiserreich eindrangen, zerfiel die Stresa-Front von selbst. Schuschnigg erkannte nicht gleich, dass die Erklärungen von Stresa einem Luftschloss gleichkamen; mehrmals betonte er in- und außerhalb Österreichs im Vertrauen auf den Schutz der Alliierten die Unabhängigkeit des friedliebenden

»zweiten deutschen Staates«. Aber seine eindeutige Sympathie für Italien brüskierte die Westmächte: Als Großbritannien vor der Vollversammlung des Völkerbundes einen Antrag auf Wirtschaftssanktionen gegen das aggressive Italien stellte, stimmte Österreich gemeinsam mit Albanien und Ungarn unter dem Vorwand der Neutralität dagegen (9. Oktober 1935) und beteiligte sich auch nicht an den Völkerbundsanktionen. England und Frankreich waren schwer verstimmt. Aber auch Italien, dessen Partei Österreich ergriffen (und damit aufs falsche Pferd gesetzt) hatte, sah sich zusehends isoliert und lief Hitler in die Arme. Dieser hatte, wie oben erwähnt, schon im Oktober 1933 Deutschlands Austritt aus dem Völkerbund erklärt, nun beglückwünschte er Mussolini zu seinem Abessinienfeldzug. Nach und nach zog der Duce seine schützende Hand von Österreich zurück. Und ebenso hielten die Westmächte das Verhältnis zwischen Österreich, dem »zweiten deutschen Staat«, und dem Deutschen Reich immer mehr für eine innerdeutsche Angelegenheit, die sie eigentlich nichts anging. Insbesondere hegte Frankreichs Volksfrontregierung unter Léon Blum, die seit dem Juni 1936 amtierte, nur wenig Sympathie für das vermeintlich faschistische Österreich, noch weniger allerdings für das faschistische Italien, dem bald nichts anderes mehr übrig blieb, als sich dem nationalsozialistischen Deutschland anzuvertrauen – im Dezember 1937 trat Italien aus dem Völkerbund aus.

Das Jahr 1936 brachte tiefgreifende Änderungen der außenpolitischen Rahmenbedingungen, denen Österreich, obgleich nicht unmittelbar betroffen, doch Rechnung tragen musste. Am 7. März kündigte Hitler den Locarno-Vertrag von 1925 auf, der die Anerkennung der deutsch-französischen Grenze und die Demilitarisierung des Rheinlandes festgelegt hatte, und ließ die Wehrmacht in die entmilitarisierte Zone des Rheinlandes marschieren. Die schwachen Proteste der Alliierten, denen keine Taten folgten, bestärkten Hitler nur in seinem weiteren Vorgehen, zumal ihm die gelungenen Olympischen Spiele (Winterspiele im Februar in Garmisch-Partenkirchen, Sommerspiele im August in Berlin) zu enormem Ansehen in der Weltöffentlichkeit verhalfen. Die deutsche und italienische Intervention im Spanischen

Nr. 29 Wien, 16. Juli 1936 55. Jahrgang

Das interessante Blatt

Wiederherstellung normaler Beziehungen zwischen Oesterreich und Deutschland

Bundeskanzler Dr. von Schuschnigg, der im Radio in programmatischen Erklärungen das bedeutungsvolle Abkommen erläuterte. – Der neuernannte Minister ohne Portefeuille und bisherige Direktor des Kriegsarchivs Dr. h. c. Edmund von Glaise-Horstenau (oben) und der neue Staatssekretär für die Leitung der auswärtigen Angelegenheiten Dr. Guido Schmidt, bisher Kabinetts-Vizedirektor.

Rockefeller restauriert Versailles. — 900 Jahre Neunkirchen. — Badesommer.

Die Presse feiert das Juliabkommen 1936 mit dem Dritten Reich und freut sich über die vermeintliche »Wiederherstellung normaler Beziehungen zu Deutschland«. Bericht in der Zeitschrift *Das Interessante Blatt*, 16. Juli 1936.

Bürgerkrieg (seit Juli 1936) begründete das gemeinsame außenpolitische Interesse der beiden Staaten, deren Verhältnis zueinander von Mussolini in einer Rede am 1. November 1936, als »Achse Berlin–Rom« bezeichnet wurde. In Mussolinis Konzept passte der Gegensatz zwischen Deutschland und Österreich nun schon länger nicht mehr, er drängte auf einen Ausgleich und schlug Schuschnigg bereits Ende März 1936 vor, ein Abkommen mit Hitler und den illegalen Nationalsozialisten in Österreich zu schließen – diesem wollte er aber nur dann zustimmen, wenn Österreichs Souveränität gewahrt bliebe. Schuschnigg blieb *de facto* keine Wahl: Mussolini hatte sich für den »deutschen Weg« entschieden, nun musste auch der Kanzler auf Wunsch seines Protektors diesen Weg einschlagen. Es begannen vertrauliche Gespräche, denen auf österreichischer Seite neben dem Bundeskanzler auch sein Freund, der aus Bludenz stammende Diplomat Guido Schmidt (1901–1957), nachmaliger Staatssekretär für Äußeres bzw. Bundesminister für Auswärtige Angelegenheiten, ferner Theodor Hornbostel (1889–1973), Leiter der politischen Abteilung im Außenamt (und Gegner jeglichen Abkommens mit Deutschland), sowie Edmund Glaise-Horstenau (1882–1946; Selbstmord), Direktor des Kriegsarchivs, nachmalige Minister ohne Portefeuille und zuletzt Wehrmachtsgeneral, angehörten. Von deutscher Seite verhandelte der ehemalige Reichskanzler, Vizekanzler und seit 1934 Gesandte in Österreich, Franz v. Papen, von italienischer Seite der italienische Botschafter Francesco Salata (1876–1944). Als Ergebnis der Verhandlungen unterzeichneten Österreich und das Deutsche Reich als Zeichen ihrer Verständigung und Bestätigung über das Ende der NS-Terrorakte am 11. Juli 1936 das sogenannte »Juliabkommen«. Der Wortlaut des offiziellen Teiles wurde im Rundfunk verlesen und von allen österreichischen Zeitungen gedruckt:

» *In der Überzeugung, der europäischen Gesamtentwicklung zur Aufrechterhaltung des Friedens eine wertvolle Förderung zuteil werden zu lassen, wie in dem Glauben, damit am besten den vielgestaltigen wechselseitigen Interessen der beiden deutschen Staaten zu dienen, haben die Regierungen des Bundesstaates Österreich und des Deutschen Reiches beschlossen, ihre Beziehungen wieder* [sic!] *normal und freundschaftlich zu gestalten. Aus diesem Anlass wird erklärt:*

1.) Im Sinne der Feststellungen des Führers und Reichskanzlers vom 21. Mai 1935 [siehe oben] *anerkennt die deutsche Reichsregierung die volle Souveränität des Bundesstaates Österreich. 2.) Jede der beiden Regierungen betrachtet die in dem anderen Lande bestehende innerpolitische Gestaltung, einschließlich der Frage des österreichischen Nationalsozialismus, als eine innere Angelegenheit des anderen Landes, auf die sie weder unmittelbar noch mittelbar Einwirkung nehmen wird. 3.) Die österreichische Bundesregierung wird ihre Politik im Allgemeinen, wie insbesondere gegenüber dem Deutschen Reich, stets auf jener grundsätzlichen Linie halten, die der Tatsache, dass Österreich sich als deutscher Staat bekennt, entspricht. Hiedurch werden die Römer-Protokolle ex 1934* [siehe oben] *und deren Zusätze ex 1936 sowie die Stellung Österreichs zu Italien und Ungarn als den Partnern dieses Protokolls nicht berührt. – In der Erwägung, dass die von beiden Seiten gewünschte Entspannung sich nur verwirklichen lassen wird, wenn dazu gewisse Vorbedingungen seitens der Regierungen beider Länder erstellt werden, wird die österreichische Bundesregierung sowie die Reichsregierung in einer Reihe von Einzelmaßnahmen die hiezu notwendigen Voraussetzungen schaffen.«*[75]

Deutschland wird also Österreichs Selbstständigkeit akzeptieren, bindet die Bundesregierung allerdings außenpolitisch, indem sie sich als »deutscher Staat« zu verhalten hat. Der Umgang mit Österreichs illegalen Nationalsozialisten wird als innerösterreichische Angelegenheit dargestellt. Im unveröffentlichten Teil des Juliabkommens, dem zehn Artikel umfassenden sogenannten »Gentlemen's Agreement«, wird allerdings sehr wohl das Thema der Illegalen behandelt, was einen wesentlichen Verlust der österreichischen Souveränität bedeutete:

» Der österreichische Bundeskanzler erklärt, dass er bereit ist: ***a)*** *eine weitreichende politische Amnestie durchzuführen, von der diejenigen ausgenommen werden sollen, die schwere, gemeine Delikte begangen haben […],* ***b)*** *mit dem Zwecke, eine wirkliche Befriedung zu fördern, in dem geeigneten Zeitpunkt, der für nahe Zeit in Aussicht genommen ist. Vertreter der bisherigen so genannten nationalen Opposition in Österreich zur Mitwirkung an der politischen Verantwortung heranzuziehen, wobei es sich um Persönlichkeiten handeln wird, die das persönliche Vertrauen des Bundeskanzlers genießen und deren Auswahl er sich vorbehält. Hiebei besteht Einverständnis darüber, dass die Vertrauenspersonen des Bundeskanzlers mit der Aufgabe betraut sein werden, nach einem mit dem Bundeskanzler zuvor festgelegten Plan für die innere Befriedung der nationalen Opposition und ihre Beteiligung an der politischen Willensbildung in Österreich zu sorgen.« […]*[76]

Im Gegenzug zur Amnestie der Illegalen, zur Zulassung von NS-affinen Büchern und Zeitungen (die sofort eine heftige Anschlusspropaganda entfalteten) und zur Aufnahme von Vertretern der »nationalen Opposition« in die Regierung hob Hitler die Tausendmark-Sperre auf und normalisierte die Handelsbeziehungen mit Österreich. Dies brachte aber nicht die gewünschten Ergebnisse, denn Österreich-Reisende durften nur Devisen im Wert von 250 Reichsmark (ca. 1.000 Euro) über die Grenze bringen, und die nach Deutschland gelieferten heimischen Exportprodukte wurden in Reichsmark lediglich verrechnet und vorläufig von der Oesterreichischen Nationalbank bezahlt, sodass es für die Republik praktisch keine Deviseneinnahmen gab. Durch dieses Verrechnungssystem wuchsen einerseits der österreichische Außenhandel, andererseits Deutschlands Verschuldung gegenüber Österreich.

Schon am Tag nach der Vertragsunterzeichnung ernannte Schuschnigg den betont nationalen Edmund Glaise-Horstenau zum Minister ohne Portefeuille und den nicht minder national eingestellten Dr. Guido Schmidt, einen Freund Hermann Görings, zum Staatssekretär für Äußeres. Die NSDAP blieb wie alle anderen Parteien verboten, doch gründete man – mit einjähriger Verspätung – am 17. Juni 1937 ein »Volkspolitisches Referat«, geleitet zunächst vom ehemaligen Großdeutschen Walter Pembauer aus Innsbruck, das den nationalen Kreisen die Möglichkeit eröffnete, sich im Rahmen der Vaterländischen Front am Aufbau des Staates zu beteiligen. Dieses Vorhaben scheiterte, weil die NS-Aktivisten nun die Gelegenheit nutzten, die VF und damit das ganze System zu unterwandern und von innen zu »zersetzen«. Daher wurde im Herbst 1937 sogar eine Aufnahmesperre für die VF verhängt. Nicht alle Illegalen stimmten diesem Weg der Unterwanderung zu, und innerhalb der verbotenen NSDAP brachen wiederholt heftige Rivalitäten und Meinungsverschiedenheiten aus, insbesondere zwischen dem Wiener Gauleiter Josef Leopold (1889–1941, gefallen), einem ehemaligen Bundesheerhauptmann und österreich-patriotischen Nationalsozialisten (1938 von Hitler abgesetzt), und Friedrich Rainer (1903–1947, hingerichtet), der ab 1936 in der NS-Landesleitung für Österreich tätig war. Leopold und seine Leute setzten auf die Penetrierung der VF, Rainer, nach dem »Anschluss« Gauleiter bzw. Reichsstatthalter von Salzburg und Kärnten, und seine Vertrauten, unter ihnen Odilo Globocnik (1904–1945, Selbstmord), der spätere Gauleiter von Wien und Organisator der »Aktion Reinhardt«, betrieben den Eintritt national gesinnter Personen in die Regierung. Rainer und Globocnik hatten diese Strategie mit Hitler bei einem Besuch am Obersalzberg unmittelbar nach dem Juliabkommen abgestimmt.

In Absprache mit Leopold – damals wohl schon der falsche Ansprechpartner – billigte Schuschnigg am 22. Februar 1937 einen »Siebenerausschuss«, der als Plattform für die offiziell zugelassene Opposition diente. Ihm gehörten bald an die 500 Personen aus allen politischen Lagern an: ehemalige Großdeutsche, Katholisch-Nationale und jene illegalen Nationalsozialisten, die sich zur Selbstständigkeit

Österreichs bekannten. Der Siebenerausschuss besaß ein Büro in der Teinfaltstraße 4 in der Wiener Innenstadt, das alsbald das »Braune Haus« genannt wurde, weil dort auch Personen in verbotener NS-Uniform verkehrten. Ganz vertraute die Regierung dem Treiben des Siebenerausschusses nicht, sodass es auch polizeiliche Untersuchungen gab. Bei einer dieser Razzien fiel den Sicherheitsorganen der sogenannte Tavs-Plan (siehe unten) in die Hände.

Mit dem Juliabkommen hatten sich die außenpolitischen Spannungen vorübergehend gelöst, auch die Presse der Westmächte reagierte positiv. So schrieb etwa die Londoner *Times,* dass Bundeskanzler Schuschnigg »die ganze Lage seines Landes gefestigt« habe, Österreich sei dadurch »in jeder Hinsicht« stärker geworden, es habe eine »befriedigende Entspannung« bewirkt und die Unabhängigkeit Österreichs sei damit gesichert worden. Und auch der *Daily Telegraph* meinte, dass nun Österreich stärker sei denn je zuvor, Schuschniggs Politik sei ihrem Wesen nach »proösterreichisch«, es habe sich gezeigt, dass man Österreich nicht seinen Willen aufzwingen könne.[77]

Aber diese allgemein beschworene Entspannung war nur vorübergehend, das war allen Beteiligten klar. Hitler und Schuschnigg setzten auf den Faktor Zeit, Hitler, weil er sich militärisch noch nicht stark genug fühlte, um die Westmächte stärker herauszufordern, Schuschnigg, weil er auf eine Veränderung der politischen Großwetterlage hoffte. Und Mussolini war erleichtert, dass ihn bei seiner Annäherung an Deutschland nun Österreich nicht mehr wie ein Klotz am Bein hing.

Am 12. August 1936 zitierte Mussolini den österreichischen Militärattaché Emil Liebitzky zu sich und führte mit ihm ein streng vertrauliches Gespräch über Österreichs bewaffnete Macht. Er lobte die beginnende Aufrüstung, warnte aber vor der zukünftigen Entwicklung:

» *Im Jahre 1938 wird die europäische Krise zum Höhepunkt entwickelt sein und unweigerlich zum »crack« führen. 1936 wird, wenn nicht aus der spanischen Frage sich etwas entwickelt, […] nichts geschehen. […] Aber im Jahre 1938 kommt die europäische Krise zum Ausbruch. In den dann ausbrechenden Konflikten wird Deutschland, und es kann keinen Tag dann länger warten, die*

Tschechoslowakei erledigen und die Ostfrage regeln. – Österreich muss daher im Frühjahr 1938 250.000 Mann mobilisieren können und mit seinem Heere bereit sein. Können Sie dies – es sind 20 Divisionen – dann wird sich Österreich in dem dann entstehenden Konflikt halten und »Politik machen« können; sind Sie nicht dazu bereit, dann … Daher keine langwierigen, langverteilten Programme; jetzt müssen Sie ihre Kräfte anspannen. Warum sollte Österreich nicht die Mittel für sein Heer aufbringen, durch eine starke Anstrengung oder durch eine innere Anleihe: 50, 100 Millionen [das wäre das Doppelte des Heeresbudgets, etwa 165 bzw. 330 Mio. Euro] *bringen Sie spielend auf und noch mehr* […]*. Sagen Sie dem Herrn Bundeskanzler auch nochmals, was ich gesagt habe: 20 Monate hat Österreich noch Zeit* […]«[78]

Noch hatte sich Mussolini nicht entschieden, wie sich Italien im Falle eines »Anschlusses« verhalten würde, aber innerlich rückte er immer mehr von seiner Position als Schutzmacht der Alpenrepublik ab. Mussolini hatte auf nachrichtendienstlichen Wegen von einem Geheimabkommen zwischen der Sowjetunion mit Rumänien und der Tschechoslowakei erfahren (16. Mai 1935), wodurch »der Bolschewismus schon vor Österreichs Toren« angekommen wäre, zumal die Tschechoslowakei bereits als sowjetische Luftwaffenbasis in Mitteleuropa diene. Hitler seinerseits war über die enormen Rüstungsanstrengungen Russlands besorgt. Daher schloss er am 25. November 1936 mit Japan den Antikomminternpakt zur gemeinsamen Absicherung vor sowjetischen Aggressionen. Am 6. November 1937 trat Italien diesem Bündnis bei. (Japan war schon 1933 aus dem Völkerbund ausgetreten und hatte im Juli 1937 mit seinem Angriff auf China den Zweiten Weltkrieg eingeleitet.)

Das Bundesheer rüstet gegen Hitler

1937 erscheint Schuschniggs Buch *Dreimal Österreich,* ein Versuch, die Regierungspolitik zu rechtfertigen. Unmissverständlich bekräftigt er darin auch die Absicht, den begonnenen Weg der Aufrüstung weiterzugehen: »Der kleine Staat von heute bedarf gewiss keiner großen Gesten.

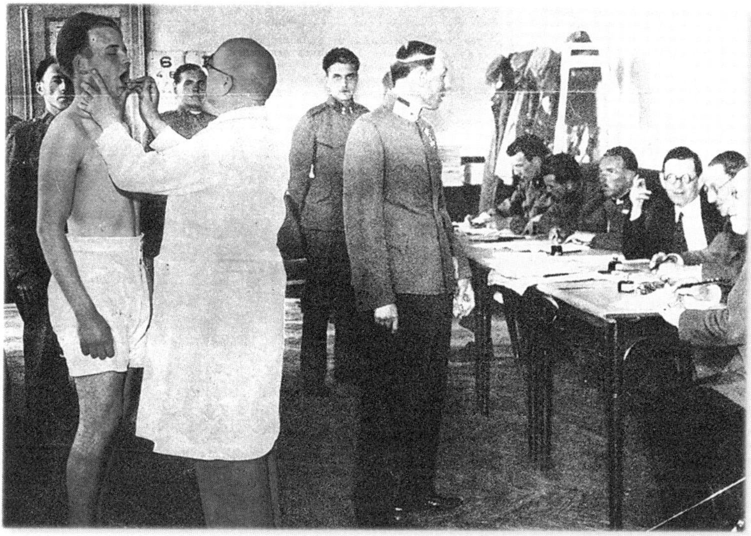

Erste Musterungen nach der Wiedereinführung der Wehr- und Dienstpflicht: Assentierung des Jahrgangs 1915 in einem Saal des Restaurants Lembacher, Wien-Landstraße, Juni 1936.

Aber er muß beweisen, daß er bereit ist, alle Kräfte anzuspannen, um die Grenzen der Heimat zu schützen; er muß auf eigenen Füßen stehen, wenn es gilt, die Heimat vor Verwicklungen jeglicher Art zu bewahren.« Schuschnigg, der nicht müde wird, für »Neuösterreich« den weiteren Ausbau der bewaffneten Macht zu einer »achtunggebietenden Landesverteidigung« zu fordern, setzt damit ein klares Zeichen in Richtung Hitler: Die österreichische »Wehrmacht« sei eine »feste Größe«, mit der »jedermann« bei der »Erstellung seiner Pläne« rechnen müsse.

Die Ausgangslage war bescheiden: Der Friedensvertrag von Saint-Germain-en-Laye gestattete Österreich eine bewaffnete Macht von maximal 30.000 Berufssoldaten, darunter 1.500 Offizieren, aber ohne Generalstab sowie ohne schwere Waffen und Flugzeuge. Die Streitkräfte gliederten sich in sechs Brigaden, waren aber materiell und personell derart schwach dotiert, dass der 1924 in den Ruhestand geschickte General Theodor Körner sagen konnte, das Heer wäre »... kein militärischer

»Wehrerziehung« wird auch in Österreich zu einem Schlagwort, das *Handbuch der vormilitärischen Erziehung* von Eduard Burger und Hans Groll erscheint 1936 und leistet dafür gute Dienste.

Körper mehr, sondern ein reiner Verwaltungskörper mit dem Zweck, die militärischen Güter zu konservieren und zu bewachen«. Die Situation änderte sich etwas, als am 10. April 1933 die Regierung mit der Aufstellung eines »Freiwilligen Assistenzkörpers« begann, das als Hilfstruppe dem Bundesheer zur Seite stehen sollte. Angesichts der Bedrohung durch die vor Augsburg in aufgelassenen Fabrikhallen lagernden Männer der »Österreichischen Legion« – offiziell 12.000, de facto etwa 5.000 Mann (siehe oben) – begann am 1. September die Aufstellung des Assistenzkörpers. Mit der Einberufung von 8.000 Männern erreichte das Bundesheer nun endlich die vorgeschriebenen 30.000 Mann. Während die Dienstzeit der Berufssoldaten (B-Mannschaft) 12 Jahre dauerte, belief sich die Dienstzeit der neuen Wehrmänner (A-Mannschaft) auf nur sechs Monate, sie konnte aber bei Bedarf um weitere zwei Monate verlängert werden. Die einstigen Siegermächte stimmten der neuen Wehrordnung zu, solange die Gesamtstärke 30.000 Mann nicht überstieg. Ab Herbst 1933 durfte das Heer auch auf ein etwa 45.000 Mann zählendes »Schutzkorps« zurückgreifen, das für Assistenzleistungen bereitstand und sich aus Heimwehrverbänden und den Ostmärkischen Sturmscharen zusammensetzte.

Als das Bundesheer 1919 gegründet worden war, hatte man die Soldaten in deutsche Uniformen gekleidet. Nun aber, als Gegenzug zur NS-Propagandaoffensive, stützte man sich wieder auf altgewohnte österreichische Traditionen: Im Juni 1933 führte das Bundesheer die altösterreichischen (k. u. k.) Uniformen ein, ab 1935 auch die alten Feldzeichen. Größere bewaffnete Einsätze des Bundesheeres gab es angesichts der Februarkämpfe 1934, als erstmals auch schwere Waffen verwendet wurden, und vor allem während des NS-Putsches im Juli 1934. Damals wurden die Kräfte des Bundesheeres (30.000 Mann) von etwa 53.000 Schutzkorpsmännern und 15.000 Gendarmen unterstützt. Allein das Bundesheer hatte 23 Gefallene zu beklagen. Die Hoffnung der Putschisten, dass sich Teile des Heeres, die mit der NSDAP sympathisierten, auf deren Seite schlagen könnten, erfüllte sich nicht – Offiziere und Mannschaften blieben stets loyal zur Regierung, ungeachtet der persönlichen politischen Einstellung jedes Einzelnen.

Unter Duldung der Siegermächte von 1918 standen die Jahre 1935 und 1936 im Zeichen intensiver Aufrüstung. Unter dem Staatssekretär für Landesverteidigung, Generalmajor Wilhelm Zehner (1883–1938; Selbstmord oder ermordet), erhielt das Bundesheer eine neue Organisation: Statt der bisherigen sechs Brigaden wurden sieben Infanteriedivisionen, eine voll motorisierte »schnelle Division« (mit 72 leichten Panzern) sowie eine selbstständige Brigade aufgestellt. Nach dem Staatsbesuch Schuschniggs in Rom (16. bis 20. November 1934) gelang auch ein Rüstungsabkommen mit Italien, sodass nun umfangreiche Waffenlieferungen aus Beutebeständen des Ersten Weltkrieges in Österreich eintrafen. Hinzu kam der Aufbau einer eigenständigen Luftwaffe mit 45 italienischen Jagdflugzeugen vom Typ Fiat CR.20 und Fiat CR.32. Es gab nun auch wieder Waffensysteme aus österreichischer Eigenproduktion, doch dauerte deren Einführung bei den Truppen naturgemäß sehr lange, und die Stückzahl blieb hinter den Erfordernissen zurück.

Die Ausgaben für das Heer waren beachtlich, allerdings immer noch unzureichend. Belief sich der Anteil des Heeresetats in den Jahren vor 1933 auf vier bis fünf Prozent des Gesamtbudgets, also auf etwa 90 Millionen Schilling (das wären heute 300 Millionen Euro), so schnellte er ab 1934 auf 10 Prozent, 1937 sogar auf 11,7 Prozent.

Auf Drängen Mussolinis führte Österreich am 1. April 1936 die »Allgemeine Bundesdienstpflicht«, also die allgemeine Wehrpflicht für alle Männer vom 18. bis zum 42. Lebensjahr ein; die Dienstzeit sollte ein Jahr umfassen (1938 auf eineinhalb Jahre erhöht), die ersten Rekruten sollten 1938 einberufen werden. Die neue Zielsetzung spiegelte sich auch in der Namensgebung des zuständigen Ministeriums: Das »Bundesministerium für Heereswesen« wurde in »Bundesministerium für Landesverteidigung« umbenannt.

Die heftigen Proteste der Kleinen-Entente-Staaten gegen die Aufrüstung konnte Wien als nicht mehr zeitgemäß auffassen und nach Vermittlung der Westmächte am 13./14. September 1936 ignorieren. Durch das Frontmilizgesetz vom 14. Oktober 1936 wurden alle im Rahmen der Vaterländischen Front stehenden freiwilligen Wehrverbände zusammengefasst und unter dem Generalkommando von Feldmarschallleutnant Ludwig Hülgerth dem Bundesheer unterstellt *(siehe oben)*. Damit konnte die bewaffnete Macht im Ernstfall auf zusätzliche 100.000 Mann zurückgreifen, die sich vornehmlich für Grenzschutz, Wach- und Sicherungsaufgaben eigneten.

Am 27. März 1936 trat der bisherige Militärattaché in Berlin, Feldmarschallleutnant Alfred Jansa Edler v. Tannenau (1884–1963), seinen Dienst als Chef des Generalstabes an. Dieser Posten war neu geschaffen worden und widersprach an sich ebenfalls den Bestimmungen des Staatsvertrags von Saint-Germain – aber dies kümmerte jetzt schon niemanden mehr. Jansa ging sofort daran, das Bundesheer auf einen »Kriegsfall DR« (Deutsches Reich) vorzubereiten (»Jansa-Plan«). Der streng geheime Operationsplan sah eine tief gestaffelte Verteidigung zwischen Inn, Salzach und Traun vor; hier sollte der Vormarsch des Feindes durch hinhaltenden Kampf und entsprechend vorbereitete Sperren verzögert werden. An der Traun und danach an der Enns sollte das Bundesheer mit geballter Kraft dem Gegner entgegentreten – sich aber davor hüten, vollkommen zerschlagen zu werden. Vielmehr sollte das Heer dann nach Süden in das Gebirge abdrehen und in kleineren Gruppen in Flanke und Rücken der nach Wien marschierenden deutschen Kolonnen immer wieder vorstoßen. Entscheidend wäre allerdings erstens, dass die Mobilisierung rechtzeitig, also zwei Wochen vor Beginn der Kampfhandlungen, erfolgte, und zweitens, dass nach

Der Aufbau von »Österreichs Wehrkraft« wird energisch vorangetrieben: ein »Bomber« der Luftwaffe.

wenigen Tagen die Westmächte Österreich zu Hilfe kämen, weil das Bundesheer allein gegen die wesentlich stärkere und besser gerüstete Deutsche Wehrmacht nicht bestehen könnte. Jansa selbst betrachtete sein Wirken angesichts des deutschen Rüstungstempos als »Wettlauf mit der Zeit«.[79] Jansa wörtlich: »Es kam gar nicht auf einen Entscheidungskampf zwischen dem kleinen Österreich und dem zehnmal größeren Deutschland an – in einem solchen mussten wir schließlich hoffnungslos unterliegen; der Sinn des österreichischen Kampfes konnte nur darin liegen, diesen so laut, andauernd und zäh zu führen, dass Hitler nicht über Nacht vollendete Tatsachen schaffen konnte, und dass der Aufschrei und das entschlossene Wehren eines kleinen Volkes bei seiner versuchten Vergewaltigung den Großmächten Zeit zu Entschlüssen und Taten bringen musste.«[80] Als Jansa Anfang April 1936 nach Rom fuhr, informierte er den Duce ziemlich ausführlich über seinen Aufmarschplan und bat zugleich nicht nur um die Auslieferung altösterreichischer Beutegeschütze, sondern auch um die allfällige militärische Unterstützung durch fünf schnelle italienische Divisionen, welche über den Brenner und über Villach in den Rücken und die Flanke der nach Österreich einbrechenden Feindkräfte vorstoßen würden. Es kam zu Abmachungen mit dem italienischen Generalstabschef, daraufhin durften italienische Offiziere in Österreich Erkundungen über die

Verkehrswege anstellen. Von Italien kamen nun Geschütze, Panzer und Flugzeuge in größerer Zahl, nicht aber der erhoffte 100-Millionen-Schilling-Kredit. Doch nun geschah das »Wunder« – so Jansa –, dass Finanzminister Dr. Ludwig Draxler (1896–1972) für die Jahre 1936 und 1937 tatsächlich je 50 Millionen Schilling flüssig machte. Die Aufrüstung des Bundesheeres setzte in größerem Umfang ein.

Über allen Überlegungen und Maßnahmen seitens der Regierung und des Bundesheeres stand die bange Frage, ob sich Mussolini an Hitler annähern und damit den Schutz für die Alpenrepublik aufgeben würde, zumal auf einmal die italienischen Rüstungslieferungen ins Stocken gerieten. Es gelangten nämlich statt der versprochenen eintausend lediglich 150 Kanonen (samt Munition) nach Österreich. Als Begründung wurden technische Schwierigkeiten sowie das Engagement Italiens im Spanischen Bürgerkrieg angegeben. (Es stellt sich heute allerdings die Frage, wie Jansa tausend Kanonen dem Bundesheer hätte eingliedern können? Kanonen sind recht komplizierte Waffen, die ein umfangreiches und gut geschultes Bedienungspersonal erfordern und ohne die entsprechenden Fahrzeuge und Versorgungseinrichtungen nicht verwendet werden können; zur Aufstellung einer Artilleriekompanie mit sechs Geschützen und 200 Soldaten benötigt man viel Zeit und finanzielle Mittel, die den Nettowert der Waffen erheblich übersteigen.)

Jansa rechnete damit, im Jahr 1939 das Bundesheer seinem Endausbau zuführen zu können, fürchtete aber, dass ein Krieg schon früher ausbrechen könnte, daher disponierte er im Herbst 1937 um und plante eine beschleunigte Bereitstellung des Heeres. Der Aufmarschplan sah nun vor, dass der Grenzschutz nach sechs Stunden abwehrbereit und das Heer in seiner Friedensstärke innerhalb von vier Tagen ostwärts der Traun versammelt sein könnte; für das Einlangen der bekleideten und ausgerüsteten Ergänzungen auf den vollen Kriegsstand im Aufmarschraum wären weitere sechs Tage notwendig. Die gesamte Mobilisierung könnte also nach zehn bis zwölf Tagen abgeschlossen sein. Das wäre auch unter heutigen Bedingungen eine gute Leistung gewesen. Im Februar 1938 betrug der Personalstand (Friedensstand) des

Man demonstriert Stärke: Frühjahrsparade der Garnison Wien auf der Ringstraße 1937, rechts »leichte Kampfwagen« vor dem »Haus der Bundesgesetzgebung«, in der Luft eine Bomberstaffel.

Bundesheeres 61.000 Mann (mit sehr hohem Ausbildungsniveau), bei einer Mobilmachung hätten 127.000 Mann aufgeboten werden können. Die Munitionsvorräte reichten für drei Großkampftage analog einer Isonzoschlacht; an derartige Materialschlachten war aber längst nicht mehr zu denken (der Munitionsbedarf einer einzigen Isonzoschlacht entsprach jenem des Polen- und Frankreichfeldzuges zusammen), sodass das Bundesheer für die gedachten Verteidigungspläne ausreichend mit Munition versorgt war.

Mit dem Rücken zur Wand

Es wäre zu billig, den Großbrand der Rotunde am 17. und 18. September 1937 als Fanal für die Schrecken der kommenden acht Jahre anzusehen, denn er stand mit dem politischen Geschehen in keinerlei

Zusammenhang. Aber rückwirkend erscheint es, als ob die Vernichtung eines bedeutenden Wiener Wahrzeichens eine Zeit einleitete, welche eine unvorstellbare Vernichtungskapazität entfesseln sollte. Die Rotunde war als zentrale Halle der Wiener Weltausstellung 1873 errichtet worden und galt mit ihren 84 Metern Höhe seinerzeit als größter Kuppelbau der Welt. Die Brandursache der gewaltigen Glas-Stahl-Konstruktion ist unbekannt, vermutlich führten, ähnlich wie beim im Jahr zuvor abgebrannten Londoner Kristallpalast, Schweißarbeiten zum Ausbruch des Feuers. 250 Feuerwehrmänner und 500 Soldaten standen im Einsatz, konnten aber das Bauwerk nicht retten.

Am 22. und 23. Februar 1937 weilte der Reichsaußenminister Konstantin von Neurath (1873–1956) in Wien. Unterstützt von organisierten NS-Demonstrationen mahnte er Österreichs Pflichten gegenüber dem nationalsozialistischen Deutschen Reich ein. Er stellte außenpolitische, militärische und wirtschaftliche Forderungen an Österreich, die schon sehr nach ökonomischem »Anschluss« klangen. So drohte er für den Fall einer Habsburg-Restauration unverhohlen mit Krieg. Wenige Tage später äußerte sich Mussolini in einer italienischen Zeitung zum selben Thema und meinte, dass es in der derzeitigen Situation zu keiner Wiedererrichtung der Monarchie in Österreich kommen werde. Das war wieder ein kleines Mosaiksteinchen im geplanten Entwurf eines deutsch-italienischen Bündnisses. Am 15. April fuhr Minister Glaise-Horstenau scheinbar inoffiziell nach Berlin und wurde von Hitler und Göring persönlich zu einer Unterredung gebeten. Die Lage gestaltete sich immer bedrohlicher durch das immer unverblümtere Auftreten der Nationalsozialisten und deren schon gar nicht mehr verdeckten Unterwanderung des Staates. Die Regierung Schuschnigg schien erschöpft, und angesichts der beiden deutschnationalen Minister (Glaise-Horstenau und Schmidt) war es auch nicht mehr möglich, einen Ministerratsbeschluss für einen Sonderkredit von 150 Millionen Schilling zur finalen Aufrüstung des Bundesheeres in den Jahren 1938/39 zu erhalten. Auch der Ballhausplatz befleißigte sich mehr und mehr einer »Appeasement-Politik« (Beschwichtigungspolitik).

Vom 21. bis 23. April 1937 reiste Schuschnigg, begleitet von Staatssekretär Schmidt, zum letzten Mal nach Italien. In Venedig trafen sie Mussolini und seinen Außenminister, Graf Galeazzo Ciano (1903–1944, hingerichtet), erreichten aber kaum mehr als eine nichtssagende Erklärung, dass eine Ordnung des Donauraumes ohne Mitwirkung des Deutschen Reiches nicht in Frage käme. Im italienischen Regierungsblatt *Giornale d'Italia* konnte man aber bereits den deutschen Kurs des Duce lesen: *»Tatsächlich werden die Nationalsozialisten in Österreich bald dazu aufgerufen werden, die Verantwortung in der Vaterländischen Front zu teilen, was den ersten Schritt zu einer direkten Teilnahme an der Regierung Österreichs bilden wird.«*[81] Und schon am 26. April traf Hermann Göring zu einer Unterredung mit Mussolini in Rom ein. Die »österreichische Frage« bildete das Hauptthema der Gespräche, wobei Göring dem Duce eine Hauptsorge für den Fall eines Anschlusses abnahm: Er erklärte, dass das Deutsche Reich keinen Anspruch auf Südtirol erheben werde. Damit war Österreichs Schicksal besiegelt. Auch die hektische Reisediplomatie der Regierung konnte nichts mehr ändern: Vom 3. bis 5. Mai weilten Bundespräsident Miklas, Bundeskanzler Schuschnigg und Staatssekretär Schmidt in Budapest; man sprach über die Festigung der gutnachbarlichen Beziehungen. Am 12. Mai reiste Schmidt nach London zu den Krönungsfeierlichkeiten für Georg VI. Bei Gesprächen mit Regierungsstellen konnte er keine britische Garantieerklärung für Österreichs Unabhängigkeit erwirken. Der soeben zum Premierminister ernannte Sir Arthur Neville Chamberlain gab die traditionelle britische Gleichgewichtspolitik auf und setzte auf eine Verständigung mit Hitler, um durch Akzeptanz seiner »gerechten Forderungen« einen möglichen Krieg zu verhindern (»Appeasement-Politik«). Dieselbe Abfuhr erhielt Schmidt auf seiner Rückreise in Paris, wo gerade die Volksfrontregierung unter Léon Blum in Auflösung begriffen war. Am 21. Mai trafen einander Vertreter der Staaten der »Römischen Protokolle« (Ungarn, Italien, Österreich) in Budapest; zum Schutze Österreichs gab es keine Erklärung, vielmehr wurde Wien vor Gesprächen mit den Staaten der Kleinen Entente gewarnt. Nichtsdestoweniger besuchte der tschechoslowakische Ministerpräsident Milan Hodža den Bundeskanzler am 26. September in

Letztes Zusammentreffen mit Mussolini und seinem Außenmister Graf Ciano im April 1937 in Venedig: Der Duce beginnt auf einen »deutschen Kurs« einzuschwenken, Österreich kann von Italien keine Unterstützung mehr erwarten.

Baden bei Wien. Den Tschechen plagten ähnliche Sorgen um die Unversehrtheit seines Landes wie den Österreicher: Ungebremste nationalsozialistische Umtriebe der Sudetendeutschen schufen viel Unruhe, ein Defensivbündnis mit der UdSSR (1935) sollte die ČSR nach außen genauso absichern wie ein Bunkergürtel à la Maginot-Linie entlang der Grenze zu Deutschland, den Hitlers Generäle in der Tat für unüberwindbar hielten. Man ahnte also bereits Berlins Pläne zur Zerschlagung des Staates, die Hitler dann im November 1937 konkretisierte (siehe unten).

Zugleich mit der Etablierung des »Volkspolitischen Referats« im Rahmen der Vaterländischen Front am 17. Juni wurde der Wiener Rechtsanwalt und bekennende Nationalsozialist Dr. Arthur Seyß-Inquart (1892–1946; hingerichtet) in den Staatsrat berufen, um die nationalen Kreise zu befrieden (daher »Befriedungskommissär« genannt), insbesondere sollte er die Verbindung zwischen der Regierung und der »nationalen Opposition« herstellen. Gemäß Maiverfassung war der Staatsrat einer jener vier Gremien (Staatsrat, Bundeskulturrat, Bundeswirtschaftsrat und Länderrat), welche die Gesetzesvorschläge der Regierung unverbindlich beraten durften.

Erstmals gab Hitler im Juni 1937 zu verstehen, dass er einen Krieg plane: Am 24. Juni erteilte Reichskriegsminister Generalfeldmarschall Werner v. Blomberg (1878–1946) die »Weisung für die einheitliche Kriegsvorbereitung der Wehrmacht«. Darin heißt es:

> » *Folgende Sonderfälle sind innerhalb der Oberkommandos im Allgemeinen ohne Beteiligung von Außenstellen durchzudenken: Sonderfall Otto: Bewaffnete Intervention gegen Österreich für den Fall, dass dieses die Monarchie wiederherstellen sollte. Ziel dieser Intervention wird sein, Österreich mit Waffengewalt zum Verzicht auf eine Restauration zu zwingen. Hiezu ist unter Ausnützung der innenpolitischen Spaltung des österreichischen Volkes in allgemeiner Richtung auf Wien einzumarschieren und jeder Widerstand zu brechen. Teile der Luftwaffe sind zur unmittelbaren Unterstützung des Heeres einzusetzen.* [...]«[82]

Am 5. November fixierte Hitler seine nächsten Ziele. Dieser vor den Oberbefehlshabern der Wehrmachtteile dargelegte Vortrag mit anschließender Diskussion wurde von Hitlers Wehrmachtsadjutanten Oberst Friedrich Hoßbach (1894–1980) einige Tage später aus dem Gedächtnis aufgezeichnet (»Hoßbach-Protokoll« oder auch »Hoßbach-Niederschrift«) und diente, obwohl lückenhaft, im Nürnberger Hauptkriegsverbrecherprozess als Beweismittel. Darin steht zu lesen:

> » *Der Führer führte sodann aus: Zur Lösung der deutschen Frage könne es nur den Weg der Gewalt geben, dieser niemals risikolos sein.* [...] *Die Aufrüstung der Armee, Kriegsmarine, Luftwaffe sowie die Bildung des Offizierskorps seien annähernd beendet. Die materielle Ausstattung und Bewaffnung seien modern, bei weiterem Zuwarten läge die Gefahr ihrer Veraltung vor. Besonders der Geheimhaltungsschutz der ›Sonderwaffen‹ ließe sich nicht immer*

aufrechterhalten. [...] Zudem erwarte die Welt unseren Schlag und treffe ihre Gegenmaßnahmen von Jahr zu Jahr mehr. Während die Umwelt sich abriegle, seien wir zur Offensive gezwungen. Wie die Lage in den Jahren 1943/45 tatsächlich sein würde, wisse heute niemand. Sicher sei nur, dass wir nicht länger warten können. [...]

Zur Verbesserung unserer militärpolitischen Lage müsse in jedem Fall bei einer kriegerischen Verwicklung unser erstes Ziel sein, die Tschechei und gleichzeitig Österreich niederzuwerfen, um die Flankenbedrohung eines etwaigen Vorgehens nach Westen auszuschalten. [...] Hierbei sei zu berücksichtigen, dass die Verteidigungsmaßnahmen der Tschechei von Jahr zu Jahr an Stärke zunähmen und dass auch eine Konsolidierung der inneren Werte der österreichischen Armee im Laufe der Jahre stattfände. Wenn auch die Besiedelung, insbesondere der Tschechei, keine Dünne sei, so könne die Einverleibung der Tschechei und Österreichs den Gewinn von Nahrungsmitteln für 5-6 Millionen Menschen bedeuten unter Zugrundelegung, dass eine zwangsweise Emigration aus der Tschechei von zwei, von Österreich von einer Million Menschen zur Durchführung gelange. Die Angliederung der beiden Staaten an Deutschland bedeute militärpolitisch eine wesentliche Entlastung infolge kürzerer, besserer Grenzziehung, Freiwerdens von Streitkräften für andere Zwecke und der Möglichkeit der Neuaufstellung von Truppen bis in die Höhe von etwa 12 Divisionen, wobei auf 1 Million Einwohner eine neue Division entfalle.

Von der Seite Italiens seien gegen die Beseitigung der Tschechei keine Einwände zu erwarten; wie dagegen seine Haltung in der österreichischen Frage zu bewerten sei, entziehe sich der heutigen Beurteilung und sei im Wesentlichen davon abhängig, ob der Duce noch am Leben sei. [...]«[83]

Es ist bemerkenswert, dass Hitler in besagter Sitzung in der Reichskanzlei keinerlei ideologische Erwägungen ansprach, sondern ausschließlich die strategische Lage sowie das wirtschaftliche und militärische Potenzial ins Treffen führte. Was würde der »Anschluss« Österreichs in wirtschaftlicher Hinsicht tatsächlich bringen? Die chronische Devisennot Deutschlands würde durch den Goldschatz der Nationalbank in der Menge von 78 t (1 kg Feingold entsprach damals 6.000 Schilling, das wären heute 19.800 Euro) entscheidend aufgebessert (Deutschlands

Gold- und Devisenschatz umfasste im März 1938 insgesamt nur 76 Mio. Reichsmark, die österreichischen Gold- und Devisenreserven hingegen 1,4 Mrd. Reichsmark); Österreichs Eisenlager könnten bis zu 50 Prozent des deutschen Importbedarfs decken, österreichisches Holz und insbesondere Antimon würde Deutschland für diese Rohstoffe autark machen. Die Lebensmittelversorgung der Alpenrepublik war allerdings nicht voll zufriedenstellend, denn 100 Prozent des Eigenbedarfs produzierte die Landwirtschaft lediglich bei Erdäpfeln, Zucker und Molkereiprodukten, während sie bei Fett und Fleisch nur 90 Prozent und bei Weizen gar nur 70 Prozent erbrachte – daher Hitlers Vorstellung gemäß Hoßbach-Protokoll, dass eine Million Österreicher zwangsweise das Land verlassen müssten. Das Humanpotenzial könnte der Wehrmacht schlagartig einen zehnprozentigen Zuwachs an Personal ermöglichen.

Nur einen Tag nach Hitlers Rede vor der Wehrmachtselite, am 6. November, empfing Hermann Göring den mit ihm befreundeten österreichischen Staatssekretär Guido Schmidt auf seinem Landsitz in Carinhall und breitete vor diesem eine Landkarte aus, auf der es keine Grenzen zwischen Deutschland und Österreich gab. Gegen Ende des Monats erklärte er dem Wiener Gesandten, dass nun die Zeit gekommen sei, Österreich »so oder so« an Deutschland anzuschließen. Göring sollte in den kommenden Monaten die treibende Kraft für den Anschluss werden, aber Schuschnigg nahm Göring damals noch nicht ernst; Generalstabschef Jansa erkannte jedoch die unmittelbare Gefahr, sodass er den Befehl gab, die planmäßig vorgesehenen Sperrungen im Grenzschutzraum zwischen Inn und Traun durch Einbau des bereitgestellten Materials auszuführen, was sogar zu einer deutschen Protestnote führte.[84] Immerhin hatten die militärischen Vorbereitungen wenn auch nicht einen befriedigenden, so doch einen gewissen Stand erreicht, der eine Verteidigung des Landes für einige Tage – bis eben andere Großmächte zu Hilfe kämen – für sinnvoll erscheinen ließ. Ein Trost war die eindeutig hervorragende Ausbildung der Offiziere und Soldaten – viele von ihnen hatten während der Gefechte im Sommer 1934 erste Kriegserfahrungen gesammelt. Ein gewisser Unsicherheitsfaktor lag bei den NS-Anhängern unter den Offizieren und Mannschaften, wobei davon ausgegangen werden konnte, dass auch von diesen die Mehrzahl für Österreich gemäß ihrem Fahneneid in den Krieg gezogen wäre.

Mitte Jänner 1938 erhielt Jansa die Mitteilung, dass er Ende März mit Rücksicht auf sein Alter aus dem Aktivdienst auszuscheiden hätte. Dass der Altersgrund für den erst 54-Jährigen nur vorgeschoben war, geht daraus hervor, dass sein gedachter Nachfolger, ein betont Deutschnationaler, gleich alt war – die Regierung handelte hier, noch vor dem Berchtesgadener Abkommen (siehe unten), bereits im vorauseilenden Gehorsam. (Nach der Annexion Österreichs wurde über Jansa ein Zwangsaufenthalt in Erfurt verhängt, seine Pension erfuhr eine Kürzung um 30 Prozent; einer Intervention Mussolinis ist es vermutlich zu verdanken, dass ihm kein persönlicher Schaden zugefügt wurde.)

Da der 31. Dezember 1937 das letzte Jahr der unabhängigen Ersten Republik beschließt, sei hier eine kurze Bilanz der demografischen und wirtschaftlichen Situation gegeben: Die Einwohnerzahl betrug rund 6,8 Millionen, die Geburtenziffer, welche in den beiden letzten Jahrzehnten stark abgenommen hatte, belief sich auf 1,3 Promille und kam damit der Sterbeziffer gleich. Während der Weltwirtschaftskrise war das Bruttonationalprodukt um 25 Prozent, die Industrieproduktion sogar um 38 Prozent zurückgegangen, ab 1933 erholte sich die Wirtschaft allmählich, sodass das Bruttonationalprodukt einen jährlichen Zuwachs von 3 Prozent erfuhr und anno 1937 gemeinsam mit dem Jahr 1928 den höchsten Wert der Zwischenkriegszeit erklomm. Von 1933 bis 1937 ergab das ein Wachstum von 12 Prozent; im selben Zeitraum wuchs die deutsche Wirtschaft um 43 Prozent, was neidvolle Blicke auf die NS-Herrschaft jenseits der Grenze zur Folge hatte. Der Lebensstandard blieb in der Alpenrepublik niedrig, denn das Masseneinkommen erreichte erst 1937 wieder den Stand von 1913 und dokumentiert zwei »verlorene Jahrzehnte«. Das Hauptproblem der Zwischenkriegszeit kreiste um die Beschäftigung, ein Problem, das alle Industriestaaten betraf, vor allem aber Österreich: Am Höhepunkt der Krise, 1933, erhielten von ca. 557.000 Arbeitslosen lediglich 328.000 Personen eine Arbeitslosenunterstützung, die anderen galten als »ausgesteuert« und waren auf sich selbst bzw. auf die Hilfsbereitschaft ihrer Mitmenschen angewiesen. Im Jahr 1937 waren 231.000 als unterstützte Arbeitslose gemeldet, 233.000 erhielten keine Unterstützung mehr. Arbeitslosigkeit bedeutete soziale Ausgrenzung und Verelendung; so konnten Kinder der Betroffenen im Winter bei Schneelage die Schule nicht mehr besuchen, weil sie kein passendes Schuhwerk besaßen. Die seit der Währungsreform (1924) kompromisslos verfolgte Austeritätspolitik hatte den Wert des harten Schillings (»Alpendollar«) zwar gesichert, ging aber stets zu Lasten der Sozial- und Arbeitsmarktpolitik und benachteiligte auch die Exportwirtschaft (daher erfolgte 1934 eine reale Abwertung des Schillings). Auf diese Weise ließ sich kein Interessenausgleich innerhalb der Gesellschaft erzielen, sodass auch die Idee des Ständestaates nicht zu verwirklichen war. Immerhin führte der zuletzt strikt eingehaltene budgetäre Sparkurs dazu, dass die seit 1932 bestehende Völkerbundkontrolle über Österreichs Staatsfinanzen 1936 wieder aufgehoben wurde. Ganz allgemein hatte sich die wirtschaftliche Situation in den Jahren des Dollfuß-Schuschnigg-Regimes nur leicht gebessert.

Das Diktat von Berchtesgaden

In den ersten Wochen des Jahres 1938 eskalierten die innen- und außenpolitischen Spannungen in und um Österreich. Vom 8. bis 12. Jänner tagte in Budapest zum letzten Mal die Konferenz jener Staaten, welche die »Römischen Protokolle« unterzeichnet hatten; auch Bundeskanzler Schuschnigg war anwesend. Vom italienischen Außenminister Graf Ciano kam die wenig hilfreiche Aufforderung, Österreich möge analog zu Italien den Völkerbund verlassen und dem Antikominternpakt (Berlin – Rom – Tokio) beitreten. Beides wurde von Schuschnigg entschieden zurückgewiesen.

In dieser überhitzten Atmosphäre wurde bei einer Razzia in der Nazizentrale in der Teinfaltstraße (»Siebenerausschuss«) am 27. Jänner ein offenbar von Dr. Leo Tavs, dem Stellvertreter von Hauptmann

Leopold, verfasster Plan für den Sturz der Regierung gefunden. Dabei wurde auch ins Auge gefasst, Anschläge auf deutsche Diplomaten, z. B. auf Botschafter Papen, zu verüben, um einen Vorwand für den deutschen Einmarsch zu geben.

Die »Fritsch-Krise« vom 4. Februar 1938 deutete eine entschlossene Haltung Hitlers in der Österreichfrage an: Personen seines engsten Kreises, die mit den Kriegsplänen nicht einverstanden waren und anlässlich der Führerbesprechung vom 5. November heftige Bedenken geäußert hatten (Hoßbach-Protokoll, siehe oben), verloren ihren Posten. So entließ Hitler den Reichskriegsminister, Feldmarschall Werner von Blomberg (1878–1946), ferner den Oberbefehlshaber des Heeres, Generaloberst Werner Freiherr von Fritsch (1880–1939), sowie weitere 14 Generäle. Auch Papen wurde abberufen, sollte aber in seiner letzten Mission Hitlers offizielle Einladung an Schuschnigg für den 12. Februar überbringen.

Auf wen konnte sich die Regierung Schuschnigg überhaupt noch verlassen? Otto von Habsburg bot sich selbst als Option an, die Macht in Österreich zu übernehmen und seine Sympathisanten zum Kampf gegen Hitler aufzurufen (siehe unten). Wie hingegen würde das Ausland bei einer Restauration reagieren? In den Generalstäben von Jugoslawien und der Tschechoslowakei hatte man längst Einmarschpläne für den Fall einer Restauration der Habsburger ausgearbeitet. Erzherzog Otto, den Schuschnigg im Dezember 1937 zum letzten Male besucht hatte, versuchte den Kanzler davon zu überzeugen, dass die Freiheit Österreichs nur durch die Wiederherstellung der Monarchie gewährleistet wäre. Auch mahnte er dringend zur Versöhnung mit der Arbeiterschaft. Diese wäre tatsächlich zum Kampf für Österreichs Unabhängigkeit bereit gewesen, wie sie über Vermittlung des Wiener Bürgermeisters, Richard Schmitz, wissen ließ, knüpfte daran aber Bedingungen, die Schuschnigg nicht erfüllen wollte. Die Heimwehr wäre unter Starhemberg oder Fey zur Verteidigung Österreichs einsetzbar gewesen, aber sie existierte nicht mehr und die beiden Heimwehrführer waren von Schuschnigg entmachtet worden. Die Vaterländische Front hätte alle patriotischen Kräfte aus jedem politischen Lager zusammenfassen und den Aufbau des Staates und damit auch seine Unabhängigkeit gewährleisten sollen, aber sie war zur innerlich zerstrittenen Zwangsorganisation verkommen, deren Effizienz mehr als fraglich war. Einzig das Bundesheer konnte als einigermaßen verlässliches Instrument der Regierung gelten. Vom Ausland war keine Hilfe zu erwarten. Schuschnigg war nicht nur im Inland, sondern auch im diplomatischen Ausland kein Sympathieträger: Er konnte weder England noch Frankreich für sich einnehmen, und Mussolini spürte die Abneigung, die der österreichische Bundeskanzler gegen ihn hegte. Das genaue Datum, wann sich der Duce endgültig für die Freundschaft mit Hitler und gegen eine Intervention im Falle eines deutschen Einmarsches in Österreich entschied, war der 27. Februar – zur Zeit des Berchtesgadener Abkommens war dies allerdings noch nicht klar, Hitler war mit Mussolini also noch nicht »im Reinen«, wie er sagte.

Am 7. Februar überbrachte Franz von Papen dem Bundeskanzler die Einladung Hitlers auf den Berghof bei Berchtesgaden für den 12. Februar. Nachdem sich Schuschnigg mit Seyß-Inquart beraten hatte, nahm er die Einladung an – eine Absage käme wohl auch einer schweren Brüskierung gleich; er beschloss aber strengste Geheimhaltung. Der Kanzler nahm nur seinen Staatssekretär für Äußeres, Dr. Guido Schmidt, mit. Die beiden fuhren mit einem Nachtzug im Sonderwaggon nach Salzburg und von dort mit einem Dienstwagen zur Grenze, wo sie von Papen erwartet wurden. An der Grenze waren militärische Scheinvorbereitungen getroffen worden, um Schuschnigg einzuschüchtern. Vor der vereisten Zufahrtsstraße auf den Obersalzberg stiegen die drei in einen bereitgestellten Raupenschlepper um. Hitler, in SA-Uniform gekleidet, kam Schuschnigg auf den Stufen vor der Eingangsterrasse des Berghofes entgegen. Etliche Generäle standen Spalier, drei Generäle begleiteten ihn unmittelbar: General Wilhelm Keitel (1882–1946, hingerichtet), neuer Chef des Oberkommandos der Wehrmacht; General Walter von Reichenau (1884–1942), nachmaliger Armee- und Heeresgruppenkommandant; General der Flieger Hugo Sperrle (1885–1953). Nach kurzer, korrekter Begrüßung führte Hitler den Kanzler in seinen Arbeitsraum mit den großen Glasfenstern, von wo man einen Blick bis nach Salzburg genoss. Schuschnigg hat in

Bundeskanzler Dr. Schuschnigg war bei Reichskanzler Hitler.

Wien, 12. Februar. (Amtlich.) Der österreichische Bundeskanzler Dr. Schuschnigg stattete heute in Begleitung des österreichischen Staatssekretärs für die auswärtigen Angelegenheiten Dr. Guido Schmidt und des deutschen Botschafters von Papen in Gegenwart des Reichsministers des Auswärtigen von Ribbentrop dem Führer und Reichskanzler auf dessen Einladung einen Besuch auf dem Obersalzberg ab.

Diese inoffizielle Begegnung entsprang dem beiderseitigen Wunsch, sich über alle Fragen, die das Verhältnis zwischen dem Deutschen Reich und Oesterreich betreffen, auszusprechen.

Reichskanzler Adolf Hitler.

Bundeskanzler Dr. Kurt Schuschnigg.

Hitlers Einladung zu einem Treffen am Obersalzberg wird für Schuschnigg zu einem Fiasko. Bericht über die »gewaltige Bedeutung« des Ereignisses in der *Illustrierten Kronen-Zeitung* vom 13. Februar 1938.

seinem Buch *Requiem für Rot-Weiß-Rot* das folgende Gespräch, das an Dramatik nicht zu überbieten ist, nachträglich rekonstruiert. Dieses Gedächtnisprotokoll bleibt die einzige Quelle zur Berchtesgadener Unterredung der beiden Staatsmänner:

> **Ich** [Schuschnigg]: *Dieser wundervoll gelegene Raum ist wohl schon der Schauplatz manch entscheidender Besprechung gewesen, Herr Reichskanzler.*
> **Hitler:** *Ja – hier reifen meine Gedanken. – Aber wir sind ja nicht zusammengekommen, um von der schönen Aussicht und vom Wetter zu reden.*
> **Ich:** *Ich möchte zunächst danken, Herr Reichskanzler, dass Sie mir die Gelegenheit zu dieser Aussprache gegeben haben; ich versichere vor allem, dass es uns mit dem Abkommen vom Juli 1936 sehr ernst ist und dass uns alles daran liegt, die noch bestehenden Schwierigkeiten und Missverständnisse aus dem Wege zu räumen.*

Wir haben jedenfalls alles dazu getan, um zu beweisen, dass wir dem Sinn und Wortlaut des Abkommens gemäß eine deutsche Politik zu führen entschlossen sind.
Hitler: *So, das nennen Sie eine deutsche Politik, Herr Schuschnigg? Sie haben im Gegenteil alles dazu getan, um eine deutsche Politik zu vermeiden. Sie sind z. B. ruhig im Völkerbund geblieben, obwohl das Reich austrat. Und das nennen Sie deutsche Politik?*
Ich: *Aus dem Völkerbund auszutreten hat niemand von Österreich verlangt. Wir konnten auch nicht annehmen, dass ein solcher Schritt Österreichs erwünscht sei; denn zum Zeitpunkt des Abkommens vom Juli 1936 war das Reich schon längst ausgetreten, ohne an uns jemals eine bezügliche Aufforderung zu richten. […]*
Hitler: *Das ist ganz selbstverständlich, dass sie auszutreten hatten. Übrigens hat Österreich nie etwas getan, was dem Deutschen Reich genützt hat. Seine ganze Geschichte ist ein ununterbrochener Volksverrat. Das war früher nicht anders wie heute. Aber dieser geschichtliche Widersinn muss endlich sein längst fälliges Ende finden. Und das sage ich Ihnen, Herr Schuschnigg: Ich bin fest dazu entschlossen, mit dem allen ein Ende zu machen. Das Deutsche Reich ist eine Großmacht, und es kann und es wird ihm niemand dreinreden wollen, wenn es an seinen Grenzen Ordnung macht.*
Ich: *Ich kenne Ihre Auffassung über die österreichische Frage und die österreichische Geschichte, Herr Reichskanzler; aber Sie werden verstehen, dass ich hier grundlegend anderer Meinung bin. Für uns Österreicher ist die ganze Geschichte ein sehr wesentliches und wertvolles Stück deutscher Geschichte gewesen, das sich aus dem gesamtdeutschen Bilde nicht wegdenken lässt. Und die österreichische nationale Leistung ist sehr beträchtlich.*
Hitler: *Gleich Null! Das kann ich Ihnen sagen. Von Österreich aus bekam jede nationale Regung seit jeher nur Prügel zwischen die Füße; das war ja auch die Haupttätigkeit der Habsburger und der katholischen Kirche.*
Ich: *Trotzdem, Herr Reichskanzler, ist manche österreichische Leistung aus dem gesamtdeutschen Kulturbild unmöglich wegzudenken […].*
Hitler: *Ich kann Ihnen nur nochmals sagen, dass es so nicht weitergeht. Ich habe einen geschichtlichen Auftrag, und den werde ich erfüllen, weil mich die Vorsehung dazu bestimmt hat. […] Schauen Sie sich in Deutschland um, Herr Schuschnigg, und Sie werden nur einen Willen finden. Mir war meine Aufgabe*

vorgezeichnet; ich bin den schwersten Weg gegangen, den je ein Deutscher gehen musste, und ich habe in der deutschen Geschichte das Größte geleistet, was je einem Deutschen zu leisten bestimmt war. Und zwar nicht mit Gewalt. Ich bin getragen von der Liebe meines Volkes. […]

***Ich:** Das glaube ich Ihnen gerne, Herr Reichskanzler.*

***Hitler:** Ich könnte mit dem gleichen und mit viel mehr Recht mich als Österreicher bezeichnen als Sie, Herr Schuschnigg! Versuchen Sie es doch einmal, und machen Sie eine freie Volksabstimmung in Österreich, in der Sie und ich gegeneinander kandidieren. Dann werden Sie sehen.*

***Ich:** Ja, wenn das möglich wäre! Aber Sie wissen selbst, Herr Reichskanzler, dass es eben nicht möglich ist. Ich sehe die Dinge anders: Wir müssen nun einmal nebeneinander leben; der Kleine neben dem Großen. Wir haben gar keine Wahl. Darum bitte ich Sie, die konkreten Beschwerden mir zu sagen. Wir werden alles dazu tun, um Abhilfe zu schaffen und, soweit es irgend an uns liegt, das freundschaftliche Einvernehmen herzustellen. Wir wollen ja gar nichts anderes als leben, um dabei unseren deutschen Beitrag wie eh und je in Mitteleuropa zu leisten.*

***Hitler:** Das sagen Sie, Herr Schuschnigg. Ich sage Ihnen, ich werde die ganze so genannte österreichische Frage lösen, und zwar so oder so! Glauben Sie, ich weiß nicht, dass Sie die österreichische Grenze gegen das Reich befestigen lassen? […]*

***Ich:** Es kann sich höchstens um primitive Sicherungen handeln, die wir – zum Teil als Antwort gegen die tschechoslowakischen Straßensperren – vorkehren müssen, und zwar gleichmäßig an allen Grenzen, auch am Brenner. Einen Schutz gegen illegale Einbrüche kann man uns nicht verargen.*

***Hitler:** Ich brauche nur einen Befehl zu geben, und über Nacht ist der ganze lächerliche Spuk an der Grenze zerstoben. Sie werden doch nicht glauben, dass Sie mich nur eine halbe Stunde aufhalten können? Wer weiß – bin ich über Nacht einmal in Wien; wie der Frühlingssturm! Dann sollen Sie etwas erleben! Ich möchte es den Österreichern gerne ersparen; das wird viele Opfer kosten. Nach den Truppen kommt dann die SA und die Legion. Und niemand wird die Rache hindern können, auch ich nicht! Wollen Sie aus Österreich ein zweites Spanien machen? Das alles möchte ich, wenn es angeht, vermeiden.*

***Ich:** […] Ich weiß natürlich, dass Sie in Österreich einmarschieren können. Aber, Herr Reichskanzler, ob wir es wollen oder nicht – das wird ein*

Blutvergießen geben. Wir sind nicht allein auf der Welt. Das bedeutet wahrscheinlich den Krieg.
Hitler: *Das sagt sich sehr leicht: Jetzt, wo wir beide in Klubsesseln sitzen. Aber dahinter steht eine Unsumme von Leid und Blut. Das wollen Sie auf Ihre Verantwortung nehmen, Herr Schuschnigg? Glauben Sie nur nicht, dass mich irgendjemand in der Welt in meinen Entschlüssen hindern wird! Italien? Mit Mussolini bin ich im Reinen; ich bin mit Italien aufs Engste befreundet. England? England wird keinen Finger für Österreich rühren. Dort, wo Sie sitzen, ist vor kurzem erst ein englischer Diplomat gesessen. Und draußen vor dem Fenster sind Hunderte und aber Hunderte von Österreichern vorübergegangen, Männer, Frauen und Kinder, verhungert und abgerissen. Das Elend hat man ihnen angesehen. Und sie sind alle nur gekommen, um mich zu sehen, um mich als Erlöser anzuflehen, dass ich sie endlich rette. Diese Menschen habe ich dem Engländer gezeigt. Der ist verstummt und sehr nachdenklich geworden; er hat mir nicht widersprochen. Von England haben Sie nichts zu erwarten. Und Frankreich? – Ja, vor zwei Jahren noch, als wir mit einer Handvoll Bataillone ins Rheinland einmarschierten, damals habe ich viel riskiert. Wenn Frankreich damals marschiert wäre, hätten wir uns zurückziehen müssen; vielleicht um 60 km; dann hätten wir sie auch damals aufgehalten. Aber jetzt ist es für Frankreich zu spät!* […]

Ich will Ihnen jetzt noch einmal die Gelegenheit geben, Herr Schuschnigg. Entweder wir kommen zu einer Lösung, oder die Dinge sollen laufen; wir werden dann ja sehen, wie das werden wird. Am nächsten Sonntag trete ich vor die deutsche Nation; bei meiner Rede vor dem Reichstag [20. Februar] *muss das deutsche Volk wissen, wie es dran ist. Überlegen Sie es gut, Herr Schuschnigg: Ich habe nur mehr Zeit bis heute Nachmittag. Wenn ich Ihnen das sage, dann tun Sie gut daran, mich wörtlich zu nehmen. Ich bluffe nicht. Meine ganze Vergangenheit beweist dies zur Genüge. Ich habe noch alles erreicht, was ich wollte, und bin vielleicht dadurch zum größten Deutschen der Geschichte geworden.* […][85]

Das etwa zweistündige Gespräch war beendet, Schuschnigg vollkommen eingeschüchtert. Danach wurde zum Mittagessen gebeten. Eine anschließende Mittagspause erlaubte dem kettenrauchenden Bundeskanzler, erstmals eine Zigarette anzuzünden, was im Beisein Hitlers nicht möglich gewesen war. Dann wurden er und Schmidt in ein kleines Zimmer zu Reichsaußenminister Ribbentrop und zu Papen geführt. Der Außenminister übergab ihnen einen von Staatssekretär Wilhelm Keppler (1882–1960) verfassten, zwei Maschinschreibseiten langen Vertragsentwurf, der folgende Forderungen enthielt:

1) Mit sofortiger Wirkung ist Dr. Seyß-Inquart als Sicherheitsminister mit unbeschränkter Polizeikompetenz zu ernennen.
2) Zur Betreuung des österreichisch-deutschen Wirtschaftsverkehrs ist Dr. Fischböck als Regierungsmitglied zu ernennen.
3) Vollamnestie für alle illegalen Nationalsozialisten einschließlich der am Juliputsch 1934 Beteiligten.
4) Alle wegen illegaler NS-Mitgliedschaft suspendierten bzw. entlassenen Offiziere und Beamte werden in ihren früheren Dienst wieder aufgenommen.
5) Hundert Wehrmachtsoffiziere werden dem Bundesheer, hundert Bundesheeroffiziere der Wehrmacht zugeteilt.
6) Freies Bekenntnis zur nationalsozialistischen Weltanschauung ist zu gestatten. NS-Gruppen dürfen gleichberechtigt in der Vaterländischen Front tätig sein. Die NSDAP als Parteiorganisation bleibt aber in Österreich verboten.
7) Die deutsche Regierung bestätigt die Abmachungen vom Juliabkommen und erneuert die Anerkennung der österreichischen Unabhängigkeit und Souveränität.

Schuschnigg war bestürzt, bedeuteten doch die ersten beiden Punkte den völligen Verzicht auf die Unabhängigkeit der österreichischen Regierung, was ja in Wahrheit dem Juliabkommen von 1936 widersprach. Ferner ließ Punkt 6 bewusst im Unklaren, worin der Unterschied zwischen NS-Weltanschauung und NSDAP lag. In dieser Erklärung lag ein Sprengstoff, der bei erstbester Gelegenheit zum Zünden gebracht werden konnte. Zwei unwesentliche Änderungen des Entwurfes konnte der Bundeskanzler durchsetzen: Dr. Hans Fischböck (1895–1967) sollte nicht Regierungsmitglied, sondern lediglich

Regierungsbeauftragter werden. Und der Offiziersaustausch sollte in zwei Etappen zu je 50 Männern ablaufen. Ferner verlangte Schuschnigg die Abberufung und Ausweisung des bisherigen österreichschen Gauleiters Leopold und des Dr. Tavs (siehe oben). Ribbentrop ging darauf ein, forderte aber des Weiteren die Auswechslung des Staatssekretärs für Landesverteidigung, General Zehner, und des Generalstabschefs, Feldmarschallleutnant Jansa. Die Abberufung Zehners lehnte Schuschnigg ab, Jansas »altersbedingte« (mit nur 54 Jahren!) Pensionierung war jedoch ohnehin bereits beschlossene Sache. Nach einiger Zeit wurde Schuschnigg wieder zu Hitler geholt und mit den Worten abgefertigt: *»Ich habe mich entschlossen, einen allerletzten Versuch zu unternehmen, Herr Schuschnigg. Hier ist der Entwurf. Verhandelt wird nicht; ich ändere keinen Beistrich. Sie haben entweder zu unterschreiben, oder alles Weitere ist zwecklos, und wir sind zu keinem Ergebnis gekommen.«* Schuschnigg sagte zu, machte Hitler aber darauf aufmerksam, dass nur der Bundespräsident die Regierungsmitglieder ernennen kann und Amnestien aussprechen darf, und dass er das Abkommen keinesfalls binnen der geforderten drei Tage umsetzen könne. Jetzt wurde Hitler wütend, besprach sich allein mit General Keitel, so, als ob er augenblicklich die Wehrmacht in Österreich einmarschieren und den Kanzler gemeinsam mit seinem Staatssekretär verhaften lassen wollte. Was Hitler mit Keitel tatsächlich beredete, ist nicht bekannt, jedenfalls beschied er dann Schuschnigg nochmals zu sich mit den Worten: *»Ich habe mich entschlossen – zum ersten Mal in meinem Leben – von einem gefassten Entschluss* [welchem? Dem sofortigen Einmarsch?] *noch einmal abzugehen. Also: Ich wiederhole Ihnen: Es ist der allerletzte Versuch. Innerhalb von drei Tagen erwarte ich die Durchführung.«*

Anschließend wurde die Reinschrift des Berchtesgadener Abkommens angefertigt und von Hitler, Ribbentrop, Schuschnigg und Schmidt unterzeichnet. Zuletzt meinte Hitler über das Pressekommuniqué: *»Es wird Folgendes verlautbart: Am Berghof fand heute eine Unterredung statt, zwischen dem Führer und deutschen Reichskanzler und dem österreichischen Bundeskanzler. – Schluss. Ich werde dann in meiner Rede vor dem Reichstag alles andere in einem freundlichen Kommentar für Österreich erwähnen.«*

Die Einladung zum Souper lehnten die beiden Österreicher dankend ab und fuhren in äußerst gedrückter Stimmung nach Wien zurück.

Unmittelbar nach seiner Ankunft informierte Schuschnigg den Bundespräsidenten und seine engsten Mitarbeiter, die nach heftiger Diskussion beschlossen, das Abkommen zu erfüllen. Bundespräsident Miklas wandte sich jedoch dagegen und musste erst nach langer Unterredung umgestimmt werden. Über die Einstellung von Wilhelm Miklas berichtet Feldmarschallleutnant Jansa, als er sich am 16. Februar bei seinem Oberbefehlshaber in den befohlenen – vorzeitigen – Ruhestand abmeldete.

> *»Der Bundespräsident empfing mich mit großer Herzlichkeit [...] und fügte seinen Worten der Anerkennung und des Dankes für meine Arbeit an, dass ich sozusagen das erste politische Opfer der unheilvollen Lage wäre; er wisse nicht, was noch alles folgen werde. Das gab mir die Möglichkeit zur Frage, was denn* [in Berchtesgaden] *in Wirklichkeit geschehen sei; es werde so viel herumgeschwätzt und niemand wisse Bestimmtes. Darauf Miklas: ›Schuschnigg ist von Hitler in Berchtesgaden unter Druck gesetzt und ihm die Zustimmung zur Nazifizierung abgepresst worden.‹ Ich antwortete: ›Und das lässt man sich gefallen? Das will man so ohne Weiteres annehmen?‹ Miklas: ›Ja, ich habe Schuschnigg gesagt, er möge sich vors Mikrophon stellen und die Weltöffentlichkeit von dem Geschehen orientieren.‹ Mir entschlüpfte ein herzliches ›Bravo! Das wird doch hoffentlich auch geschehen. Und denken Sie, Herr Oberbefehlshaber, an das Bundesheer! Es steht bereit!‹ Da stand Miklas resigniert auf mit den Worten: ›Schuschnigg will nicht, und ich habe nach der Verfassung keine Handlungsfreiheit. Die Politik ist Sache des Kanzlers.‹ Mit einer Handreichung war die Audienz zu Ende.«*[86]

Tatsächlich informierte Schuschnigg sehr wohl England und Italien vom Berchtesgadener Treffen. London reagierte freundlich abweisend, aber Mussolini schwankte noch immer, für wen er sich entscheiden sollte. Hitler war also, entgegen seinen Ausführungen in Berchtesgaden, noch gar nicht »im Reinen« mit dem Duce. Erst gegen Ende Februar war diesem klar, dass er wegen Österreichs Freiheit keinen Krieg riskieren würde: Denn der italienische Generalstab hatte ihn wegen des Engagements der italienischen Armee in Spanien und Afrika von der Unmöglichkeit der Bewältigung eines dritten italienischen Kriegsschauplatzes überzeugt.

Am 16. Februar wurde das neue, letzte, Kabinett der Regierung Schuschnigg angelobt: Der Kanzler behielt das Verteidigungsressort, Vizekanzler blieb Feldmarschallleutnant a. D. Ludwig Hülgerth, ebenso verblieben Außenminister Guido Schmidt und Edmund Glaise-Horstenau im Amt. Neu hinzu kamen u. a. Arthur Seyß-Inquart als Innen- und Sicherheitsminister und auch der ehemalige Heimwehrführer Julius Raab (1891–1964) als Minister für Handel und Verkehr. Mit dem einstigen sozialdemokratischen Gewerkschafter, Adolf Watzek, der nun zum Staatssekretär für »gesetzlichen Schutz der Arbeiter und Angestellten« ernannt wurde, sollte eine Verbindung zu den Sozialdemokraten hergestellt werden. Aber diese Geste kam zu spät und reichte nicht mehr aus, vor allem, weil Schuschnigg noch immer nicht bereit war, über seinen Schatten zu springen. So ergriff er viel zu zögerlich die Hand, die ihm seitens der Sozialdemokraten entgegengestreckt wurde: Am 17. Februar fassten Vertrauensmänner der Wiener Arbeiterschaft die Entschließung, »für die Freiheit, Unabhängigkeit und Würde Österreichs einzutreten«; sie erklärten, dass der Kanzler »auf die restlose, zu jedem Opfer bereite Unterstützung der Arbeiter zählen« könne. Aber erst am 3. März, also mehr als zwei Wochen später, empfing Schuschnigg eine 20 Mann starke Abordnung der illegalen Gewerkschaft unter Friedrich Hillegeist (1895–1973); dieser erklärte einleitend, *»dass wir nicht als Freunde kämen, dass wir aber bereit seien, die Arbeiter zum Kampf für die Unabhängigkeit unseres Landes aufzurufen«*. Voraussetzung dafür wären aber: Betätigungsfreiheit für die Sozialdemokraten, freie Wahlen in den Gewerkschaftsbund und Herausgabe einer Tageszeitung. Dann schloss er mit den Worten: *»Herr Bundeskanzler! Uns trennen die offenen Gräber des Februar 1934, aber Sie und wir wohnen im gleichen Haus, und dieses Haus Österreich brennt. Wenn wir den Brand heute gemeinsam löschen, werden wir uns morgen darüber unterhalten, wie es eingerichtet werden soll. Vor uns liegt eine ungeheuere Gefahr.«*[87]

Der Kanzler blieb reserviert, ließ weiterverhandeln, gab aber keine Zusage. Es scheint, dass er eine Rückkehr des alten Parteiensystems, das sein Vorgänger Dollfuß erfolgreich beseitigt hatte, um jeden Preis vermeiden wollte. Auch für eine Hilfe von anderer Seite konnte er sich nicht erwärmen: Am besagten 17. Februar forderte ihn Dr. Otto Habsburg in einem seitenlangen Brief auf, ihm die Regierung zu übertragen:

» *Lieber Herr von Schuschnigg!*
Die Ereignisse der letzten Tage zwingen mich, Ihnen zu schreiben. Ich will hiebei nicht über die Dinge der Vergangenheit sprechen. Sie wissen ja am besten, dass ich stets Ihnen gegenüber den Standpunkt vertreten habe, dass wir eine endgültige Sicherung unserer Unabhängigkeit durch eheste Einführung der legitimen Monarchie brauchen. […]

Ich halte es für meine Pflicht, Ihnen, lieber Herr von Schuschnigg, folgenden Plan zur Rettung der schwerstbedrohten Heimat auseinander zu setzen, für den ich, als legitimer Kaiser Österreichs, die Verantwortung übernehme:

Der erste Punkt dieses Planes betrifft die Außenpolitik. Wir sind heute in Österreich dem Druck eines gewaltigen Nachbarn ausgesetzt, der unsere Existenz zerstören will. Wir müssen uns daher nach Mächten umsehen, die diesen Druck aufwiegen können. Die Wahl kann hiebei nur auf die Westmächte fallen […].

Auf militärischem Gebiet muss Österreich nach Kräften für seine Aufrüstung wirken und dieser imperativen Pflicht anderweitige, noch so dringende finanzielle Begehren unterordnen. […]

In den Fragen der Innenpolitik wird es für das Heil der Heimat notwendig sein, nach drei Richtungen hin zu wirken, wozu Ihnen Ihre Machtvollkommenheit als Frontführer die Möglichkeit bietet. Vorerst muss die Befriedung nach links aktiv betrieben werden. Die Arbeiter haben in den letzten Tagen bewiesen, dass sie Patrioten sind. […] Eine weitere Kraft, die noch nicht verbraucht ist, ist der Legitimismus. Diese Bewegung – und dafür übernehme ich die Garantie – geht mit Ihnen durchs Feuer, wenn sie die Gewissheit hat, damit für die Unabhängigkeit Österreichs zu wirken. […] Schließlich […] wird es eminent wichtig sein, unter der Hand gleich vom ersten Augenblick an der verderblichen Arbeit der Betont-Nationalen entgegenzuwirken. […]

So wende ich mich an Sie als dem seinem Kaiser und seinem Volke unerschütterlich treuen Mann mit Bitten, auf deren Erfüllung ich in meinem Gewissen vor Gott dringen muss.

Erstens: Ich bitte Sie, solange Sie das Bundeskanzleramt innehaben, keine wie immer gearteten neuen Konzessionen an Deutschland oder an die österreichischen Betont-Nationalen zu machen. Zweitens: Sollten Sie den Eindruck haben, dass von Deutschland neue Forderungen oder Drohungen gegen Österreich bevorstehen, bitte ich Sie, mir dies sofort zur Kenntnis zu bringen. Drittens: [...] Sollten Sie einem Druck von deutscher oder betont-nationaler Seite nicht mehr widerstehen zu können glauben, so bitte ich Sie, mir, wie immer die Lage auch sei, das Amt eines Kanzlers zu übergeben. Ich bin fest entschlossen, zum Schutze von Volk und Staat bis zum Äußersten zu gehen, und ich bin überzeugt, dabei Widerhall beim Volke zu finden. Infolge der Lage, die ein langwieriges Anerkennungsverfahren seitens der Mächte nicht erlauben würde, will ich von Ihnen für diesen Anlass nicht die Restauration der Monarchie verlangen. Ich würde Sie auffordern, mir die Kanzlerschaft zu übergeben, sodass ohne Änderung der Verfassung, ohne neue Anerkennung – wenigstens für die entscheidende Lage – die gleichen Vorteile erreicht werden könnten wie durch den formellen Akt der Wiederherstellung der Monarchie. [...]

Sie, lieber Herr von Schuschnigg, beschwöre ich im Andenken an Ihren einst geleisteten Offizierseid, im Andenken an Ihre selbstlose patriotische Arbeit, mir in diesen Bitten entgegen zu kommen. Glauben Sie nicht, dass dieser Brief etwa dem Machthunger eines jungen, ambitionierten Mannes entspringt. Solche Ambitionen – wenn ich sie je gekannt hätte – würden schweigen angesichts der furchtbaren Lage und der ungeheuren Verantwortung. [...] Möge Gott Sie segnen und Ihnen den richtigen Weg zum Wohle und zur Rettung der Heimat weisen!

In der Fremde, am 17. Februar 1938.«[88]

Wäre Schuschnigg dem Begehren nachgekommen, hätte dies den sicheren Tod Ottos von Habsburg binnen weniger Tage bedeutet. Vom Ausland wäre bekanntlich keine Hilfe gekommen, im Gegenteil, die Kleine Entente hätte die Probleme nur noch vergrößert. Vor allem dürfte der Kaisersohn die innenpolitische Situation nicht ganz durchschaut haben. Glaubte er im Ernst, die Arbeiterschaft, die so vehement antihabsburgisch eingestellt und einst für die republikanische Staatsform eingetreten war, würde sich nun hinter ihn stellen? Und mit wie vielen aktiven Sympathisanten der Dynastie konnte er überhaupt rechnen? Die über Tausend Gemeinden, welche Otto die Ehrenbürgerschaft verliehen hatten, täuschten über seine wahre Anhängerschaft hinweg, denn rechnet man den traditionsbewussten Adel, die altösterreichischen Offiziere und Beamten und Kreise des konservativen Bürgertums zusammen, dürften es wohl kaum mehr als 20.000 wehrfähige Personen gewesen sein – diese hätten zwar die Masse der Widerstandswilligen bereichert, aber doch nicht im entscheidenden Maße. Daher antwortete Schuschnigg am 2. März 1938:

»Eurer Majestät bestätige ich das Schreiben vom 17. Februar, welches Eure Majestät an mich zu richten die Güte hatten. [...] Selbst wenn [...] was Gott verhüten möge, ein geschichtlicher Rückschlag eintritt und Österreich der Gewalt weichen müsste, der es sich in Ehren und hartnäckig widersetzt hat, dann ist es immer noch besser, dies geschieht, ohne dass die Dynastie dabei mit ins Spiel gezogen wird. [...] Ich bitte inständigst, mir zu glauben, dass unendlich viel, vielleicht alles auf dem Spiele steht und dass jeder Versuch einer Restauration, sei es in den letzten Jahren oder in der nächsten, absehbaren Zeit, mit hundertprozentiger Sicherheit den Untergang Österreichs bedeuten müsste. [...]

Mit dem aufrichtigen Herzenswunsch, dass Gott Eure Majestät und das Haus Österreich schützen möge [...] verharre ich [...].«[89]

Hitlers angekündigte Rede vor dem Reichstag (20. Februar) enthielt – entgegen seiner Versicherung in Berchtesgaden – keinerlei »freundlichen Kommentar« über Österreich, sondern absolut bedrohliche Worte: » [...] zwei der an unseren Grenzen liegende Staaten umschließen eine Masse von zehn Millionen Deutschen. Sie sind gegen ihren eigenen Willen durch die Friedensverträge an einer Vereinigung mit dem Deutschen Reiche behindert worden. [...] Es ist für eine Weltmacht unerträglich, an ihrer Seite Volksgenossen zu wissen, denen aus ihrer Sympathie oder aus ihrer Verbundenheit mit dem Gesamtvolk

[…] fortgesetzt schwerstes Leid zugefügt wird.« Kein Wort über die österreichische Souveränität.

Schuschnigg konterte am 24. Februar in einer zweistündigen Rede – angeblich seiner besten überhaupt – vor der Bundesversammlung: »*In entscheidender und ernster Stunde* […]«, so begann er, sei es jetzt Zeit, den fünfjährigen Bruderkampf zu Ende gehen zu lassen. Dann besprach er andere Themen wie die geplante Umstellung zur Rechtsfahrordnung im Straßenverkehr, der Kanzler lobte auch die gestiegene Wirtschaftsleistung und den Rückgang der Arbeitslosigkeit. Zuletzt wurde er wieder pathetisch:

> » *Wir haben uns unsere Grenzen nicht ausgesucht, wir haben das geographische Bild nicht verschuldet, welches die Landkarte seit 1918 aufweist, aber das, was wir haben, das wollen und werden wir behalten! Das soll und wird leben, weil es auch so, wie es ist, dem eigenen Volk, der deutschen Kultur und dem deutschen Schicksal, der Welt, im Geist des Friedens dienen kann. Wir bekennen uns somit feierlich vor aller Welt zu unserem Vaterland und zu den Grundgesetzen, die für uns die unabänderliche Basis des Rechtes sind. Wir sind ein christlicher Staat, wir sind ein freier Staat, und jeder in diesem Land ist gleichberechtigt vor dem Gesetze.* […] *Und dann, wenn Sie es hören wollen, vertraue ich auf den Herrgott, der unser Land nicht verlassen wird. Dieses Vertrauen setzt aber voraus das Wissen, dass der Herrgott nur denen hilft, die selbst bis zum Äußersten und Letzten zum Einsatz all ihrer Kräfte und zur Zusammenballung ihres gesamten Willens entschlossen sind. Und weil wir entschlossen sind, darum steht der Sieg außer Zweifel: Darum, Kameraden: Bis in den Tod Rot-Weiß-Rot!*«[90]

Aber die österreichischen Nationalsozialisten hielten sich seit dem Berchtesgadener Treffen und der Generalamnestie für alle politischen Straftaten, die vor dem 15. Februar 1938 begangen worden waren, nicht mehr zurück. Sicherheitsminister Seyß-Inquart mahnte sie zwar zur Disziplin, ließ aber die Exekutive bewusst nicht eingreifen, als im ganzen Land Hakenkreuzfahnen gehisst und Propagandaschriften sowie Flugblätter verteilt wurden. In aller Öffentlichkeit grüßte man mit dem Hitlergruß, auf offener Straße wurde das NS-Parteiabzeichen getragen.

Nr. 9 3. März 1938 57. Jahrgang

Das interessante Blatt

Bundeskanzler Dr. Schuschniggs große Rede

Der Kanzler und Frontführer während seiner bedeutsamen Ausführungen im Bundestag, die von den Sendern der meisten europäischen Länder übertragen wurden und deren glühendes Bekenntnis zu Oesterreich stärksten Widerhall auslöste. Auf dem Präsidentensitz der Vorsitzende des Bundestages Graf Hoyos, vorne Vizekanzler FML. Hülgerth und Außenminister Dr. Guido Schmidt, links und rechts hinten Präsident des Bundeswirtschaftsrates Eichinger und Sektionschef Pultar.

Phot. Ernst-Hilscher.

Noch einmal versucht Schuschnigg zu kontern: Mit einem pathetischen »Bis in den Tod Rot-Weiß-Rot!« beschließt er am 24. Februar 1938 seine zweistündige Rede vor der Bundesversammlung, es bleibt jedoch bei der rhetorischen Kampfansage.

Massenaufmärsche und Freudenkundgebungen, z. B. anlässlich Hitlers Reichstagsrede oder einer Ansprache Seyß-Inquarts in Graz und Linz (1. und 4. März), zeigten deutlich, dass durch den Druck der Straße die Regierung zu weiteren Zugeständnissen gezwungen werden sollte. Insbesondere in der Steiermark waren die NS-Demonstrationen derart heftig, dass die Regierung drei Bundesheerbataillone zur Assistenzleistung nach Graz und Bruck/Mur beorderte – diese hätten dann bei einem Einsatz gegen eine allfällig einrückende Deutsche Wehrmacht gefehlt. Am 6. März stellte Schuschnigg seinen Sicherheitsminister wegen der nicht mehr einzudämmenden Aktivitäten der Nationalsozialisten zur Rede; die heftige Auseinandersetzung führte aber zu keinem Ergebnis. Da fasste der Kanzler den Entschluss, eine Volksabstimmung durchzuführen – im Anklang an Hitlers Vorschlag in Berchtesgaden.

Finis Austriae

Am 9. März 1938 kündigte Schuschnigg in Innsbruck vor Amtswaltern der Vaterländischen Front eine Volksabstimmung für den 13. März an. In der amtlichen *Wiener Zeitung* stand an diesem Tag zu lesen:

» *Der Aufruf des Bundeskanzlers und Frontführers!*
Volk von Österreich! Zum ersten Male in der Geschichte unseres Vaterlandes verlangt die Führung des Staates ein offenes Bekenntnis zur Heimat. Sonntag, der 13. März 1938, ist der Tag der Volksbefragung.

Ihr alle, welchem Berufsstand, welcher Volksschichte ihr angehört, Männer und Frauen im freien Österreich, ihr seid aufgerufen, euch vor der ganzen Welt zu bekennen; ihr sollt sagen, ob ihr den Weg, den wir gehen, der sich die soziale Eintracht und Gleichberechtigung, die endgültige Überwindung der Parteienzerklüftung, den deutschen Frieden nach innen und nach außen, die Politik der Arbeit zum Ziele setzt – ob ihr diesen Weg mitzugehen gewillt seid!

Die Parole lautet: Für ein freies und deutsches, unabhängiges und soziales, für ein christliches und einiges Österreich! Für Frieden und Arbeit und die Gleichberechtigung aller, die sich zu Volk und Vaterland bekennen. Das ist das

Ziel unserer Politik. Dieses Ziel zu erreichen, ist die Aufgabe, die uns gestellt ist und das geschichtliche Gebot der Stunde. Kein Wort der Parole, die uns als Frage gestellt ist, darf fehlen. Wer sie bejaht, dient dem Interesse aller und vor allem dem Frieden! Darum, Volksgenossen, zeigt, dass es euch ernst ist mit dem Willen, eine neue Zeit der Eintracht im Interesse der Heimat zu beginnen; die Welt soll unseren Lebenswillen sehen; darum, Volk von Österreich, stehe auf wie ein Mann und stimme mit Ja! Front-Heil! Österreich!«[91]

Hatte nicht Hitler selbst eine Volksabstimmung vorgeschlagen? Gewiss jedoch nicht in dieser Form und mit dieser Parole. Schuschnigg wollte also mit einer letzten Kraftanstrengung das Rad der Zeit noch einmal zurückdrehen, aber gerade dieser Versuch beschleunigte das Ende der Republik. Denn es passte so gar nichts bei diesem Plebiszit: Es gab nicht einmal Wählerlisten. Als wahlberechtigt galt jede Österreicherin, jeder Österreicher ab vollendetem 24. Lebensjahr – damit sollte die radikalisierte Jugend von der Abstimmung ferngehalten werden. Der Stimmzettel konnte nur mit »Ja« angekreuzt werden, der Text sollte lauten: »Für ein freies und deutsches, unabhängiges und soziales, für ein christliches und einiges Österreich.« Schuschnigg rechnete mit einer mehrheitlichen Zustimmung, und nach vorsichtigen Schätzungen dürften etwa 60 bis 70 Prozent tatsächlich mit »Ja« gestimmt haben, hätte die Abstimmung stattgefunden. Denn auch viele Sozialdemokraten, insbesondere die »Revolutionären Sozialisten«, hatten sich, widerwillig, aber doch, dazu entschlossen, für »Ja« zu stimmen – nicht für Schuschnigg, aber gegen Hitler. Im Inland setzten sofort umfangreiche Demonstrationen in fast allen österreichischen Städten ein: Hand in Hand marschierten rechte und linke Gesinnungsgenossen als Zeichen ihres patriotischen Willens, gleichzeitig organisierten die Nationalsozialisten ihre nicht minder zahlreich besuchten Gegendemonstrationen.

Das Ausland verhielt sich gleichgültig bis ablehnend: Frankreich erlebte gerade eine Regierungskrise und war handlungsunfähig. London meinte, die Volksabstimmung wäre gefährlich und schlecht, zeigte aber sonst kein Interesse an den Vorgängen in der

Alpenrepublik. Der neue Außenminister im Kabinett von Arthur Neville Chamberlain (1869–1940), Edward Lindley Wood Halifax (1881–1959), vertrat voll Überzeugung die Appeasement-Politik, nicht zuletzt deshalb, weil die britische Armee jahrelang vernachlässigt worden und zu einem militärischen Eingreifen gar nicht in der Lage war. Schon im November 1937 hatte er Hitler in einem Gespräch zugesagt, dass Großbritannien eine friedliche Revision des Vertrags von Versailles in Bezug auf Danzig, Österreich und die ČSR nicht beeinspruchen würde.

Mussolini riet Schuschnigg, die Volksabstimmung überhaupt abzusagen, denn sie sei riskant, da sie negativ ausgehen könnte. Und für Hitler schrillten die Alarmglocken: Ein positiver Ausgang des Volksbegehrens hätte das Schuschnigg-Regime legitimiert und somit alle Bemühungen, Österreich zu destabilisieren und von innen die nationalsozialistische Machtübernahme und dadurch einen friedlichen »Anschluss« zu erreichen, hinfällig gemacht. Daher disponierte er sofort um, als er durch eine Indiskretion schon vor der Bekanntmachung der Volksabstimmung informiert wurde, und entschied sich für die militärische Okkupation. Er beorderte seine Generäle am 10. März in die Reichskanzlei und gab am frühen Morgen des 11. März dem Chef des Generalstabes, Ludwig Beck (1880-1944, erschossen), sowie dem Oberquartiermeister, General Erich von Manstein (1887–1973), die »Weisung Nr. 1, betr. Sonderfall Otto«:

» *1. Ich beabsichtige, wenn andere Mittel nicht zum Ziele führen, mit bewaffneten Kräften in Österreich einzurücken und dort verfassungsmäßige Zustände herzustellen und weitere Gewalttaten gegen die deutschgesinnte Bevölkerung zu unterbinden.*
2. Den Befehl über das gesamte Unternehmen Otto führe ich. Nach meinen Weisungen führen: der Oberbefehlshaber des Heeres die Operationen zu Lande mit der achten Armee in der mir vorgeschlagenen Zusammensetzung und Stärke und den aus der Anlage ersichtlichen Zuteilungen der Luftwaffe, der SS und der Polizei; der Oberbefehlshaber der Luftwaffe die Unternehmungen in der Luft mit den mir vorgeschlagenen Kräften.

*3. **Aufgaben:***
a) Heer: Der Einmarsch in Österreich hat in der mir vorgetragenen Art zu erfolgen. Das Ziel für das Heer ist zunächst die Besetzung von Oberösterreich, Salzburg, Niederösterreich, Tirol, die schnelle Besitznahme von Wien und die Sicherung der österreichisch-tschechischen Grenze.
b) Luftwaffe: Die Luftwaffe hat zu demonstrieren und Propagandamaterial abzuwerfen, österreichische Flughäfen für eventuell nachzuziehende Verbände zu besetzen, das Heer in dem erforderlichen Umfange zu unterstützen und außerdem Kampfverbände zu besonderen Aufträgen bereitzuhalten.
4. Die für das Unternehmen bestimmten Kräfte des Heeres und der Luftwaffe müssen ab 12. 3. 38 spätestens 12 Uhr einmarsch- bzw. einsatzbereit sein. Die Genehmigung zum Überfliegen und Überschreiten der Grenze und die Festsetzung des Zeitpunktes hierfür behalte ich mir vor.
5. Das Verhalten der Truppe muss dem Gesichtspunkt Rechnung tragen, dass wir keinen Krieg gegen ein Brudervolk führen wollen. Es liegt in unserem Interesse, dass das ganze Unternehmen ohne Anwendung von Gewalt in Form eines von der Bevölkerung begrüßten friedlichen Einmarsches vor sich geht. Daher ist jede Provokation zu vermeiden. Sollte es aber zum Widerstand kommen, so ist er mit größter Rücksichtslosigkeit zu brechen. Übergehende österreichische Verbände treten sofort unter deutschen Befehl.
6. An den deutschen Grenzen zu den übrigen Staaten sind einstweilen keinerlei Sicherheitsmaßnahmen zu treffen.«[92]

Die Wehrmacht setzte bereits seit den frühen Morgenstunden des schicksalhaften 11. März 1938 eiligste Vorkehrungen für den gedachten Einmarsch: Um 5.30 Uhr informierte Österreichs Staatssekretär für Sicherheitswesen, Dr. Michael Skubl (1877–1964), den Bundeskanzler, dass die deutsche Grenze hermetisch abgesperrt und der Zugsverkehr bei Salzburg eingestellt wäre. Schuschnigg konnte nur noch beten. Um 6.15 Uhr begab er sich in den Stephansdom und anschließend in das Bundeskanzleramt am Ballhausplatz. Um 7 Uhr erteilte er dem Staatssekretär Skubl den Auftrag, das Regierungsviertel absperren zu lassen. Inzwischen wurden Lautsprecherwagen losgeschickt, welche die Wohnbevölkerung zur Volksbefragung aufriefen. Um 8 Uhr empfing

Seyß-Inquart auf dem Flughafen Aspern den per Flugzeug angekommenen Edmund Glaise-Horstenau sowie den mitreisenden Ex-Justizminister Franz Hueber (1884–1981), Görings Schwager. Gemeinsam fuhren sie ins Bundeskanzleramt, wo sie um 9.30 Uhr ankamen. Glaise-Horstenau hatte Seyß einen Brief von Hitler mitgebracht, in dem dieser ultimativ die Vertagung der Volksbefragung forderte, da andernfalls die Wehrmacht einmarschieren würde. Glaise-Horstenau berichtete Schuschnigg von diesem Schreiben und befristete dieses (erste) Ultimatum eigenständig mit 14 Uhr. Der Bundeskanzler war ratlos, besprach sich mit seinen engsten Mitarbeitern, kam aber zu keinem Entschluss. Immerhin ließ er um 10 Uhr über Rundfunk die Reservisten des Geburtsjahrganges 1915 zu einer Waffenübung einberufen – tatsächlich meldeten sich bis Mittag etwa 10.000 Männer in ihren Kasernen; viele kamen mit Hakenkreuzbinde. Auch die Frontmiliz wurde aufgeboten. Aber dies bedeutete nicht einmal die Teilmobilmachung des Bundesheeres. In Deutschland glaubte man allerdings an eine tatsächliche Generalmobilmachung. Doch gab es keinen »Mob-Befehl« gemäß Jansa-Plan; nur einige Grenzsperren wurden besetzt, und lediglich zwei Bataillone rückten am Vormittag des 11. März nach Oberösterreich zur vorgesehenen Grenzverteidigung aus. Dem Bundesheer war der deutsche Aufmarsch bis in die Morgenstunden des 11. März verborgen geblieben. Erst ab 13.00 Uhr hatte man Gewissheit über die auffallend starke Ansammlung bewaffneter Kräfte an der Grenze, am Nachmittag verletzten bereits deutsche Flieger den österreichischen Luftraum. Aber Wien traf keine weiteren Verteidigungsvorbereitungen aus Furcht, damit Hitler den Vorwand für den Einmarsch zu geben. An diesem 11. März stieg die Spannung in ganz Österreich bis zum Siedepunkt an. In vielen Städten beherrschten bereits die Nationalsozialisten das Stadtbild. In ihren unzähligen Demonstrationen wurden – gemäß einer Weisung Hitlers – immer dieselben Forderungen nach einer Absetzung der Volksbefragung und dem Rücktritt Schuschniggs laut. In Graz sperrten zu Mittag die Geschäfte, hier und in anderen Städten wurden von zahlreichen öffentlichen Gebäuden bereits Hakenkreuzfahnen gehisst. Um 13 Uhr bestätigten Seyß-Inquart und Glaise-Horstenau dem Bundeskanzler Hitlers Ultimatum mit der

Forderung, die Volksabstimmung abzusagen oder zu demissionieren. Der für 14 Uhr anberaumte Ministerrat wurde abgesagt, an seiner statt berieten die Führer der Vaterländischen Front gemeinsam mit Außenminister Schmidt und Staatssekretär Guido Zernatto (1903–1943) die weitere Vorgangsweise; ein Kompromissangebot an die Nationalsozialisten wurde von diesen abgelehnt.

Auch in Berlin herrschte reges Treiben. Hitler war sich seiner Sache noch nicht ganz sicher. Mit Papen, Außenminister Neurath und Luftwaffenchef Göring besprach er das Für und Wider des Einmarsches, schließlich, gegen 14 Uhr, unterschrieb er die »Weisung Nr. 1«. Zugleich schickte er den Prinzen Philipp von Hessen, den Schwiegersohn des Königs von Italien, mit einem Schreiben zu Mussolini, in dem er versicherte: »Ich habe gegen Frankreich eine klare deutsche Grenze gezogen, und ich ziehe sie genauso gegenüber Italien: Es ist der Brenner.« Mussolinis Haltung zum Einmarsch in Österreich stand damit endgültig fest, sodass er Schuschniggs Versuche, ihn zu kontaktieren, abblockte. Um 14.30 Uhr bat Schuschnigg den Bundespräsidenten ins Bundeskanzleramt und informierte ihn über die Truppenbewegungen der Deutschen Wehrmacht, zugleich teilte er ihm mit, dass er die Volksbefragung sistieren werde. Eine halbe Stunde später erfuhren auch Seyß-Inquart und Glaise-Horstenau, dass die Volksbefragung abgesagt sei. Diese Nachricht ging sofort nach Berlin.

Von nun an riss Göring die Initiative an sich und begann ab 14.45 Uhr mit einem wahren Telefonterror (die mitstenografierten Gespräche sind erhalten). Zunächst rief er einige Male Seyß-Inquart an. Um 15.05 Uhr stellte er ihm das zweite Ultimatum:

» *Schuschnigg genießt infolge des Bruches des Berchtesgadener Abkommens nicht mehr das Vertrauen der hiesigen Stellen; es besteht daher auch kein Vertrauen zu seinen künftigen Handlungen. Es wird gefordert, dass die nationalen Minister in Österreich sofort dem Bundeskanzler ihre Demission einreichen und von ihm verlangen, dass er ebenfalls zurücktrete. Falls nicht innerhalb spätestens einer Stunde Bescheid von Ihnen hier eingetroffen ist, wird angenommen werden, dass Sie Ihre Demission eingereicht haben. – Ich fordere Sie weiters auf, das verabredete Telegramm* [Bitte um militärische Intervention] *an den Führer zu schicken. Selbstverständlich kann mit der Demission Schuschniggs nur Ihre unverzügliche Beauftragung mit der Neubildung des Kabinetts durch den Bundespräsidenten erfolgen.«*[93]

Schuschnigg beugte sich dem Ultimatum und bot um 16 Uhr dem Bundespräsidenten seinen Rücktritt an, den dieser zwar akzeptierte, den Kanzler aber zugleich bat, vorläufig die Amtsgeschäfte weiterzuführen, bis ein neuer Regierungschef ernannt wäre. Miklas weigerte sich also zunächst, Seyß-Inquart zu bestellen – aber für dieses Amt meldete sich sonst niemand. Inzwischen gingen die Telefonate weiter. Dabei wurde Göring um 17 Uhr von Odilo Globocnik, der in der Mannschaft Seyß-Inquarts die Initiative an sich riss, gezielt falsch informiert: Seyß-Inquart wäre bereits Bundeskanzler und fordere eine Regierungsbildung mit der dafür vorgesehenen Ministerliste bis 19.30 Uhr. Interessant ist folgende Passage:

Göring: *»Was meint Seyß-Inquart damit, das Verhältnis Deutschland – Österreich müsste auf eine neue Basis gestellt werden?«* **Globocnik:** *»Was er damit gemeint hat? Ja er meint, dass die Unabhängigkeit Österreichs verbleibt, nicht wahr, dass man sonst aber eben alles nationalsozialistisch regelt.«*
Göring: *»Na, das wird sich alles ergeben.* [...] *«*[94]

Seyß-Inquart war also tatsächlich der Meinung, er könnte auf Dauer Bundeskanzler in einem zwar abhängigen, aber doch eigenständigen Österreich bleiben. Das wäre übrigens auch die Vorstellung Himmlers gewesen; dessen Widerpart Göring aber setzte auf die vollkommene Einverleibung Österreichs und hatte zu diesem Zweck das Heft in die Hand genommen. Um 17.26 Uhr war er wieder mit Seyß-Inquart verbunden.

Göring: *»Also bitte Folgendes: Sie möchten sich sofort mit dem Generalleutnant Muff zum Bundespräsidenten begeben und ihm sagen: Wenn er nicht unverzüglich die Forderungen – Sie kennen sie – annimmt, dann erfolgt heute* *nachts der Einmarsch […]. Der Einmarsch wird nur dann aufgehalten, und die Truppen bleiben an der Grenze stehen, wenn wir bis 19 Uhr 30 die Meldung haben, dass der Miklas die Bundeskanzlerschaft Ihnen übergeben hat. […] Wenn aber Miklas das nicht in vier Stunden kapiert, muss er es eben in vier Minuten kapieren.«*[95]

Mit diesem dritten Ultimatum ging Generalleutnant Muff, der deutsche Militärattaché, zum Bundespräsidenten, doch dieser weigerte sich, darauf einzugehen. Vielmehr empfing er um 19 Uhr den Generaltruppeninspektor, General Sigismund Schilhawsky (1881–1957), um ihn mit der Kanzlerschaft zu betrauen; doch der General lehnte aus Gesundheitsgründen ab.

Um 19 Uhr prüften General Zehner und General Schilhawsky, ob zu diesem Zeitpunkt bewaffneter Widerstand des Bundesheeres überhaupt noch sinnvoll wäre, und kamen zum gegenteiligen Schluss, da man mindestens fünf Tage benötigt hätte, um 50.000 Mann an der Enns und Traun zu versammeln. Daher erging um 18 Uhr an die Truppe der Befehl: Weitermarsch einstellen, Unterkünfte beziehen. Gegen 19.30 Uhr kam im Auftrag des Bundeskanzlers der Befehl: »Wenn deutsche Truppen die Grenze überschreiten, haben sich die Truppen des Bundesheeres in die allgemeine Richtung Osten zurückzuziehen. Es darf kein Schuss abgegeben werden.«[96] 20 Minuten später (19 Uhr 50) hielt Schuschnigg seine viel zitierte Abschiedsrede im österreichischen Rundfunk.

» Österreicher und Österreicherinnen! Der heutige Tag hat uns vor eine schwere und entscheidende Situation gestellt. Ich bin beauftragt, dem österreichischen Volke über die Ereignisse des heutigen Tages zu berichten. Die deutsche Reichsregierung hat dem Herrn Bundespräsidenten ein befristetes Ultimatum gestellt, nach welchem der Herr Bundespräsident einen ihm vorgeschlagenen Kandidaten zum Bundeskanzler zu ernennen und die Regierung nach den Vorschlägen der deutschen Reichsregierung zu bestellen hätte, widrigenfalls der Einmarsch deutscher Truppen für diese Stunde in Aussicht genommen wurde. Ich stelle fest vor der Welt: dass die Nachrichten, die über Österreich verbreitet wurden, dass Arbeiterunruhen ausgebrochen und dass Ströme von Blut geflossen sind, dass

die Regierung nicht Herrin der Lage sei, dass sie nicht Ordnung hätte machen können, von A bis Z erfunden sind.

Der Herr Bundespräsident beauftragt mich, dem österreichischen Volk mitzuteilen, dass wir der Gewalt weichen. Wir haben, weil wir um keinen Preis, auch in dieser ernsten Stunde nicht, deutsches Blut zu vergießen gesonnen sind, unserer Wehrmacht den Auftrag gegeben, für den Fall, dass der Einmarsch durchgeführt wird, ohne wesentlichen Widerstand – ohne Widerstand – sich zurückzuziehen und die Entscheidungen der nächsten Stunden abzuwarten. Der Herr Bundespräsident hat den General der Infanterie und Generaltruppeninspektor, Schilhawsky, mit der Führung der Wehrmacht betraut. Durch ihn werden die weiteren Weisungen an die Wehrmacht ergehen.

So verabschiede ich mich in dieser Stunde von dem österreichischen Volk mit einem deutschen Wort, einem Herzenswunsch: Gott schütze Österreich!«

Als sieben Minuten später Göring von Seyß-Inquart erfuhr, dass sich Miklas noch immer weigerte, ihn zu ernennen, sagte er: »Also gut, ich gebe den Befehl zum Einmarsch, dann sehen Sie zu, dass Sie sich in den Besitz der Macht setzen.« Um 20 Uhr gab Hitler Walter von Brauchitsch, dem Oberbefehlshaber der Wehrmacht, die Weisung, alles für den Einmarsch vorzubereiten. Um 20.45 Uhr unterzeichnete Hitler die »Führerweisung Nr. 2«, welche bei Tagesanbruch des 12. März gemäß Führerweisung Nr. 1 durchzuführen ist. Um 20 Uhr 48 forderte Göring telefonisch von dem in Wien weilenden deutschen Staatssekretär Wilhelm Keppler, dass sich Seyß-Inquart der ganzen Regierung bemächtigen und ein Telegramm mit der Bitte um den deutschen Einmarsch absenden möge, da die Regierung nicht in der Lage sei, für Ruhe und Ordnung zu sorgen. Ein solches Telegramm wurde zwar nicht von Seyß-Inquart, wohl aber ohne dessen Zustimmung von Keppler abgeschickt. Als nämlich Seyß-Inquart erkannte, dass ihm die ganze Macht im Staate ohne Blutvergießen zugefallen war, ließ er Hitler über Generalleutnant Muff ersuchen, von einem deutschen Einmarsch abzusehen. Hitler ging aber von seinem einmal gefassten Entschluss nicht mehr ab. Die vom Ausland auf diplomatischem Weg eingetroffenen Noten hatten ihn nicht beunruhigt: Sowohl England als auch Frankreich warnten zwar vor schweren Rückwirkungen, sollte Deutschland mit Gewalt gegen Österreich vorgehen – aber von Krieg war nicht die Rede. Und Italien gab sich sehr freundlich: Philipp Prinz von Hessen rief Hitler persönlich an, um ihm mitzuteilen, dass Mussolini sich nicht für Österreich einsetzen würde. Darauf Hitler: »Dann sagen Sie bitte Mussolini, ich würde ihm dies nie vergessen! Nie, nie, nie, es mag sein, was wolle.«

Auf Österreichs Straßen herrschte hektisches Treiben, die Nationalsozialisten traten äußerst offensiv auf. Es spricht für ihre perfekte Organisationsstruktur, dass sie für die wichtigsten politischen und kulturellen Stellen ad hoc die geeigneten Personen zur Verfügung hatten, welche in den Bundesländern sofort in Aktion traten. Niemand setzte ihnen Widerstand entgegen, wenn sie ihre neuen Ämter besetzten. So wurde die NS-Machtübernahme in Wahrheit bereits vollzogen – und zwar vorerst von innen. Binnen weniger Stunden sollte allerdings klar werden, dass es eine NS-Machtübernahme von außen sein würde – denn die Schlüsselpositionen wurden von Personen aus dem »Reich« besetzt, die österreichischen Nationalsozialisten mussten sich dann zu ihrer grenzenlosen Enttäuschung auf die zweite Reihe zurückziehen. Wer jetzt in Österreich weitsichtig genug war, um vorauszuahnen, was alles passieren könnte, verließ so schnell er konnte per Bahn oder per Auto das Land. (Mussolini hatte schon einige Tage zuvor der Witwe von Bundeskanzler Dollfuß geraten, ihre Kinder in die Schweiz zu bringen.) Um Mitternacht (11./12. März) gab Bundespräsident Miklas seinen letzten Widerstand auf: Im Laufe seiner Amtszeit hatte er sich immer über seine Machtlosigkeit beklagt, nun aber hatte er erstmals Mut bewiesen, indem er allein den letzten Widerstand gegen Hitler verkörperte. Als er einsehen musste, dass nichts mehr zu machen war, akzeptierte er eine neue Bundesregierung: Ihr gehörten unter anderem an: Seyß-Inquart als Bundeskanzler und Ressortleiter für Landesverteidigung und Sicherheit; Glaise-Horstenau als Vizekanzler; Dr. Wilhelm Wolf (1897–1939) als Außenminister; Dr. Hugo Jury (1887–1945, Selbstmord) als Sozialminister; Dr. Rudolf Neumayer (1887–1977) als Finanzminister; Dr. Franz Hueber (1894–1961) als Justizminister; Ing. Anton Reinthaller (1895–1958) als Minister für Handel und Verkehr; Dr. Ernst Kaltenbrunner (1903–1946, hingerichtet) als Staatssekretär für Sicherheit.

Damit hat die Erste Republik im Allgemeinen und das Dollfuß-Schuschnigg-Regime im Besonderen zu bestehen aufgehört. Die Kanzlerdiktatur war letztlich zu schwach gewesen, um sich gegen den Nationalsozialismus behaupten zu können, es war ihr nicht gelungen, das mehrheitliche Vertrauen der Bevölkerung zu gewinnen. Seyß-Inquart bewies immerhin die Größe, in der Nacht zum 12. März den Ex-Bundeskanzler persönlich nach Hause zu begleiten (wo dieser alsbald von der Gestapo abgeholt werden sollte). Obwohl um Mitternacht bereits die ersten Vorkommandos der Wehrmacht die Grenzen überschritten, versuchten Seyß-Inquart, Keppler und Muff, den Einmarsch, der ja in ihren Augen unnötig war, zu verhindern. Hitler aber entschied um 2.30 Uhr des 12. März dessen endgültige Durchführung. Die an die Grenze verlegten Sperrkommandos des Bundesheeres zogen sich bis zum Morgen des folgenden Tages in ihre Kasernen zurück. Um 5 Uhr früh landeten Reichsführer SS Heinrich Himmler sowie SS-Führer Reinhard Heydrich in Begleitung von 30 SS-Männern auf dem Flughafen Wien-Aspern und ordneten nach vorbereiteten Listen zahlreiche Verhaftungen an. Um 5.30 Uhr begann die Deutsche Wehrmacht mit dem breit gefächerten Einmarsch in Österreich, und um 10 Uhr wurde Wien nach einer deutschen Luftlandeoperation handstreichartig in Besitz genommen.

Am 13. März ließ Hitler, inzwischen in Linz angekommen, das »Bundesverfassungsgesetz über die Wiedervereinigung Österreichs mit dem Deutschen Reich« ausarbeiten, über dessen Annahme eine Volksabstimmung am 10. April 1938 entscheiden werde. Außerdem verfügte er: »Das österreichische Bundesheer tritt als Bestandteil der Deutschen Wehrmacht mit heutigem Tag unter meinen Befehl.« An sich brach Hitler insofern das Völkerrecht, als er ein Gesetz, also einen Hoheitsakt, auf – noch – ausländischem Boden verabschiedete; außerdem hätte die deutsche Reichsregierung für dieses Gesetz kollegial abstimmen müssen, was aber nicht geschah.

Zur selben Zeit tagte in Wien der Ministerrat zu seiner ersten Sitzung und beschloss gemäß kriegswirtschaftlichem Ermächtigungsgesetz das

Vorarlberger Volksbote
Wochenblatt für Stadt und Land.

Fernruf: Schriftleitung 152, Verwaltung 118. — Postscheckkonto Nr. 179.876. — Bezugspreis für das Vierteljahr: Oesterreich 3.50 S, Ausland 6 S. — Einzelnummer 30 g.

Nr. 11 — Samstag, 19. März 1938 — 6. Jahrgang

Oesterreich ist ein Land des Deutschen Reiches.

Machtergreifung des Nationalsozialismus in Oesterreich. — Der Anschluß vollzogen.

In den Zeitungsredaktionen schwenkt man innerhalb eines Tages auf die neuen Herren um: die Schlagzeilen des *Vorarlberger Volksboten* zum »Anschluss«.

»Bundesverfassungsgesetz zur Wiedervereinigung Österreichs mit dem Deutschen Reich.« Da Bundespräsident Miklas zu einer Unterschrift nicht bereit war, resignierte er nach einer Aufforderung von Seyß-Inquart und übertrug diesem gemäß Artikel 77 Punkt 1 der Verfassung von 1934 die Funktion des Staatsoberhauptes. Miklas' Abschiedsworte lauteten: »Möge dem österreichischen Bundesvolk, dem bis zu meinem letzten Atemzug all mein Sinnen und Trachten und Herz gehört, mit Gottes Hilfe eine glückliche Zukunft beschieden sein.«

Seyß-Inquarts Kanzler- und Präsidentschaft fand jedenfalls ein rasches Ende, immerhin wurde er am 15. März von Hitler zum Reichsstatthalter von Österreich ernannt. Seine Hoffnung, Österreich würde im Reich seine Sonderstellung bewahren können, hatte sich nicht erfüllt. Vielmehr wurde der kommissarische Leiter der NSDAP in Österreich, Josef Bürckel (1895–1944, Selbstmord), zunächst mit der Durchführung der Volksabstimmung betraut und erhielt dann den Auftrag, als »Reichskommissar« die volle Eingliederung Österreichs innerhalb eines Jahres durchzuführen.

Was wäre gewesen, wenn …

… sich Österreich gewehrt hätte? Diese Frage darf ein seriöser Historiker eigentlich nicht stellen. Dennoch mögen einige andere Fragen in den Raum gestellt werden. Sind Mitläufer mitschuldig? Grundsätzlich ja, aber jenen Tausenden, die vor Begeisterung die Grenzschranken niedergerissen und der einmarschierenden Wehrmacht einen Blumenfeldzug bereitet hatten, ist wohl ein geringerer Vorwurf zu machen als jenen, die lachend einen am Boden knienden Juden umstellten und ihm zusahen, wie er das Kruckenkreuz vom Gehsteig abrieb. Wie schwer wiegt die Schuld der Naiven und Gutgläubigen, die nur auf Hitlers Erfolge bei der Revision des Versailler Vertrages und bei der Arbeitsbeschaffung blickten und das Verbrecherische des Systems, das man bei genauerem Hinsehen wohl erahnen konnte, nicht durchschauen wollten? (Das Nürnberger Rassengesetz vom 15. September 1935 war ja allgemein bekannt.) Die mit Freude von der misslungenen österreichischen Möchtegerndiktatur in die »echte«, vermeintlich erfolgreiche nationalsozialistische Diktatur wechseln wollten?

Schon Johann Gottfried Herder (1744–1803) hat gefordert, die Geschichtsquellen aus ihrem historischen Kontext heraus »einfühlend« zu interpretieren. In diesem Sinne muss das Verhalten vieler NS-Sympathisanten nicht unbedingt entschuldigt (was heute ohnehin niemandem mehr nützt oder schadet), wohl aber »verstanden« werden. Inwiefern man heute die Kriegsverbrecher und die Verbrecher gegen die Menschlichkeit »verstehen« kann, bleibt allerdings den Psychologen vorbehalten, denn die Ausrede des »Befehlsnotstandes« können wir keinesfalls gelten lassen. Das NS-Terrorregime förderte die Entwicklung krimineller Energie, es schuf »Biotope des Mordens«, Orte und Räume – denken wir an die Gefängnisse, Hinrichtungsstätten, Konzentrations- und Vernichtungslager –, in denen das Quälen, Foltern und Töten zum Sport wurde. Hochachtung möge posthum jenen zugesprochen werden, die aktiven Widerstand geleistet und dabei ihr Leben riskiert haben.

Um auch die Täter-Opfer-Diskussion kurz anzuschneiden: Zweifellos verstrickten sich weite Teile der österreichischen Gesellschaft in die

NS-Herrschaft, Österreicherinnen und Österreicher wurden zu Tätern, die vielfach mit großem Ehrgeiz und auch ideologischem Engagement dem Regime in die Hände arbeiteten. Sie wurden zu Handlangern der Mörder oder selbst zu Mördern. Ihnen stehen jene gegenüber, die auf den Schlachtfeldern des Krieges, in den Folterkellern und Gefängnissen, in Todes- und Vernichtungslagern zu Opfern wurden.

Eine andere Frage lautet, ob Österreich das Schicksal der Annexion erspart geblieben wäre, hätte es eine funktionierende demokratische Ordnung mit freien Wahlen, Parteien und Gewerkschaften gehabt. Hier gilt wohl die Überlegung, dass die innere Machtübernahme durch die Nationalsozialisten kaum aufzuhalten gewesen wäre und daher der »Anschluss«, besser gesagt: die Annexion, zwar unter anderen Vorzeichen, aber auf jeden Fall stattgefunden hätte, weil diese ja einer vordringlichen Forderung Hitlers und vieler österreichscher Nationalsozialisten entsprach.

Was hingegen wäre geschehen, wenn sich Österreich am 12. März 1938 verteidigt hätte? Wie sahen die militärischen Voraussetzungen aus? Das österreichische Bundesheer verfügte, wie gesagt, Anfang 1938 über einen Aktivstand von rund 61.000 Soldaten, im Mobilmachungsfall über 127.000 Mann. Zur bewaffneten Macht zählten auch 17.000 Exekutivbeamte und 30.000 Hilfspolizisten und vor allem die paramilitärische »Frontmiliz« von theoretisch 101.000, de facto 40.000 Mitgliedern, also alles in allem beachtliche 250.000 Mann. Nicht einberechnet sind jene kampfbereiten Männer des illegalen Republikanischen Schutzbundes, die Alexander Eifler (siehe oben) mobilisieren wollte. In Relation zu den 105.000 deutschen Soldaten, die am Einmarsch beteiligt waren, ergab sich also eine enorme numerische Überlegenheit, die allerdings durch eine gravierende rüstungstechnische Unterlegenheit wieder wettgemacht wurde. Es mangelte an Fahrzeugen sowie an moderner Bewaffnung und Ausrüstung, insbesondere bei Panzern (insgesamt 76) und Fliegerabwehr; die Luftwaffe befand sich erst im Aufbau und verfügte lediglich über 13 Bomber und 72 Jagdflugzeuge. Vor allem aber: Es mangelte an Zeit und an

Entschlossenheit. Die Mobilmachung der österreichischen Streitkräfte zu ihrer vollen Stärke hätte, wie oben erwähnt, zehn Tage in Anspruch genommen, der Aufmarsch der Berufssoldaten in ihre vorgesehenen Stellungen hätte zumindest vier Tage benötigt – angesichts der erdrückenden deutschen Luftüberlegenheit (850 Flugzeuge) aber vermutlich länger. Der Mobilmachungsbefehl hätte allerspätestens am Tag, als die Volksabstimmung angekündigt worden war (9. März), erfolgen müssen. Der nach dem Jansa-Plan (siehe oben) vorbereitete Widerstand hätte vielleicht eine knappe Woche gehalten – in dieser Zeit, so hoffte man, hätten die Westmächte eingreifen müssen. Sie hätten aber, wie man heute weiß, höchstwahrscheinlich nicht eingegriffen – hatten sie zwanzig Jahre zuvor den Anschluss verhindert, so tolerierten sie ihn jetzt. Auch Polen, Jugoslawien und die Tschechoslowakei wären nicht für einen Waffengang zugunsten Österreichs bereit gewesen. Andererseits: Hätte Hitler den Einmarschbefehl angesichts eines mobil gemachten Bundesheeres überhaupt erteilt? Wäre er ein derartiges Risiko eingegangen und hätte er damit die Feindschaft nahezu aller Staaten der Welt in Kauf genommen? Unkalkulierbar war freilich auch die innenpolitische Situation in Österreich, denn bei einem – durchaus anzunehmenden – Aufstand der österreichischen Nationalsozialisten im Rücken des Bundesheeres hätten zu dessen Unterdrückung starke Verbände abgestellt werden müssen, die aber dann bei der Verteidigung gefehlt hätten. Eine entscheidende Frage war auch die nach der Verlässlichkeit des Bundesheeres. Viele Offiziere sympathisierten mit den Nationalsozialisten – wäre es in einem Krieg zu Befehlsverweigerungen und Sabotageaktionen gekommen? Aussagen prominenter Zeitzeugen verneinen dies entschieden. So sei hier General Hubert Wingelbauer (1915–1987), der nachmalige Generaltruppeninspektor des Bundesheeres, zitiert, der als junger Leutnant 1938 von der Wehmacht übernommen worden war: *»Wenn auch schlüssige Hinweise auf die innere Einstellung des Offizierskorps zum Kampf gegen Deutschland fehlen, so kann außer Zweifel gestellt werden, dass das Bundesheer getreu seinem Eid gegen deutsche Truppen gekämpft hätte, sofern der Befehl ergangen wäre. Ich stelle diese Behauptung nicht leichtfertig, sondern nach bestem*

Wissen und Gewissen auf; sie entspricht nicht nur meiner eigenen Überzeugung, sondern dem übereinstimmenden Urteil Dutzender Offiziere, die ich damals und seither hiezu befragt habe. Diese Annahme gilt, obwohl sich unter den Wehrpflichtigen, die seit Herbst 1936 auf Grund der ›Allgemeinen Bundesdienstpflicht‹ eingerückt waren, natürlich auch illegale Nationalsozialisten befanden; gegenüber der fast uneingeschränkten Loyalität des Offiziers- und Unteroffizierskorps wäre dies ohne jede Auswirkung geblieben.«[97] Knapp fünf Prozent der Heeresangehörigen gehörten dem verbotenen »NS-Soldatenring« an – diese hätten vielleicht etwas »Sand ins Getriebe« schütten, also die im Krieg unvermeidlichen »Friktionen« verstärken, aber die Operationen nicht wesentlich behindern können.

Vonseiten der deutschen Wehrmacht verlief der »Sonderfall Otto« nicht ohne Pannen, denn der Einmarschbefehl kam derart überraschend, dass nicht alle Verbände der vorgesehenen 8. Armee mit ihren 105.000 Mann in ihren Bereitstellungsräumen eingetroffen waren und viel improvisiert werden musste. Nichtsdestoweniger war ihre Überlegenheit gegenüber dem Bundesheer erdrückend. Ihr Operationsziel war die möglichst rasche Inbesitznahme von Wien, wobei angesichts des Tempos der vordringenden Verbände erhebliche Versorgungsprobleme auftraten: Der Treibstoffbedarf musste teilweise von österreichischen Tankstellen gedeckt werden, wobei die andere Oktanzahl gewisse Probleme bereitete. Fast 200 Fahrzeuge (gepanzerte und ungepanzerte) und 100 Motorräder fielen aus, die unvermeidlichen Verkehrsunfälle forderten 25 Todesopfer; der in Ostösterreich noch geltende Linksverkehr wurde sogleich auf Rechtsverkehr umgestellt. Insgesamt blieb aber die erstmals angewendete »Blitzkriegstrategie« ein voller Erfolg, zumal man auf keinen Widerstand gestoßen war. Im Gegenteil: Der Wehrmacht wurde ein regelrechter Blumenfeldzug bereitet, deutsche Soldaten wurden vielfach als »Befreier« begrüßt. Die Jubelfotos müssen allerdings relativiert werden, denn sie zeigen nicht die andere Seite: die Verzweifelten, die Selbstmorde (z. B. von Emil Fey und dessen Frau und Sohn, von Odo Neustädter-Stürmer, von Egon Friedell und vermutlich auch von General Zehner) und die 70.000 in den ersten Wochen Verhafteten.

Sie zeigen auch nicht jene beschämenden Exzesse gegen jüdische und »vaterländische« Österreicher, die oft sogar noch vor der Ankunft deutscher Truppen begangen worden sind.

Was also wäre gewesen, wenn dem Bundesheer doch der Schießbefehl erteilt worden wäre? Die Kämpfe wären nicht von allzu langer Dauer gewesen und hätten vielleicht 10.000 Gefallene gekostet, allerdings gewiss auch grausame Repressalien und viele Zivilopfer. Das ist aber immer noch wenig verglichen mit den 247.000 im Zweiten Weltkrieg gefallenen Österreichern – doch das konnte man im März 1938 noch nicht wissen. Wissen konnte man, dass Hitler außenpolitisch völlig desavouiert worden wäre. Ein Münchner Abkommen (29. September 1938: Annexion der deutschsprachigen Randgebiete der ČSR) und die kampflose Zerschlagung der ČSR am 14. März 1939 wären unmöglich gewesen. Ob es unter diesen Bedingungen zu einem Hitler-Stalin-Pakt (22. August 1939) und zum Polenfeldzug (ab 1. September 1939) überhaupt gekommen wäre, lässt sich freilich nicht sagen. Gewiss aber lässt sich sagen, dass es zu keinen alliierten Flächenbombardements auf österreichische Städte gekommen wäre (24.000 Bombenopfer). Nicht vermieden hätte freilich der Mord an 66.000 österreichischen Juden und die Hinrichtung von 35.000 Gestapo-Häftlingen werden können. Bruno Kreisky meinte einmal: *»Wenn nur wenige Tage in und um Österreich gekämpft worden wäre, hätte uns dies nach dem Krieg das moralische Recht gegeben, gegen die Viermächteokkupation zu protestieren.«*[98] Denn Österreich hätte seinen Anspruch als »Siegerstaat« geltend machen können. Eine Lehre aus der Geschichte sollte demnach lauten: Wer sich nicht wehrt, bekommt niemals recht – wer sich hingegen wehrt, bekommt zumindest manchmal recht. 1933 hat sich der Schutzbund nicht gewehrt, obwohl er dies damals noch gekonnt hätte – er erhielt in der Folge nicht recht, und sein Widerstand 1934 kam zu spät. Österreich hat sich 1938 nicht gewehrt und musste nach seiner staatlichen Auslöschung sieben Jahre Terror und Massenmord, Krieg und Zerstörung sowie anschließend eine zehnjährige Besatzung erdulden.

ANHANG

Anmerkungen

1 Aus: Gottfried Guggenbühl: Quellen zur Geschichte der Neuesten Zeit. Zürich [3] 1954, S. 392 f.

2 Richard Schmitz: Das christlichsoziale Parteiprogramm, mit Erläuterungen. Wien 1932, S. 25

3 Zitiert aus: Otto Frass: Quellenbuch zur österreichischen Geschichte, Bd. IV (1918–1955). Wien 1967, S. 97 ff.

4 Zitiert nach Frass a. a. O., Bd. IV, S. 91 ff.

5 Hier zitiert nach: Gottfried Guggenbühl: Quellen zur Geschichte der Neuesten Zeit. Zürich [3] 1954, S. 400 (= Quellen zur Allgemeinen Geschichte IV)

6 Zitat aus: Walter Kleindel: Österreich. Daten zur Geschichte und Kultur. Wien – Heidelberg 1978, S. 335. Siehe auch: Frass a. a. O., Bd. IV, S. 126

7 Zur Anfechtbarkeit geschworenengerichtlicher Urteile siehe § 343 StPO von 1873 (heute: § 345)

8 Siehe: Amtskalender der Republik Österreich 1929, S. 26

9 Nach dem stenographischen Protokoll der Nationalratssitzung. Hier zitiert aus: Frass a. a. O., S. 110

10 Ebenda , S. 104 ff.

11 Frass a. a. O., Bd. IV, S. 112

12 Gerhard Botz: Die »Juli-Demonstranten«, ihre Motive und die quantifizierbaren Ursachen des »15. Juli 1927«. In: Die Ereignisse des 15. Juli 1927. Wien 1979, S. 17–59

13 Stenographisches Protokoll, aus: Frass a. a. O., S. 100 ff.

14 Manfred Jochum: Die Erste Republik in Dokumenten und Bildern. Wien 1983, S. 89

15 Zitiert nach: Walter Goldinger, Dieter A. Binder: Geschichte der Republik Österreich 1918–1938. Wien – München 1992, S. 139 f.

16 Bruno Kreisky: Zwischen den Zeiten. Erinnerungen aus fünf Jahrzehnten. Wien 1986, S. 193

17 Goldinger – Binder a. a. O., S. 151

18 Aus: Friedrich Weissensteiner: Der ungeliebte Staat. Österreich zwischen 1918 und 1938. Wien 1990, S. 209

19 Kreisky a. a. O., S. 196

20 Ebenda, S. 208 f.

21 Frass a. a. O., Bd. III, S. 339 f.

22 Aus: Reichspost, 4. Oktober 1932, S. 2

23 Stenographisches Protokoll über die Sitzungen des Nationalrates der Republik III. Wien 1934, S. 303. Hier zitiert aus: Frass a. a. O., S. 150 ff.

24 Wiener Zeitung, 8. März 1933, S. 1

25 Arbeiter-Zeitung, 8. März 1933, S. 1

26 Zitiert nach: Frass a. a. O., S. 157

27 Ministerratsprotokoll, hier zitiert nach: Vom Justizpalast zum Heldenplatz a.a.O., Dokument Nr. 25, S. 348

28 Vorarlberger Landes-Zeitung, Donnerstag, 16. März 1933 S. 2

29 Reichspost, Dienstag, 2. Mai 1933, S. 2

30 Arbeiter-Zeitung, Dienstag, 2. Mai 1933, S. 1

31 Frass a. a. O., IV, S. 159

32 Ebenda, S. 159 f.

33 Zitiert nach: Anton Staudinger: Christlichsoziale Partei und Errichtung des »Autoritären Ständestaates«. In: Vom Justizpalast zum Heldenplatz. Studien und Dokumentationen 1927 bis 1938. Wien 1975, S. 81

34 Arbeiter-Zeitung, Sonntag, 12. November 1933, S. 1 f.

35 Zitat aus einem Schreiben anlässlich der Begnadigung des Frauenmörders Johann Breitwieser vom 22. Dezember 1933. In: Vom Justizpalast zum Heldenplatz a. a. O., Dokument Nr. 36, S. 373

36 Julius Deutsch: Ein weiter Weg. 1960, S. 195. Hier zitiert nach: Frass IV a. a. O., S. 177 f.

37 Zitat aus: Frass IV a. a. O., S. 162 f.

38 Zitiert aus: Otto Naderer: Der Republikanische Schutzbund und die militärische Vorbereitung auf den Bürgerkrieg. In: Österreichische Militärische Zeitschrift 4/2004, S. 425–440

39 Ebenda, S. 438

40 Eigenhändiges Konzept. Aus: Ludwig Jedlicka: Neue Forschungsergebnisse zum Februar 1934. In: Österreich in Geschichte und Literatur 8, 1964, S. 73 ff.

41 Leopold Kunschak: Österreich 1918–1934. Wien 1934, S. 211. Hier zitiert aus: Frass IV a. a. O., S. 175

42 Jochum a. a. O., S. 161

43 Kunschak a. a. O., Zitat aus Frass IV a. a. O., S. 175 f.

44 Aus: Vom Justizpalast zum Heldenplatz a.a.O.. Dokument Nr. 46, S. 385

45 Kurt Schuschnigg: Dreimal Österreich. Wien o. J. (1937), S. 237 und 239

46 Vgl.: Ministerratsprotokoll vom 12. Februar 1934. In: Vom Justizpalast zum Heldenplatz a. a. O., Dokument Nr. 47, S. 386–394

47 Wiener Zeitung, 13. Februar 1934, Seite 1

48 Aus: Vom Justizpalast zu Heldenplatz, a. a. O., Dokument Nr. 49, S. 397

49 Ebenda

50 Siehe: Gudula Walterskirchen: Die blinden Flecken der Geschichte. Österreich 1927–1938. Wien [2] 2017, S. 106

51 Abgedruckt in der illegalen Zeitschrift »Rote Jugend. Organ der revolutionären sozialistischen Jugend«, Doppelnummer 9–10, S. 1 ff. Faksimiledruck in: Kreisky a. a. O., 248 f.

52 Aus: Wiener Zeitung, 18. März 1934, S. 1
53 Ministerratsprotokolle in: Vom Justizpalast zum Heldenplatz a.a.O., Dokument Nr. 53, S. 401–416
54 Hier zitiert nach: Bertrand Michael Buchmann: Die Entwicklung der Menschenrechte. Textbeispiele von der Antike bis zur Gegenwart. Wien 2018, S. 257 ff.
55 Wiener Zeitung, 12. September 1933, S. 4
56 Jochum a. a. O., S. 154
57 Ebenda, S. 179
58 Anton Wildgans: Rede über Österreich. Salzburg – Stuttgart 1962, S. 20
59 Zitiert nach der Zeitschrift »Wir bauen auf«, Heft 12, Juli 1937, S. 3
60 Zitat aus: Emmerich Talos, Florian Wenninger: Das austrofaschistische Österreich 1933–1938. Wien 2017, S. 106 f.
61 Zitiert nach »Der 1. Mai des neuen Österreich«, in: Reichspost, 2. 5. 1934
62 Ebenda
63 Zitiert nach: Tamara Ehs: 1934 in der Staatsoper. In: Jahrbuch des Vereins für Geschichte der Stadt Wien 69/71 (2013/2015), S. 13
64 Zitiert nach der Zeitschrift »Wir bauen auf«, Heft 12, Juli 1937, S. 64
65 Schuschnigg, Dreimal Österreich a. a. O., S. 266
66 Reichspost, 2. 5. 1934, S. 1
67 Originaldokument im Besitz des Verfassers
68 Hier und folgend die Aussagen von Fey, Wrabel und Hedwicek über die Ereignisse vom 25. Juli 1934. In: Vom Justizpalast zu Heldenplatz a.a.O., Dokument Nr. 57, S. 425–483
69 Wörtlich wiedergegeben in: Schuschnigg, Dreimal Österreich a. a. O., S. 247–257
70 Aus: Frass IV, a. a. O., S.182 f.
71 Kreisky a. a. O., S. 286
72 Alfred Jansa: Aus meinem Leben. Auszug aus den Memoiren. Wien 2005 (= Schriftenreihe der Landesverteidigungsakademie, Sonderband 1)
73 Vgl. das Gedicht von Ferdinand Freiligrath (1810–1876): »Was wir ersehnen von der Zukunft Fernen …«
74 Aus: Frass 4, a. a. O., S.194
75 Wiener Zeitung, 12. Juli 1936, S. 2
76 Aus: Jochum a. a. O., S. 204
77 Zitiert nach einem Bericht (»Englische Blätterstimmen zur Politik des Bundeskanzlers«) in der Neuen Freien Presse, 13. Oktober 1936
78 Frass IV, a. a. O., S. 199 f.
79 Ausführliche Darstellung der Rüstungs- und Operationsplanungen siehe: FML Jansa a. a. O., S. 343
80 Ebenda, S. 357
81 Zitiert aus: Walter Kleindel a. a. O., S. 353
82 Frass 4, a. a. O., S. 203 f.
83 Ebenda, S. 204–208

84 Jansa a. a. O., S. 390
85 Hier und im Folgenden: Kurt von Schuschnigg: Ein Requiem in Rot-Weiß-Rot. Zürich 1946, S. 371 ff.
86 Jansa a. a. O., S. 393
87 Jochum a. a. O., S. 221
88 Stephan Baier, Eva Demmerle: Otto von Habsburg. Die Biographie. Mit einem Grußwort von Papst Benedikt XVI. Wien [5] 2007, S. 131 ff.
89 Ebenda, S. 135 ff.
90 Jochum a. a. O., S. 217 f.
91 Nach: Frass IV a. a. O., S. 231
92 Ebenda, a. a. O., S. 232 f.
93 Ebenda, a. a. O., S. 234
94 Ebenda, S. 236
95 Ebenda, S. 237
96 Friedrich Fritz: Der deutsche Einmarsch in Österreich 1938. Wien [2] 1978 (= Militärhistorische Schriftenreihe, Heft 8), S. 16
97 Zitiert aus: Bertrand Michael Buchmann: Österreicher in der Deutschen Wehrmacht. Soldatenalltag im Zweiten Weltkrieg. Wien – Köln – Weimar 2009, S. 10 f.
98 Kreisky a. a. O., S. 284

Bildnachweis

Anonym/Imagno/picturedesk.com: Coverbild vorne
Archiv Familie Gredler (Foto Willfried Gredler-Oxenbauer): 14/15, 57
Archiv Familie Gredler: 55, 56, 69, 94
akg-images/picturedesk.com: 92/93
ÖNB-Bildarchiv/picturedesk.com: 136/137
Sammlung Bertrand Michael Buchmann: 49, 61 (links), 67, 71, 101, 107, 117
anno.onb.ac.at: 18, 46, 52, 76, 84, 97, 102, 110, 142, 161, 164, 165, 167 (links), 195, 201, 207, 210, 218, 230, 242
Bildarchiv Austria (Österreichische Nationalbibliothek): 21, 22 (links), 26, 37, 41, 61 (rechts), 158, 167 (Mitte), 167 (rechts)
Otto Reich von Rohrwig: Der Freiheitskampf der Ostmark-Deutschen. Von Saint-Germain bis Adolf Hitler (Leipzig 1942): Coverbild hinten, 184
Sammlung Judith Büttner: 129
Wikimedia Commons: 22 (rechts), 34, 138, 155 (Autor: Resa68), 191
Sammlung Johannes Sachslehner: 2, 6, 13, 103, 168, 179, 188, 202, 205

Literatur *(Auswahl)*

Stephan **Baier**, Eva **Demmerle:** Otto von Habsburg. Die Biographie. Mit einem Grußwort von Papst Benedikt XVI. Wien[5] 2007

Irmgard **Bärnthaler**: Die Vaterländische Front. Geschichte und Organisation. Wien 1971

Kurt **Bauer:** Der Februaraufstand 1934. Fakten und Mythen. Wien – Köln – Weimar 2019

Kurt **Bauer:** Hitlers zweiter Putsch. Dollfuß, die Nazis und der 25. Juli 1934. St. Pölten 2014

Heinrich **Benedikt** (Hg.): Geschichte der Republik Österreich. Wien 1954

Klaus **Berchtold** (Hg.): Österreichische Parteiprogramme 1868–1966. Wien 1967

Bertrand Michael **Buchmann:** Österreicher in der Deutschen Wehrmacht. Soldatenalltag im Zweiten Weltkrieg. Wien – Köln – Weimar 2009

Bertrand Michael **Buchmann:** Die Entwicklung der Menschenrechte. Textbeispiele von der Antike bis zur Gegenwart. Wien 2018

Herbert **Dachs:** Schule und Politik. Die politische Erziehung an den österreichischen Schulen 1918–1938. Wien – München 1982

Julius **Deutsch**: Der Bürgerkrieg in Österreich. Eine Darstellung von Mitkämpfern und Augenzeugen. Karlsbad 1934

Julius **Deutsch:** Ein weiter Weg. Lebenserinnerungen. Zürich – Wien 1960

Lucile **Dreidemy:** Der Dollfuß-Mythos. Eine Biographie des Posthumen. Wien 2014

Tamara **Ehs:** 1934 in der Staatsoper. In: Jahrbuch des Vereins für Geschichte der Stadt Wien 69/71 (2013/15), S. 7–20

Gertrude **Enderle-Burcel**, Ilse **Reiter-Zatloukal** (Hg.): Antisemitismus in Österreich 1933–1938. Wien – Köln – Weimar 2018

Die **Ereignisse** des 15. Juli 1927. Protokoll des Symposiums in Wien am 15. Juli 1977. Wien 1979 (= Wissenschaftliche Kommission des Theodor-Körner-Stiftungsfonds und des Leopold-Kunschak-Preises zur Erforschung der österreichischen Geschichte der Jahre 1918 bis 1938, Bd. 5)

Wolfgang **Etschmann**: Österreich und die Anderen unter deutschem Expansionsdruck. Eine militärhistorische Betrachtung im Kontext des Scheiterns europäischer Sicherheitspolitik in den 1930er-Jahren. In: ÖMZ 4, 2008, S. 419–438

Wolfgang **Etschmann:** Die Kämpfe in Österreich im Juli 1934. In: ÖMZ 4, 1984, S. 320–330

Otto **Frass**: Quellenbuch zur österreichischen Geschichte, Bd. III: Von Joseph II. bis zum Ende der Großmacht. Wien 1962; Bd. IV: 1918–1955. Wien 1967

Erich **Fröschl**, Helge **Zoitl** (Hgg.): Februar 1934. Ursachen, Fakten, Folgen. Wien 1984.

Walter **Goldinger**, Dieter A. **Binder**: Geschichte der Republik Österreich 1918–1938. Wien – München 1992

Gottfried **Guggenbühl**: Quellen zur Geschichte der Neuesten Zeit. Zürich[3] 1954 (= Quellen zur Allgemeinen Geschichte 4)

Karl **Haas**: Industrielle Interessenspolitik in Österreich zur Zeit der Weltwirtschaftskrise. In: Jahrbuch für Zeitgeschichte 1978, S. 97–126

Ernst **Hanisch**: Otto Bauer. Der große Illusionist. Wien 2011

Lothar **Höbelt**: Die Erste Republik (1918–1938). Das Provisorium. Wien – Köln – Weimar 2018

Gerhard **Jagschitz**: Der Putsch. Die Nationalsozialisten 1934 in Österreich. Graz – Wien – Köln 1976

Alfred **Jansa**, FML: Aus meinem Leben. Auszug aus den Memoiren. Wien 2005

Ludwig **Jedlicka**: Neue Forschungsergebnisse zum 12. Februar 1934. In: Österreich in Geschichte und Literatur 8, 1964, S. 69 ff.

Gerhard **Jelinek**: Es gab nie einen schöneren März. 1938. Dreißig Tage bis zum Untergang. Wien – München – Berlin 2017

Manfred **Jochum**: Die Erste Republik in Dokumenten und Bildern. Wien 1983

Stefan **Karner** (Hg.): Die umkämpfte Republik. Österreich von 1918 bis 1938. Wien 2018

Bruno **Kreisky**: Zwischen den Zeiten. Erinnerungen aus fünf Jahrzehnten. Berlin 1986

Leopold **Kunschak**, Österreich 1918–1934. Wien 1934

Leopold **Kunschak**: Steinchen am Wege. Memoiren. Wien 1937

Helene **Maimann**, Siegfried **Mattl** (Hgg.): Die Kälte des Februar. Österreich 1933–1938. Wien 1984

Otto **Naderer**: Der Republikanische Schutzbund und die militärische Vorbereitung auf den Bürgerkrieg. In: ÖMZ 4, 2004, S. 425–440.

Louis **Obrowsky**: Historische Betrachtungen der sozialmedizinischen Einrichtungen in Wien vom Beginn des 20. Jahrhunderts bis zum Ende der Ersten Republik. Geisteswiss. Diss. Wien 2005

Kurt **Peball**: Die Kämpfe in Wien im Februar 1934. Wien2 1978 (= Militärhistorische Schriftenreihe, Heft 25)

Hugo **Portisch**: Österreich. Die unterschätzte Republik. Das Buch zur TV-Serie von Hugo Portisch und Sepp Riff. Wien 1989

Manfried **Rauchensteiner**: Unter Beobachtung. Österreich seit 1918. Wien – Köln – Weimar 2017

Fritz **Rebhann**: Bis in den Tod Rotweißrot. Österreichs Untergang im März 1938. Wien 1988

Ilse **Reiter-Zatloukal**, **Christiane Rothländer** und **Pia Schölnberger** (Hgg.): Österreich 1933–1938. Interdisziplinäre Bestandsaufnahmen und Perspektiven. Wien 2012

Wolfgang **Sagmeister**: Die Rüstungspolitik Österreichs in der Zeit von 1918–1938. Geisteswiss. Diss. Wien 2006

Hans **Schafranek**: Sommerfest mit Preisschießen. Die unbekannte Geschichte des NS-Putsches im Juli 1934. Wien 2006

Norbert **Schausberger**: Der Griff nach Österreich. Der Anschluss. Wien [2] 1979

Erwin A. **Schmidl**: März 1938 – der deutsche Einmarsch in Österreich. Wien 1987

Erwin A. **Schmidl**: Gott schütze Österreich – das Bundesheer durfte es nicht! Eine militärpolitische Betrachtung im Kontext des März 1938 und dessen Folgen für das Bundesheer der Zweiten Republik. In: ÖMZ 2008, H. 4, S. 431–438

Richard **Schmitz**: Das christlichsoziale Parteiprogramm, mit Erläuterungen. Wien 1932

Pia **Schölnberger**: Das Anhaltelager Wöllersdorf 1933–1938. Wien 2015

Kurt **Schuschnigg**: Die Überwindung der Anschlussidee. Wien 1969

Kurt **Schuschnigg**: Dreimal Österreich. Wien [3] o. J. (1937)

Kurt **Schuschnigg**: Österreichs Erneuerung. Die Reden des Bundeskanzlers Dr. Kurt Schuschnigg. Klagenfurt 1935

Kurt **Schuschnigg**: Ein Requiem in Rot-Weiß-Rot. Zürich 1946

Brigitta **Schwabl**: Die sozialen und politischen Diskussionen zur Alters- und Invalidenversicherung in den Jahren 1919 bis zum Anschluss. Geisteswiss. Diss. Wien 2009

Gerhard **Senft**: Im Vorfeld der Katastrophe. Die Wirtschaftspolitik des Ständestaates. Wien 2002

Manfred **Steiner**: Die politische Karikatur als »biblia pauperum« in der Vermittlung des Zentralorgans der österreichischen Sozialdemokratie der 1. Republik, nebst der Publikation der konfiszierten Artikel. Geisteswiss. Diss. Wien 2005

Gerald **Stourzh**: Vom Reich zur Republik. Studien zum Österreichbewusstsein im 20. Jahrhundert. Wien 1990

Emmerich **Talos**, Wolfgang **Neugebauer** (Hgg.): Austrofaschismus. Beiträge über Politik, Ökonomie und Kultur 1934–1938. Wien [4] 1988

Emmerich **Talos**, Florian **Wenninger**: Das austrofaschistische Österreich 1933–1938. Wien 2017

Emmerich **Talos**: Das austrofaschistische Herrschaftssystem. Österreich 1933–1938. Wien – Berlin 2013

Gudula **Walterskirchen**: Die blinden Flecken der Geschichte. Österreich 1927–1938. Wien 2017

Gudula **Walterskirchen**: Engelbert Dollfuß: Arbeitermörder oder Heldenkanzler. Wien 2004

Erika **Weinzierl**, Kurt **Skalnik** (Hgg.): Österreich 1918–1938. Geschichte der Ersten Republik. 2 Bde., Graz – Wien – Köln 1983

Friedrich **Weissensteiner**: Der ungeliebte Staat. Österreich zwischen 1918 und 1938. Wien 1990

Friedrich **Weissensteiner**: Die österreichischen Bundespräsidenten. Leben und Werk. Wien 1982

Friedrich **Weissensteiner**, Erika **Weinzierl** (Hgg.): Die österreichischen Bundeskanzler. Leben und Werk. Wien 1983

Florian **Wenninger**, Lucile **Dreidemy** (Hgg.): Das Dollfuß-Schuschnigg-Regime 1933–1938. Vermessung eines Forschungsfeldes. Wien – Köln – Weimar 2013

Helmut **Wohnout**: Regierungsdiktatur oder Ständeparlament? Wien 1993

Erich **Zöllner** (Hg.): Österreichs Erste und Zweite Republik. Kontinuität und Wandel ihrer Strukturen und Probleme. Wien 1985 (= Schriften des Institutes für Österreichkunde, herausgegeben von Erich Zöllner)

DANKSAGUNG

Dem Molden Verlag für das Zustandekommen dieses Buches,
Herrn Dr. Johannes Sachslehner für seine wertvollen Anregungen, für sein Lektorat und für die Ausstattung dieses Buches,
Frau Mag. Wilma Buchinger für die mühevolle Arbeit des Korrekturlesens,
Herrn DDr. Maximilian Obauer für seine fachkundigen juristischen Hinweise.

STYRIA
BUCHVERLAGE

ISBN 978-3-222-15031-9

Bücher aus der Verlagsgruppe Styria gibt es
in jeder Buchhandlung und im Online-Shop
www.styriabooks.at

Coverfoto: Anonym/Imagno/picturedesk.com
Covergestaltung: Emanuel Mauthe
Produktion und Gestaltung: Burghard List
Lektorat: Johannes Sachslehner

Druck und Bindung: GPS Group Slowenien
Printed in the EU
7 6 5 4 3 2 1